Die Lehren der Essener

Essener Meditationen

AF288828

Die Lehren der Essener

Essener Meditationen

Der Originaltext aus dem
Aramäischen übersetzt von

Dr. E. Bordeaux Székely

Aus dem Englischen von
Bruno Martin und Susanne Schaup

Dieses Buch ist für alle,
die erkennen,
daß der Frieden des Ganzen
von der Anstrengung
des einzelnen abhängt.

5. Auflage 2020

Edmond Bordeaux Szekely
Die Lehren der Essener – Essener Meditationen (Buch 5)

© 2002 der deutschen Ausgabe bei Neue Erde GmbH
Alle Rechte vorbehalten.
© 1981 by the International Biogenic Society
Originaltitel: *From Enoch to the Dead Sea Scrolls*
© der Übersetzung 2002 bei Neue Erde GmbH

Umschlagfoto: Jörg Amsel, 72488 Sigmaringen
Umschlaggestaltung: Dragon Design, GB

Satz: Mandala Media, Rheinfelden
Gesamtherstellung: Appel & Klinger, Schneckenlohe
Printed in Germany

ISBN 978-3-89060-131-1

Neue Erde GmbH
Cecilienstr. 29 · 66111 Saarbrücken
Deutschland · Planet Erde
www.neue-erde.de

MIX
Papier aus verantwor-
tungsvollen Quellen
FSC® C100257

Inhalt

Und Enoch ging mit Gott;
und er war nicht;
denn Gott führte ihn.

Genesis, 5:24

Vorwort

Die einzelnen Kapitel dieses Buches sind aus Materialien zusammengestellt, die von den Entdeckungen der Schriftrollen am Toten Meer im Jahre 1947 stammen. In den vorausgegangenen zwanzig Jahren, von 1927 bis 1947, schrieb und veröffentlichte ich eine Anzahl von Büchern über die Essener-Gemeinschaft, die sich auf bestimmte historische Quellen stützen, wie jene der Arbeiten von Josephus Flavius, Philo und Plinius, und auf Manuskripte der Bibliotheken des Vatikans, der Habsburger in Wien und des Britischen Museums. In diesen Büchern forschte ich nach den Essener-Traditionen, die meines Erachtens von großem praktischen Wert für den Menschen von heute sind.

Als die ersten Entdeckungen bei Qumran bekannt wurden und viele Personen mich aufforderten, eine Interpretation dieser neuen Entdeckungen zu veröffentlichen, entschloß ich mich, dies in zwei Büchern zu tun. Die vorliegende Arbeit beschreibt die Bedeutung und den Wert der Lehren der Essener für die Menschen von heute; er enthält außerdem lebendige Übungen, die zu einer Erweiterung des Bewußtseins führen. Diese Werte können von vier Standpunkten aus betrachtet werden:

1. Die Lehren der Essener stellen eine Synthese der gro-

ßen Beiträge der Menschheit in den verschiedenen Kulturen des Altertums dar.

2. Sie sind für uns ein Weg, der uns wegführt von einseitiger, zweckorientierter Technologie der zeitgenössischen Zivilisation, eine wahrhaftige und praktische Lehre, die alle Quellen der Energie, der Harmonie und des Wissens von allem, was uns umgibt, nutzt.

3. Sie geben uns beständige Werte in einer Zeit, in der sich die Wahrheit durch sich ständig verändernde Konzepte aufzulösen scheint.

4. Der daraus folgenden Neurose und Unsicherheit begegnen die Essener-Lehren mit vollständigem Gleichgewicht und Harmonie. Es ist erwähnenswert, was A. Powell Davies über die Essener in seinem Buch *Die Bedeutung der Schriftrollen vom Toten Meer* sagt: «Die christliche Kirche in ihrer Organisation, in ihren Sakramenten, in ihren Lehren und Büchern bezieht sich – und war in ihren Anfängen vielleicht sogar identisch damit – auf die ‹neue Gemeinde›, die als Essener bekannt waren, von denen einige die Schriftrollen vom Toten Meer geschrieben haben.»

Ebenfalls bezeichnend für die Traditionen der Essener von Qumran ist die Anwesenheit bestimmter zarathustrischer Elemente, ein Umstand, den ich schon früher erwähnte und den Arnold Toynbee in seinen Schriften ebenfalls hervorgehoben hat. Sie enthalten eine ähnliche Beziehung zu späteren Lehren, wie jene der Kabbala oder der Freimaurer. Ihr einzigartiges Element, das offensichtlich unabhängig von anderen Lehren entwickelt wurde, ist die Wissenschaft von den Engeln.

Die Zitate, die jeweils den Kapiteln vorausgehen, sind aus zwei Schriftrollen vom Toten Meer, dem *Handbuch der Übungen* und den *Danksagepsalmen* oder dem *Buch der Hymnen*, die ich nach Photokopien der Originaltexte aus den Höhlen von Qumran übersetzt habe.

Edmond Bordeaux Székely
San Diego, Kalifornien, 1957

Das Gesetz ward gepflanzt
in den Garten der Bruderschaft,
um das Herz der Menschen zu erleuchten
und um ihnen klar zu zeigen
alle Wege der wahren Rechtschaffenheit,
den einfachen Geist, ein ausgeglichenes Gemüt,
ein ungezwungenes, hingebungsvolles Wesen,
und ewige Göttlichkeit, Verständnis und Einsicht,
und mächtiges Wissen, das in alle Werke Gottes vertraut,
und einen zuversichtlichen Glauben
an seine vielen Wohltaten,
und einen Geist des Wissens von allen Dingen
der großen Ordnung,
treue Gefühle gegenüber allen Kindern der Wahrheit,
eine strahlende Reinheit, die alles Unreine ablehnt,
eine Besonnenheit, die alle verborgenen Dinge
der Wahrheit betrachtet,
und auch die Geheimnisse des inneren Wissens.

Aus dem *Handbuch der Übungen*
der Schriftrollen vom Toten Meer

Kapitel 1
Die Essener und ihre Lehren

In den fernen Zeiten des Altertums gab es eine bemerkenswerte Lehre, die in ihrer Bedeutung umfassend und in ihrer Weisheit zeitlos ist. Bruchstücke davon wurden in sumerischen Hieroglyphen und auf Ziegeln und Steinen gefunden, von denen einige acht- bis zehntausend Jahre alt sind. Einige der Symbole, z.B. für Sonne, Mond, Luft, Wasser und für andere Naturkräfte stammen sogar aus noch früherer Zeit, noch vor der Sintflut, die die Pleistozän- Periode beendete. Wie viele Tausende von Jahren die Lehre schon vorher bestand, ist unbekannt.

Beim Studium und der Ausübung dieser Lehre wird im Herzen jedes Menschen ein intuitives Wissen wiedererweckt, das seine eigenen Probleme und die Probleme der Welt lösen kann. Spuren dieser Lehre tauchten in fast jedem Land und jeder Religion auf. Ihre grundlegenden Ideen wurden im alten Persien, Ägypten, Indien, Tibet, China, Palästina, Griechenland und vielen anderen Ländern gelehrt. Aber in ihrer reinsten Form wurde sie von den Essenern übermittelt, dieser geheimnisvollen Bruderschaft, die währen der letzten zwei oder drei Jahrhunderte vor Christus und während des ersten Jahrhunderts danach am Toten Meer in Palästina und am Mareotis-See in Ägypten lebte. In

Palästina und Syrien waren die Mitglieder der Bruderschaft als Essener und in Ägypten als Therapeutae oder
Heiler bekannt.

Der esoterische oder innere Teil ihrer Lehre wird im
Lebensbaum, den Kommunionen und dem siebenfältigen Frieden beschrieben. Die exoterische oder äußere
Lehre erscheint im «Johannesevangelium der Essener»,
der «Genesis, eine Interpretation der Essener», «Moses,
der Prophet des Gesetzes» und der «Bergpredigt».

Der Ursprung der Bruderschaft – so wird berichtet –
ist unbekannt und die Herkunft des Namens ungewiß.
Einige meinen, er kommt von Esnoch oder Enoch, und
berufen sich auf ihn als den Gründer, dem die
Kommunionen mit der Welt der Engel zuerst gegeben
wurden.

Andere wiederum meinen, daß der Name von Esrael
kommt, den Auserwählten des Volkes, denen Moses die
Kommunionen auf dem Berg Sinai übermittelte, wo sie
ihm durch die Welt der Engel offenbart wurden.

Aber wo auch immer ihre Herkunft liegen mag, so
bleibt doch gewiß, daß die Essener für eine längere Zeit
als Bruderschaft bestanden haben, vielleicht auch unter
anderen Namen in anderen Ländern.

Die Lehre erscheint in der Zend Avesta von Zoroaster (Zarathustra), der sie in eine Lebensweise übertrug, die für Tausende von Jahren befolgt wurde. Sie
enthält die grundsätzlichen Vorstellungen des Brahmanismus, der Veden und der Upanischaden. Und auch
das indische Yoga-System entsprang der selben Quelle.

Buddha gab dann später im wesentlichen die gleichen Grundideen von sich, und sein heiliger Boddhi-Baum entspricht dem Lebensbaum der Essener. Und in Tibet fand die Lehre noch einmal Ausdruck im tibetanischen Lebensrad. Die Pythagoräer und Stoiker im alten Griechenland folgten ebenfalls den Grundsätzen der Essener und vielem in ihrer Lebensweise. Und die gleiche Lehre war ein Element der adonischen Kultur der Phönizier, der alexandrinischen Schule der Geisteswissenschaften in Ägypten, und hat auch bei vielen Arten der westlichen Kultur weitreichend mitgewirkt – bei den Freimaurern, den Gnostikern, den Kabbalisten und Christen. Jesus selbst gab eine Auslegung in höchster Feinheit und Schönheit in den sieben Seligpreisungen der Bergpredigt.

Die Essener lebten an den Küsten von Seen und Flüssen, entfernt von Städten und Dörfern, in Gemeinschaften, in denen alle gleichermaßen alles miteinander teilten. Sie betrieben Ackerbau und züchteten Bäume. Sie verfügten über ein umfangreiches Wissen über Getreide, Erde und Klima, und das ermöglichte ihnen den Anbau einer Vielfalt von Früchten und Gemüsen in vergleichsweise dürren Gebieten mit einem Mindestmaß an Aufwand.

Sie hatten keine Diener oder Sklaven und waren auch die ersten, wie berichtet wird, die Sklaverei in Theorie und Praxis verurteilten. Es gab keine Reichen und Armen unter ihnen, denn beides wurde von ihnen als Abweichung vom Gesetz angesehen. Sie gründeten ihre eigene Wirtschaftsordnung, die auf dem Gesetz aufbaute, und bewiesen damit, daß alle menschlichen Bedürfnisse nach Nahrung und materiellen Gütern durch die Kenntnisse des Gesetzes ohne Mühsal erworben werden können. Sie verbrachten viel Zeit mit dem Studium, sowohl der alten Schriften als auch in den speziellen Bereichen wie Erziehung, Heilkunde und Astronomie. Von ihnen wurde gesagt, sie seien die Erben der chaldäischen und persischen Astronomie und der ägyptischen Heilkunde. Sie waren Meister der Weissagung, auf die sie sich durch ausgedehntes Fasten vorbereiteten. In der Anwendung von Pflanzen und Kräutern zur Heilung von Mensch und Tier waren sie ebenfalls Experten.

Sie lebten ein einfaches, regelmäßiges Leben, erhoben sich jeden Tag vor Sonnenaufgang, um die Naturkräfte zu studieren und mit ihnen ihre Kommunion zu halten. Sie trugen weiße Gewänder und das tägliche Bad im kalten Wasser war ein Ritual für sie. Nach ihrer täglichen Arbeit auf den Feldern und in den Weinbergen nahmen sie schweigend ihr Mahl ein und begannen und beendeten es mit einem Gebet. Sie waren vollkommene Vegetarier und nahmen niemals fleischliche Nahrung oder vergorene Flüssigkeiten zu sich. Ihre Abende widmeten sie dem Studium und den Kommunionen mit den himmlischen Kräften.

Der Abend war der Anfang ihres Tages, und der Sabbath oder Feiertag begann am Freitagabend, dem ersten Tag ihrer Woche. Dieser Tag galt dem Studium, der

Diskussion, der Unterhaltung von Besuchern und dem Spiel bestimmter Musikinstrumente, von denen Nachbildungen gefunden wurden.

Durch ihre Lebensweise erreichten sie das hohe Alter von hundertzwanzig Jahren und mehr, und es heißt, daß sie über wunderbare Kräfte und Ausdauer verfügten. Und in allen ihren Handlungen kam ihre schöpferische Liebe zum Ausdruck.

Sie schickten Heiler und Lehrer aus ihrer Bruderschaft in die Lande. Unter ihnen waren Elias, Johannes der Täufer, Johannes der Geliebte und der große Essener-Meister Jesus.

Die Mitgliedschaft in der Bruderschaft konnte nur erreicht werden nach einer Probezeit von einem Jahr, drei weiteren Jahren Vorbereitungsarbeit und sieben weiteren Lehrjahren. Erst dann konnte die Unterweisung in die gesamte, esoterische Lehre erfolgen.

Berichte von der Lebensweise der Essener sind uns übermittelt in den Schriften ihrer Zeit von Plinius, dem römischen Naturforscher; Philo, dem alexandrinischen Geisteswissenschaftler; Josephus, dem jüdischen Geschichtsforscher und Soldat. Solanius und andere sprachen von den Essenern verschiedentlich als «eine eigene Rasse Mensch, bemerkenswerter als jede andere der Welt»; «die ältesten Eingeweihten der Welt, die ihre Lehren aus Zentralasien erhielten»; «unvergängliche Lehre seit einem unvorstellbaren Zeitraum»; «beständige und unveränderliche Heiligkeit.»

Einiges von der äußeren Lehre ist in aramäischen

Schriften im Vatikan zu Rom erhalten. Einige Texte im Slawischen wurden im Besitz der österreichischen Habsburger gefunden. Von ihnen wird gesagt, sie wurden von Asien im 13. Jahrhundert von Nestorianischen Priestern mitgebracht, die vor den Horden des Dschingis Khan flohen.

Nachahmungen dieser Lehre finden sich heute in vielen Formen, in Ritualen der Freimaurer, im siebenfachen Kerzenleuchter, im Gruß «Friede sei mit dir», wie er seit der Zeit Moses üblich war.

Aufgrund des Bestehens dieser Lehre über Jahrtausende wird offensichtlich, daß sie nicht die Vorstellung eines einzelnen oder nur eines Volkes gewesen sein konnte, sondern eine Auslegung des kosmischen Gesetzes durch die Nachfolge großer Meister ist, des Einen Gesetzes, so ewig und unveränderlich wie die Sterne auf ihrer Bahn, gleich wie vor zwei oder zehntausend Jahren und heute noch genauso anwendbar wie damals. Die Lehre erklärt das Gesetz und zeigt, wie seine Mißachtung Ursache für alle menschliche Not wurde, und zeigt schließlich den Weg, wie der Mensch aus seiner Zwangslage herausfinden kann.

Du hast mir offenbart
all die tiefen, geheimnisvollen Dinge.
Alle Dinge existieren durch Dich
und es gibt keinen anderen neben Dir.
Mit Deinem Gesetz führst Du mein Herz,
damit ich meine Schritte
auf die rechten Wege setze
und dort einhergehe,
wo Du gegenwärtig bist.

Aus dem *Handbuch der Übungen*
der Schriftrollen vom Toten Meer

Das Gesetz ward gepflanzt,
um die Kinder des Lichts zu beschenken
mit heilendem Frieden in Fülle,
mit langem Leben,
mit fruchtbarem Samen des ewigen Segens,
mit ewiger Freude
in der Unsterblichkeit des ewigen Lichtes.

Aus dem *Buch der Hymnen VII*
der Schriftrollen vom Toten Meer

Kapitel 2
Das Eine Gesetz

Die Lehren, die Moses auf dem Berg Sinai empfing, wurden fünfzehnhundert Jahre später von den Essener-Bruderschaften in Palästina und Ägypten praktiziert.

Seine Lehren zu verstehen heißt, den Nutzen und die Bedeutung der Essener-Übungen für den heutigen Menschen zu begreifen. Moses war der Überbringer des Gesetzes, des Einen Gesetzes. Er begründete den Monotheismus (Glaube an einen Gott), der nicht nur zur grundsätzlichen Lehre der Essener-Bruderschaften wurde, sondern auch für die gesamte westliche Zivilisation. Das größte kompetenteste Wissen, das wir über seine Lehre haben, kommt von diesen Bruderschaften.

Ihre Tradition teilt sein Leben in drei Zeitabschnitte ein, die die Erfahrungen im Leben eines jeden Menschen symbolisieren. Im ersten Zeitabschnitt von vierzig Jahren, in dem er als Prinz von Ägypten lebte, folgte er dem Weg der Tradition, sich alles verfügbare theoretische und praktische Wissen anzueignen. Er studierte die Rituale der Isis, des Amon-Ra und Osiris, die Lehre von Pta Hotep, das Ägyptische Totenbuch und die Traditionen, die aus dem Osten nach Ägypten kamen, dem kulturellen Zentrum der Welt zu dieser Zeit. Aber in all seinen Studien fand er keine innere Dynamik oder einheitlichen Grundsätze, die das Weltall und zugleich die Probleme des Lebens erklären konnten.

Im zweiten Zeitabschnitt seines Lebens verbrachte er vierzig Jahre in der Wüste. Er folgte dem Weg der Natur, erforschte das Buch der Natur, wie es andere große Weise und Propheten taten, einschließlich Jesus. Die großartige Weite der Wüste mit ihrer Einsamkeit und Stille hat große innere Wahrheiten hervorgebracht. In diesem Lebensabschnitt hat Moses das Eine Gesetz entdeckt, die Gesamtheit aller Gesetze. Er fand heraus, daß dieses Eine Gesetz alle Formen des Lebens bestimmt und auch das ganze Weltall. Für ihn war es das größte aller Wunder, zu erkennen, daß alles dem Einen Gesetz unterliegt. Dann erst kam ihm die Idee von der Gesamtheit aller Gesetze. Und diese Gesamtheit nannte er das Gesetz, das Eine Gesetz.

Zuerst beobachtete er, daß der Mensch in einem lebendigen, sich ständig verändernden Universum lebt; Pflanzen und Tiere wachsen und verschwinden wieder. Monde nehmen zu und ab. Einen Ruhepunkt in der Natur oder im Menschen gibt es nicht. Er sah, daß sich das Gesetz in dauerndem Wechsel verwirklichte und daß hinter der Veränderung das unendliche Ausmaß der kosmischen Ordnung steht.

Er begann zu begreifen, daß das Gesetz die größte und einzige Kraft im Weltall ist und daß alle anderen Gesetze und alle Dinge Teil dieses Einen Gesetzes sind. Und dieses ist ewig, unzerstörbar, es kann niemals vernichtet werden. Eine Pflanze, ein Baum, ein menschlicher Körper oder ein Sonnensystem, alle haben ihre eigenen Gesetze, mathematische, biologische, astronomische. Doch die eine höchste Kraft, das Eine Gesetz, steht hinter allem.

Dieses Gesetz regiert alles in diesem Universum und alle anderen Universen, alles Geschehen, die gesamte geistige und materielle Schöpfung. Es lenkt alles, was besteht, in der Materie, in Energien und Kräften, im Bewußtsein, alles Wissen, alle Gedanken, alle Gefühle, die ganze Wirklichkeit. Dieses Gesetz erschafft das Leben und den Gedanken.

Die Summe allen Lebens auf allen Planeten im Weltall nannten die Essener das kosmische Meer des Lebens. Und die Summe aller gegenwärtigen Gedanken im Weltall wurde kosmisches Gedankenmeer – oder kosmisches Bewußtsein, wie es heute bezeichnet wird – genannt.

Dieses kosmische Meer des Lebens und das kosmische Gedankenmeer bilden zusammen eine lebendige Einheit, und der Mensch ist ein davon unabtrennbarer Teil. Der Geist jedes einzelnen ist in dauernder innerer Beziehung zu dieser Einheit. Jedes menschliche Wesen ist ein einzelner Teil dieser Einheit. Die Einheit ist das Gesetz, das ewige Licht, von dem Moses gesprochen hat.

Und Moses sah, wie das Gesetz überall gebrochen wurde. Ägypten war entstanden, ohne das Gesetz zu beachten. Trotz der großen nationalen Macht von Heer und Politik gab es kein Gesetz der Gleichberechtigung.

Elend und Sklaverei herrschten überall; Reiche und Arme litten gleichermaßen durch Unterdrückung, Epidemien und Plagen. Moses erkannte, daß die Ursachen aller Übel in der Mißachtung des Gesetzes lagen, und daß Regierende wie Regierte gleichermaßen die Schuld daran trugen.

Für Moses wurde es offenkundig, daß alles, was aus Mißachtung des Gesetzes entsteht, sich selbst zerstört und mit der Zeit wieder verschwindet. Nur das Gesetz ist ewig.

Der dritte Zeitabschnitt von Moses' Leben, der Auszug aus Ägypten, begann, als er sich entschloß, den Rest seines Lebens der Verwirklichung und Anwendung des Gesetzes zu widmen und die Menschheit mit dem Gesetz in Einklang zu bringen. Er sah den Umfang der Aufgabe vor sich, den Versuch, sowohl die unwissende breite Masse als auch die hochmütigen Herrscher dahin zu bringen, das Gesetz anzunehmen und mit ihm in Harmonie zu leben. Unüberwindliche Hindernisse scheinen allen Weltreformern gegenüberzustehen, wenn reine Ideen auf die Gegenkräfte treffen, wie der Trägheit des menschlichen Bewußtseins und dem Widerstand versteinerter Herrschaft. Darin wird das Ringen des Lebendigen gegen das Starre sichtbar, der höheren Werte gegen Scheinwerte, der Freiheit gegen Sklaverei. Dieses Ringen ist nicht beschränkt auf eine bestimmte Zeit der Geschichte und auch nicht auf die Menschheit im allgemeinen, sondern ereignet sich immer wieder im Leben eines jeden Menschen.

Als Moses herausfand, daß er weder die ägyptischen Herrscher noch die breite Masse des Volkes ändern konnte, wandte er sich einer kleinen Minderheit zu, dem versklavten und unterdrückten Volke von Israel, in der Hoffnung, sie zu bekehren und so eine neue Nation zu gründen, die ganz auf dem Gesetz beruhte. Er ist der einzige in der gesamten Geschichte, der eine solche Nation begründete.

Moses sah das Weltall als eine gewaltige kosmische Ordnung, in der unauslöschbare Quellen von Energien, Wissen und Harmonie dem Menschen zur Verfügung standen. Er erinnerte sich stets der zwei Legenden seines Vorfahren Jakob, der mit einem Engel rang und ihn besiegte und später eine Vision von Engeln hatte, die eine Leiter, die Himmel und Erde miteinander verband, hinauf- und hinabstiegen. Diese Engel setzte er gleich mit den Kräften der Natur und der Macht des menschlichen Bewußtseins und sah, daß diese Kräfte und Energien das verbindende Glied zwischen Gott und dem Menschen waren. Er erkannte in Gott das große allumfassende Gesetz.

Und er kam zu dem Schluß, daß wenn der Mensch Gott erreichen will, er zuerst Meister all dieser Kräfte werden muß, die ja Offenbarungen Gottes und des Gesetzes sind. Er wollte sein Volk «gesetzesstark machen», und das ist die Bedeutung des Wortes Israel. Und er wollte eine Lebensform schaffen, die es ihnen ermöglichen würde, die Engel zu besiegen, so wie das der Vorfahre Jakob getan hatte. Das war die Grundlage der sogenannten Geheimwissenschaft, der Wissenschaft von den Engeln, später als Engelskunde bekannt.

Moses wollte seinen Anhängern begreiflich machen, daß sie jeden Augenblick und mit ihrem ganzen Wesen in ständigem Kontakt mit allen Kräften des Lebens sind, und auch mit dem sichtbaren und unsichtbaren Universum. Und wenn sie sich mit diesen Kräften bewußt in Verbindung setzen und beständig ihrer bewußt sind, werden sie sich vollkommener Gesundheit, Glück und Harmonie in Körper und Geist und jedem Bereich ihres Lebens erfreuen.

Der Weg, um diesen Kräften zu begegnen, war in die zwei Steintafeln eingraviert, die Moses vom Berg Sinai herunterbrachte, die er aber zerstörte, als er entdeckte, daß die Mehrheit seines Volkes nicht bereit war für die Lehre, so wie noch heute die Mehrheit der Menschheit dafür nicht bereit ist und weiterhin für viele kommende Generationen nicht bereit sein wird. Aber den Wenigen, die bereit waren, lehrte er den Weg, der ihm durch die Steintafeln übermittelt wurde, die Kommunionen mit den Engeln, wie sie durch Generationen hindurch in den Essener-Bruderschaften erhalten wurden und wie sie noch heute vom Menschen ausgeübt werden können.

Das war ein Teil der esoterischen Lehre von Moses, die in den Essener-Bruderschaften fünf Jahrhunderte lang vor der Zeit Christi gelebt wurde. In den späteren Traditionen der Essener wurde die abstrakte Idee des Gesetzes durch das Symbol eines Baumes ausgedrückt und Lebensbaum genannt. Moses hatte eine großartige Offenbarung erhalten, als er den brennenden Busch in der Wüste erblickte. Er stellte zwei wichtige Seiten des allumfassenden Lebens dar: Wärme und Licht. Die Wärme des Feuers symbolisierte das Lebensfeuer, die Lebenskraft in der stofflichen Welt. Das Licht symbolisierte das menschliche Bewußtsein und das Licht der Weisheit im immateriellen Universum – im Gegensatz zur Finsternis der Unwissenheit. Zusammen gesehen repräsentierten sie das gesamte Weltall und die Vorstellung, daß der Mensch im Mittelpunkt das Leben und die Lebenskraft von allen Kräften des Kosmos anzieht.

Die Essener symbolisierten ihre Lehre im Lebensbaum, der ihnen in klarer Form zeigte, wie der Mensch eine Einheit von Energien, Gedanken und Gefühlen ist, und eine Einheit von Lebenskräften, die dauernd mit der Gesamtheit aller Energien des Universums in Verbindung sind. Moses' Wunsch war, die Menschen in Harmonie mit den Gesetzen leben zu sehen, die alle diese inneren und äußeren Kräfte des Menschen bestimmten. Der Mensch sollte sich dieser Gesetze bewußt werden und sie zu jeder Zeit seines Lebens nutzen.

Durch die Erforschung der Ganzheit des Gesetzes erlangte Moses ein intuitives Wissen von der Herkunft der Welt und dem Anfang der Dinge. Und von diesem Anfang aller Dinge leitete er die Gesetze für das tägliche Leben ab. Er lernte, daß alle Dinge Teil des Ganzen sind und im Einklang mit dem Gesetz zusammenhängen. Die sieben Elemente oder Grundkräfte des Lebens waren auch in den sieben großen Zyklen der Schöpfung sichtbar, jeweils ein Element in jedem Zyklus. Er gruppierte die Tage der Woche in einen entsprechenden Abschnitt von sieben und berücksichtigte, daß jeder Tag in Beziehung zu einem jeweils anderen Element steht. Das wurde von den Essener-Traditionen durch die siebenarmigen Kerzenhalter symbolisiert, auf dem die Kerzen jeden siebten Tag, dem Sabbath, angezündet wurden, um die Menschen an die sieben Zyklen der sichtbaren Welt zu erinnern, und an die sieben Grundkräfte der unsichtbaren Welt des menschlichen Bewußtseins.

Die drei Zeitabschnitte vom Leben Moses', in denen er das Gesetz und seine Offenbarungen entdeckte, stellen die drei Phasen des Lebens dar, in die man fast jedes Menschenleben einteilen kann. Die erste Phase, Ägypten, wurde die Zeit der Gefangenschaft genannt, die Zeit der dunklen Unwissenheit, wenn der freie Fluß der Lebenskraft durch Unwissenheit und falsche Werte blockiert ist. Das Ägypten der Menschheit, seine Sklaverei, beruht hauptsächlich auf der Mißachtung des Gesetzes.

Der zweite Zeitabschnitt im Leben Moses' entspricht der Einsamkeit im Leben eines jeden Menschen, wenn seine Scheinwerte von ihm abfallen und er nur noch die vor ihm liegende Leere sieht. Vor allem in dieser Zeit braucht der Mensch innere Führung, damit er seinen Weg zum Licht zurückfindet, zum Gesetz.

Der dritte Zeitabschnitt, der Aufbruch, steht jedem

Menschen offen. Das Licht zeigt immer den Weg zu einem neuen Anfang. Das Ägypten des Menschen, seine Knechtschaft, ist niemals ewig. Der Aufbruch unter Moses dauerte vierzig Jahre, und doch war es nur der Anfang auf dem Weg zur unmittelbaren Erkenntnis, zu lernen, mit den Gesetzen des Lebens, der Natur und des Kosmos in Harmonie zu leben. Ein neuer Anfang für die Menschheit kann nur durch die zusätzlichen Bemühungen vieler Menschen über mehrere Generationen hinweg erreicht werden.

Aber dieser Neubeginn kann und wird vollbracht werden. Kanaan existiert immer, es ist kein mythisches Utopia, sondern eine lebendige Tatsache. Der Aufbruch, Exodus, ist der Weg, der nach Kanaan führt, der Weg, den Moses ging und der uns durch die Kommunionen der Essener übermittelt wurde.

Ich danke Dir, Himmlischer Vater,
denn Du hast mich gesetzt
an die Quelle sprudelnder Ströme,
an einen lebendigen Brunnen in einem Land der Dürre,
der den ewigen Garten der Wunder bewässert,
den Lebensbaum, den geheimnisvollen Ursprung,
der ständig neue Zweige treibt
für immerwährendes Sein,
um ihre Wurzeln einzutauchen
in den Lebensstrom der ewigen Quelle.
Und Du, o Himmlischer Vater,
beschütze ihre Früchte
mit den Engeln des Tages und der Nacht
und mit der Glut des ewigen Lichts,
das jeden Weg entflammt.

> Aus den *Danksage-Psalmen*
> der Schriftrollen vom Toten Meer, VIII 4-12.

Kapitel 3
Der Lebensbaum

Der Mensch schien zu erkennen, und alle noch existierenden Dokumente weisen darauf hin, daß er von unsichtbaren Kräften umgeben war. In aufeinanderfolgen-
den Kulturen der Vergangenheit hat er eine bestimmte
Symbolik benutzt, um seine Beziehung zu diesen
Kräften auszudrücken, in deren Mitte er sich bewegt.
Dieses geheimnisvolle Symbol, das in fast allen Religionen und Geheimlehren verankert ist, wird als
Lebensbaum bezeichnet. In Mythen und Weisheits-
lehren haben die tiefsten Erkenntnisse des Menschen
dieses Symbol in den Mittelpunkt gerückt.

Von Zoroaster wurde der Lebensbaum als das Gesetz
selbst angesehen und war auch der Mittelpunkt seiner
Philosophie und seiner Denkweise. In den esoterischen
Lehren Moses', der Schöpfungsgeschichte der Essener,
war es der Baum der Erkenntnis im Garten Eden, der
von den Engeln bewacht wurde. Die Essener nannten
ihn den Lebensbaum. Den früheren Darstellungen des
Baumes fügten die Essener hinzu, was die alten
Schriftgelehrten «Engelkunde» nannten. Diese Wissenschaft von den Engeln war bei den Essenern in ihrer
Bruderschaft in Palästina entwickelt worden. Ihre Engel
waren die Kräfte des Universums.

Viele der alten Völker wußten, daß diese unsichtbaren Kräfte ein Quell von Energie und Macht waren und daß das Leben eines Menschen durch den Kontakt mit ihnen unterstützt wurde. Sie wußten, daß der Mensch seine eigene Entwicklung in Körper und Geist voranbringen konnte, wenn er dazu fähig war, diese Kräfte bis zu einem bestimmten Grade zu nutzen. Sein Leben konnte gedeihen, wenn er sich selbst in Harmonie mit ihnen brachte. Einige Leute wußten nicht nur von diesen Kräften, sondern hatten auch besondere Methoden, um mit ihnen in Berührung zu kommen und sie zu nutzen.

In vielen Ländern wurden diesen Kräften zwei Eigenschaften zugeschrieben, gute und schlechte, die ewig miteinander im Widerstreit lagen. Zoroaster beschreibt die Ahuras und Fravashis als die guten Kräfte, die für immer mit den bösen Kräften Khrafstras und Devas kämpften. Die Tolteken in Mexiko und Zentralamerika hatten ein Weltbild, bei dem die guten Kräfte, das Heer von Quetzalcoatl, die gefiederte Schlange, und die bösen Kräfte, das Heer von Tezcatlipoca, der Jaguar, waren. Diese beiden Heere wurden in Gemälden der Tolteken in ständigem Konflikt miteinander dargestellt. In den Vorstellungen Zoroasters und der Tolteken bekämpften die zerstörerischen Kräfte ständig die aufbauenden.

Die Vorstellung der Essener unterschied sich von diesen und anderen Weltanschauungen darin, daß sie nur die positiven und aufbauenden Kräfte im Weltall als wesentlich anerkannten.

Die Engel der Essener entsprechen den guten Kräften von Zoroaster, den Ahuras und Fravashis und den guten Kräften der Tolteken, dem Heer von Quetzalcoatl. Die guten, positiven Kräfte zu stärken, wurde als Aufgabe des Menschen im Universum angesehen, so daß die bösen, negativen Kräfte überwältigt und von Erden verschwinden würden.

Der Lebensbaum der Essener stellt vierzehn positive Kräfte dar, sieben von ihnen himmlische oder kosmische Kräfte und sieben irdische Kräfte. Der Baum wurde mit sieben Wurzeln abgebildet, die in die Erde wachsen, und sieben Zweigen, die sich zum Himmel erstrecken. So symbolisierte der Baum die Beziehung des Menschen zu beidem, zu Erde und Kosmos. Der Mensch wurde im Zentrum des Baumes dargestellt, in der Mitte zwischen Himmel und Erde.

Die Verwendung der Zahl sieben ist ein integraler Bestandteil der Essener-Tradition, der in den westlichen Kulturen in verschiedenen äußerlichen Formen übernommen wurde, wie z.B. die sieben Tage der Woche. Jede Wurzel und jeder Zweig des Baumes stellt eine andere Kraft oder Macht dar. Die sieben Wurzeln stellen die irdischen Kräfte oder Mächte dar, die Mutter Erde, den Engel des Bodens, den Engel des Lebens, den Engel der Freude, den Engel der Sonne, den Engel des Wassers und den Engel der Luft. Die sieben Zweige stellen die kosmischen Kräfte dar, den Himmelsvater und seine Engel des ewigen Lebens, der schöpferischen Arbeit, des Friedens, der Kraft, der Liebe und der Weisheit. Das waren die Engel der Essener der sichtbaren und unsichtbaren Welten.

In der alten hebräischen und mittelalterlichen Literatur wurden diesen himmlischen und irdischen Kräften oder Engeln Namen gegeben, Michael, Gabriel usw. Sie wurden in religiöser Art als menschliche Figuren dargestellt mit Flügeln und in wehende Gewänder gekleidet, so wie in den Fresken von Michelangelo.

Der Mensch wurde im Mittelpunkt des Baumes gesehen, wo er wie in einem magnetischen Feld von all den Kräften oder Engeln des Himmels und der Erde umgeben war. Er wurde im Meditationssitz dargestellt, die obere Hälfte seines Körpers über der Erde und die untere Hälfte in der Erde. Dies gab zu verstehen, daß ein Teil des Menschen mit den Kräften des Himmels und ein Teil mit den Kräften der Erde verbunden ist. Diese Vorstellung steht jener Zoroasters sehr nahe, der das Universum als ein Weltensystem darstellte, mit dem Menschen in seiner Mitte und den verschiedenen Kräften ober- und unterhalb von ihm. Sie entspricht auch den Ritualen der Tolteken, welche sie an den Stufen ihrer Pyramiden ausführten, mit dem Menschen inmitten aller Kräfte.

Diese Stellung des Menschen im Mittelpunkt des Baumes mit den irdischen Kräften unten und den himmlischen Kräften oberhalb, stimmt auch mit der Lage der Organe in seinem physischen Körper überein. Der Magen und die Zeugungsorgane in der unteren Hälfte des Körpers, als Werkzeuge zur Selbsterhaltung und Fortpflanzung, gehören zu den irdischen Kräften. Die Lungen und das Gehirn in der oberen Hälfte des Körpers sind die Werkzeuge des Atmens und Denkens und verbinden so den Menschen mit den feinstofflichen Kräften des Universums. Der Kontakt mit den Kräften der Engel, dargestellt durch den Baum des Lebens, war das Wesentliche im täglichen Leben der Essener. Sie wußten, welche bewußten Anstrengungen sie machen mußten, um mit ihnen in Berührung zu kommen, damit sie mit ihnen in Harmonie leben konnten. Die alten Schriftgelehrten sprechen von den Essenern als außergewöhnlich praktische Leute. Ihre Vorstellungen waren nicht nur Theorie; sie wußten ganz genau, wie sie dieser Kräfte ständig bewußt bleiben und sie in sich aufnehmen konnten, um sie in ihre täglichen Handlungen einzubinden.

Sie hatten die tiefe Weisheit, um zu verstehen, daß diese Kräfte die Quelle von Energie, Wissen und Harmonie waren, durch die der Mensch seinen Organismus in ein immer empfindsameres Werkzeug verwandeln konnte, um die Kräfte zu empfangen und bewußt zu nutzen. Darüber hinaus zogen sie in Betracht, daß des Menschen allerwichtigste Tätigkeit im Leben darin bestand, sich selbst in Einklang mit den Kräften des Himmelsvaters und der Erdenmutter zu bringen.

Die Besonderheiten und Eigenschaften jeder einzelnen Kraft war ihnen genauestens bekannt, auch die Bedeutung, die sie für das Leben des einzelnen Menschen hatten und wie sie zu nutzen waren.

Sie verstanden auch die Beziehungen der Kräfte untereinander. So erkannten sie, daß jede himmlische Kraft einer irdischen entspricht und jede irdische Kraft einer himmlischen. Diese sich entsprechenden himmlischen und irdischen Kräfte waren auf dem Lebensbaum der Essener diagonal gegenüber gestellt, jeweils eine oberhalb und eine unterhalb des Menschen. Jede so gezogene Verbindungslinie zwischen zwei entsprechenden Kräften durchquerte daher direkt den Menschen im Mittelpunkt des Baumes.

Die Kräfte, die sich jeweils ober- und unterhalb entsprechen, sind die folgenden:

Der Himmelsvater und die Mutter Erde;
der Engel des ewigen Lebens
und der Engel des Bodens;
der Engel der schöpferischen Arbeit
und der Engel des Lebens;
der Engel des Friedens und der Engel der Freude;
der Engel der Kraft und der Engel der Sonne;
der Engel der Liebe und der Engel des Wassers;
der Engel der Weisheit und der Engel der Luft.

Diese Wechselbeziehungen zeigten den Essenern, daß ein Mensch zugleich in Berührung mit einer bestimmten himmlischen Macht kommt, wenn er mit einer irdischen Kraft Kontakt aufnimmt. Das erlaubte ihnen zu verstehen, warum es so wichtig ist, in vollkommener Harmonie mit jeder einzelnen Kraft und zugleich allen Kräften und Engeln zu leben, und zwar sowohl in den sichtbaren Welten als auch in den unsichtbaren.

Der symbolische Lebensbaum verdeutlichte dem Menschen, wie untrennbar er mit allen Kräften verbunden war, den kosmischen und den irdischen, und er zeigte ihm seine Beziehung zu jeder einzelnen Kraft.

Ich bin Dir dankbar, o Himmlischer Vater,
denn Du hast mich zu ewigem Lichte erleuchtet
und ich darf wandeln durch die Wunder der Ebene.
Du gabst mir Führung,
um Deine ewige Gemeinschaft zu erlangen
aus den Tiefen der Erde.

Du hast meinen Körper gereinigt,
um zum Heer der Engel der Erde zu gelangen,
und meinem Geist geholfen,
die Gemeinde der himmlischen Engel zu erreichen.
Du gabst dem Menschen die Ewigkeit,
um Deine Werke und Wunder in fröhlichem Gesang
zur Morgen- und Abenddämmerung zu preisen.

Aus den *Danksage-Psalmen*
der Schriftrollen vom Toten Meer
VI (iii 19–36)

Kapitel 4
Die Kommunionen
I – Ihre Absicht und Bedeutung

Der symbolische Lebensbaum ermöglichte den Essenern zu erkennen, wie sie von den Kräften oder Engeln umgeben waren, der sichtbaren Welt der Natur und der unsichtbaren, kosmischen Welt. Die Kommunionen zeigen, wie jede dieser Kräfte für den menschlichen Körper und sein Bewußtsein genutzt werden kann.

Von den Kommunionen wird gesagt, sie seien entstanden durch Esnoch oder Enoch und wiederhervorgebracht von Moses, als er vom Berg Sinai mit zwei Steintafeln zu Esrael, den Auserwählten des Volkes, herunterkam. Das zweite Paar Tafeln, die er herunterbrachte, enthielt die zehn Gebote, die äußere Lehre, die er dem Rest des Volkes Israel gab. Aber die kleine Minderheit Esrael oder Essener hielten ihre Kommunionen von dieser Zeit an morgens und abends zu den irdischen und himmlischen Kräften und gaben ihrem Leben Ordnung und Rhythmus entsprechend den Eingebungen, die sie von ihnen erhielten.

Die Kommunionen haben drei unmittelbare Ziele:

Das erste Ziel besteht darin, den Menschen der verschiedenen Kräfte und Formen von Energien, die ihn umgeben und von der Natur und dem Kosmos ständig zu ihm fließen, bewußt zu machen.

Das zweite Ziel ist, ihn der Organe und Zentren seines Wesens, die den Fluß dieser Energien aufnehmen können, bewußt zu machen.

Das dritte Ziel ist, eine Verbindung zwischen den Organen und Zentren und ihren entsprechenden Kräften herzustellen, um jeden Energiefluß aufzunehmen, zu lenken und zu nutzen.

Die Essener wußten, daß jeder Mensch über verschiedene körperliche Ordnungen verfügt, mit denen er die verschiedenen Energien aus der Nahrung, der Luft, dem Wasser, den Sonnenstrahlen und so weiter aufnehmen kann; und sie wußten auch, daß jeder einzelne diese Kräfte durch seine eigenen bewußten Bemühungen selbst lenken und nutzen muß und daß kein anderer das für ihn tun kann.

Die Kommunionen wurden jeden Morgen und Abend durchgeführt. An jedem Tag der Woche wurde über eine andere irdische Kraft am Morgen beim Aufstehen und eine andere himmlische Kraft am Abend vor dem Einschlafen meditiert. Das sind insgesamt vierzehn Kommunionen während der sieben Wochentage.

Bei jeder Kommunion haben sich die Essener auf die entsprechende Kraft konzentriert, sie kontempliert und meditiert, so daß ihre Macht in jeder erforderlichen Stärke aufgenommen und bewußt genutzt werden konnte.

Es folgt nun eine Erläuterung dessen, was bei jeder Kommunion beabsichtigt wurde:

Die Morgenkommunionen

Die Mutter Erde – Samstagmorgen

Die Absicht dieser Kommunion bestand darin, die Einheit zwischen dem körperlichen Organismus des Menschen und den ernährenden Kräften der Erde herzustellen.

Das wurde erreicht durch Kontemplation der verschiedenen Nahrungsbestandteile und in der Erkenntnis, daß der Körper aus den verschiedenen Elementen der Erde gebildet wird und durch diese Elemente über das Leben der Pflanzen ernährt wird. Dies lehrt die Bedeutung und Wichtigkeit der natürlichen Nahrungsmittel der Erde, die von der Mutter Erde im Einklang mit den Gesetzen, die das irdische Leben bestimmen, bereitgestellt werden. Dadurch lernt der Mensch die hervorragende Rolle der natürlichen Ernährung für seine Gesundheit und Lebenskraft kennen und wird sich des Stoffwechselablaufs in ihm bewußt. Er lernt darüber hinaus, wie er die mächtigen Energien in seinem Körper erhalten kann. So entwickelt er stufenweise die Fähigkeit, all die Nährstoffe, die er ißt, und auch die darin enthaltenen Energien aufzunehmen. So ist er fähig, mehr Nährwert aus einer gegebenen Menge Nahrung herauszuziehen.

Die Kommunion war eines der hauptsächlichen Werkzeuge, durch die sich die Essener eine so bemerkenswerte körperliche Gesundheit erhalten konnten.

Der Engel des Bodens – Sonntagmorgen

Der Engel des Bodens, ein Engel der Mutter Erde, war die Macht der Zeugung und Erneuerung. Eine bedeutende Vorstellung der Essener, ähnlich der Zoroasters, war das Bestreben, immer mehr Leben in Fülle zu erzeugen. Die Absicht dieser Kommunion lag darin, die erschaffenden Kräfte des Lebens in die Erneuerung des menschlichen Körpers zu übertragen. Sie stellten sich diese Kraft im Menschen als dieselben natürlichen Kräfte vor wie die zeugenden Kräfte der Natur in der obersten Erdschicht, die das pflanzliche Leben auf der Erde erschaffen.

Diese Kommunion bezieht sich deshalb auch auf die Erdoberfläche, wo die Dinge keimen, und auf die Kraft der Fruchtbarkeit und der Geschlechtsdrüsen und -organe. Sie lehrte die Bedeutung der lebenserzeugenden Kraft der Erde und der erneuernden Kräfte der Sexualorgane im Drüsensystem. Sie machte dem Menschen die lebenserneuernden Kräfte seiner Umwelt bewußt und dadurch empfänglicher, diese starke Kraft in Anspruch zu nehmen, sie zu beherrschen, zu lenken und zu nutzen.

Die außerordentliche Fähigkeit der Essener, sich selbst zu regenerieren, beruhte vor allem darin, wie sie durch die Ausübung dieser Kommunion sexuelle Energien umwandeln konnten.

Engel des Lebens – Montagmorgen

Diese Kommunion war dem Leben gewidmet, der Gesundheit und der Lebenskraft des Organismus des

Menschen und des ganzen Planeten und führte so zu einer lebendigen Einheit zwischen ihnen. Sie lehrte dem Menschen die Bedeutung der Lebenskraft für sein Wohlbefinden und machte ihm all die unzähligen Wirkungen der Lebenskraft in seiner Umgebung bewußt; so befähigte ihn diese Kommunion die Lebenskraft an jeden Teil seines Körpers in der gewünschten Stärke zu lenken.

Sie gab den Essenern ihre bewundernswerte Fähigkeit, Lebenskraft zu schöpfen, besonders aus Bäumen und Wäldern.

Der Engel der Freude – Dienstagmorgen
Alle Ausdrucksformen der Schönheit wurden in dieser Kommunion betrachtet, um dem Menschen die Schönheit der Natur und die Freude daran in jedem Teil seines Selbst bewußt zu machen.

Diese Fähigkeit, Freude aus der Schönheit der Natur zu schöpfen, aus dem Sonnenaufgang, dem Sonnenuntergang, den Bergen, Blumen, Farben, Gerüchen und anderem, war eines der Mittel, womit die Essener die innere Harmonie und heitere Ruhe erlangten, die ihre Mitmenschen so sehr beeindruckten.

Der Engel der Sonne – Mittwochmorgen
Die Essener meditierten über die Sonne als eine große Lebenskraft in der irdischen Natur, eine immer gegenwärtige Energiequelle, ohne die es kein Leben auf der Erde, im Wasser und in der Luft gäbe. Sie meditierten

über die Wirkung der Sonnenstrahlen, die ja nicht auf der Oberfläche des Körpers enden, sondern in den Organismus eindringen an dem Punkt, wo das Sonnengeflecht liegt, indem sie den Körper und das Nervensystem in den Strahlen der Sonne badeten. Und dieser Punkt ist auch das älteste Zentrum im menschlichen Organismus.

Die Absicht dieser Kommunion lag darin, die Sonnenenergien aufnehmen zu können, und so eine vollkommene Einheit zwischen dem Selbst und der Sonne herzustellen und ihre Kraft auf den ganzen Körper zu verteilen.

Durch die Anwendung dieser Methode der Essener wurden häufig gewisse außergewöhnliche Fälle geheilt in einer Weise, wie sie den frühen Geschichtsschreibern übernatürlich erschien.

Der Engel des Wassers – Donnerstagmorgen
Die Essener sahen den Kreislauf des Wassers in der Natur im Zusammenhang mit dem Blutkreislauf im Körper. Sie wußten, daß alle Organismen, genauso wie ihre Nahrung, überwiegend aus Wasser bestand, das auch für das Leben der Erde so wichtig ist. Die Vollkommenheit des Organismus hängt von der Qualität des Blutes ab, auf die gleiche Weise, wie die Vollkommenheit der materiellen Umwelt von der verfügbaren Wasserqualität abhängt.

In dieser Kommunion wurden alle Formen des Wassers betrachtet, die Flüsse, Bäche, der Regen, der

Saft in den Bäumen und Pflanzen usw. um als lebendige Wirklichkeit die Einheit zwischen den Flüssigkeiten des Körpers und den Gewässern des Planeten aufzubauen, wodurch die Fähigkeit erworben wurde, willentlich den Blutstrom in jeden Körperteil zu lenken oder ihn abzuziehen.

Diese Kraft befähigte die Essener, viele Krankheiten zu heilen, bei denen sonst nur lange und mühevolle Behandlungen halfen. Dies war eine der Ursachen für die vollständige Selbstkontrolle der Essener und ihre unglaubliche Widerstandskraft gegen Schmerzen.

Der Engel der Luft – Freitagmorgen
Die Absicht dieser Kommunion bestand darin, dem Menschen die dynamische Einheit zwischen Luft und Leben bewußt zu machen; denn die Atmung ist das Bindeglied zwischen Organismus und Kosmos. Da, wo es Leben gibt, ist Atem, und das Verschwinden des einen bedingt auch das Ende des anderen. Die Atmosphäre umgibt die Natur, die Luft fließt im Körper, und so spielen beide eine erstaunliche Rolle für die Gesundheit und Lebenskraft.

Diese Kommunion wurde durch gewisse tiefe, rhythmische Atemübungen ergänzt. Sie ermöglichten den Essenern, besondere Energien aus der Atmosphäre zu absorbieren und so eine Wechselbeziehung zwischen dem Selbst und dem Universum herzustellen.

Diese Kommunionen mit der Mutter Erde und ihren Engeln waren die Quelle, aus der die Essener ihre besondere Lebensweise ableiteten – ihre Ernährung, die Kaltwasserwaschungen, die Sonnenbäder und das Atmen usw., so wie es von ihren Zeitgenossen Josephus, Philo und Plinius mit großer Bewunderung beschrieben wurde.

Die Abendkommunionen

So wie die sieben Morgen der Woche den Kräften der sichtbaren Welt gewidmet waren, so waren die sieben Abende den Kräften der unsichtbaren Reiche, den Engeln des Himmlischen Vaters gewidmet.

Der Himmlische Vater – Freitagabend
Diese Kommunion mit dem Himmelsvater, dem Schöpfer des Lichts, dem Ahura Mazda Zoroasters, war die zentrale Kommunion bei den Essenern. Sie war der Gesamtheit aller kosmischen Gesetze und der Erkenntnis gewidmet, daß das Weltall ein Prozeß dauernder Schöpfung ist, in dem der Mensch die Rolle hat, die Arbeit des Schöpfers auf der Erde fortzusetzen.

Die Absicht dieser Kommunion soll den Menschen lehren, wie wichtig die Vereinigung mit dem ewigen und ungebundenen kosmischen Meer für die höheren Schwingungen aller Planeten ist. Sie soll ihn für alle diese Kräfte empfänglich machen, so daß er kosmisches Bewußtsein erlangen kann und sich auf diese Weise mit den kosmischen Strömungen verbindet. Dadurch kann er die schöpferischen Fähigkeiten in sich zum Höchsten entwickeln und die schöpferische Quelle in seinem Leben und seiner Umgebung nutzen.

Die Essener wußten, daß der Mensch nur auf diese Weise sein letztes Ziel erreichen kann, die Vereinigung mit dem Himmlischen Vater, das letztliche Streben aller Essener und der tiefere Sinn, der ihre Handlungen, Gefühle und Gedanken regierte.

Der Engel des Ewigen Lebens – Samstagabend
Die Essener nahmen an, daß der Zweck des Weltalls nur im ewigen Leben liegen konnte, in der Unsterblichkeit; dies kann vom Menschen erlangt werden, wenn er fortschreitend die Voraussetzungen dafür schafft, daß seine eigene Entwicklung eine ständig höhere Stufe erklimmen kann. Sie waren überzeugt davon, daß es für diesen Fortschritt keine Grenzen gebe, da der Kosmos eine unerschöpfliche Quelle von Energien ist, die dem Menschen zur Verfügung stehen, wenn er seine Wahrnehmungsorgane und -zentren vervollkommnet.

Durch diese Kommunion kann der Mensch ein intuitives Wissen über die Ewigkeit des Lebens im Universum erwecken und seine eigene Einheit mit diesem ewigen Leben und der ganzen kosmischen Ordnung verwirklichen. Durch sie erlernt er die Bedeutung, die Schwerkraft der irdischen Gedankenströmungen zu überwinden und sich der Aktivität höherer Schwingungen und ihrer Rolle für die Entwicklung des einzelnen und der Planeten bewußt zu werden.

Die Überwindung dieser Schwerkraft und Aufnahme und Verwendung der höheren Schwingungen
dieses und aller anderen Planeten war die höchste my-
stische Errungenschaft der Essener.

Der Engel der schöpferischen Arbeit – Sonntagabend
Diese Kommunion war all den großartigen Dingen gewidmet, die durch menschliche Arbeit geschaffen wurden, die großen Meisterwerke der Literatur, Kunst,
Wissenschaft, Geisteswissenschaft – und alles, was der
Mensch über die Natur hinaus entwickelt hatte, die
großen Werke, die von den vorausgegangenen Generationen hervorgebracht und von den heutigen geerbt
wurden.

Die Bestimmung dieser Kommunion lag darin, die
Bedeutung schöpferischer Arbeit und ihre überragende
Rolle in der Entwicklung des einzelnen zu lehren. Sie be-
absichtigte auch, ihm die Aufnahme der Energien und
Kräfte aus den schöpferischen Werken der Menschheit,
allen Meisterwerken, zu ermöglichen und diese Kräfte in
allen Ausdrucksformen seines Bewußtseins zu nutzen.

In den Essener-Bruderschaften führte jeder irgendeine schöpferische Arbeit aus, ob nun für die eigene Vervollkommnung, für die Bruderschaft oder die Menschheit. Für die Essener war die schöpferische Arbeit der
beste Ausdruck der Liebe.

Der Engel des Friedens – Montagabend
Die Kommunion mit dem Engel des Friedens war dem

tiefen inneren Erkennen des Friedens im Menschen und mit dem ganzen Universum gewidmet. In der Vorstellung der Essener ist Friede einer der höchsten erreichbaren Werte für den Menschen, und solange er die wahre Bedeutung dessen nicht erkennt, kann er nicht spirituell sein, und ohne Spiritualität kann sein Leben keine Bedeutung haben. So lag des Menschen unmittelbarste Aufgabe darin, Friede in sich und mit allem Leben zu schließen, und in der Erkenntnis, daß die Friedensarbeit zuerst in ihm selbst anfängt.

Die Essener nutzten alle Quellen des Friedens im Universum und ließen sie in die Welt fließen. Der allumfassende Gruß «Friede sei mit Dir» ist ein Ausdruck davon.

Der Engel der Kraft – Dienstagabend
Die Essener hielten das ganze Weltall für ein kosmisches Meer des Lebens, in dem die Strömungen kosmischer Kräfte ununterbrochen alle Formen des Lebens auf allen Planeten vereinigen und ihn mit allen anderen Lebewesen verbinden.

Die Kommunion machte diese kosmischen Kräfte bewußt, die ihn umgeben und in ihm sind. Indem er ihr Wirken wahrnimmt, kann er sie durch sein Nervensystem aufnehmen und sie in jedem Bereich seines Lebens nutzen. Die Essener waren in bemerkenswertem Maße dazu fähig, diese Strömungen aufzunehmen und entsprechend zu verwerten.

Der Engel der Liebe – Mittwochabend

Liebe war für die Essener das höchste schöpferische Gefühl, und für sie gab es ein kosmisches Meer der Liebe, das überall alle Formen des Lebens vereinte. Leben selbst war für sie ein Ausdruck der Liebe.

Der Zweck dieser Kommunion besteht darin, den Menschen die Wichtigkeit und Bedeutung dieser höheren Gefühlströmungen in sich selbst und im Universum zu lehren. Sie will ihn dieser Strömungen bewußt und aufnahmefähig machen, als einer mächtigen Energiequelle und Kraft, die er konzentrieren und in alle Ausdrucksformen seines Bewußtseins lenken kann.

In der Vorstellung der Essener verletzte der einzelne sich selbst, wenn er irgendeine Form des Lebens außerhalb von sich selbst verletzte, denn zwischen allen Lebewesen besteht eine lebendige Verbindung im kosmischen Ozean der Liebe. Die Essener selbst waren fähig, starke Liebesgefühle allen Menschen gegenüber auszudrücken, nahe und fern, und zu allen Lebewesen auf Erden und im unendlichen Weltall auszustrahlen.

Diese Liebe, die sie fühlten, war der Kern ihres Zusammenlebens in Bruder-Gemeinschaften; das veranlaßte sie, all ihren Nahrungsüberschuß an Bedürftige zu verteilen und hinauszugehen, die Unwissenden zu lehren und die Kranken zu heilen. Sie drückten ihre Liebe in Taten aus.

Diese Fähigkeit, höhere Gefühlsschwingungen anzuziehen und weiterzugeben, war eine ihrer großen mystischen Errungenschaften.

Denken wurde von den Essenern sowohl für eine kosmische als auch für eine Gehirnfunktion gehalten. Sie nahmen an, daß ein kosmisches Gedankenmeer das gesamte Weltall durchdringt, das alle Gedanken enthält. Und dieses war die mächtigste aller kosmischen Energien, unzerstörbar und unvergänglich.

Indem sich der Mensch auf alle im Weltall fließenden Gedanken und auf die Gedanken der großen Denker der Vergangenheit durch die Kommunionen mit dem Engel der Weisheit einstimmt, entwickelt er seine Fähigkeit, machtvolle harmonische Gedankenströmungen zu schaffen und intuitives Wissen und Weisheit zu erlangen.

Mit der Durchführung dieser Kommunion erlangten die Essener ihre große Fähigkeit, machtvolle Gedankenströmungen zu senden und zu empfangen.

Diese Kommunionen mit dem Engel der Weisheit vollendet die vierzehn Kommunionen der Essener. Die Morgenkommunionen gelten der Lebenskraft des Körpers. Ihre sich steigernde Wirkung liegt in der langsam zunehmenden Stärkung und Wiederbelebung jedes Körperorgans durch die bewußte Beherrschung und Bestimmung der irdischen Kräfte.

Die sieben Abendkommunionen sind den spirituellen Kräften gewidmet, die des Menschen höhere Entwicklung bestimmen. Ihre sich steigernde Wirkung liegt in der Wiederbelebung des Geistes und all der höheren Kräfte, die im einzelnen verborgen liegen. Sie ermöglichen ihm, alle höheren Meere der Liebe, des Lebens und der Gedanken zu empfangen, sich mit ihnen einzustimmen und so stufenweise alle höheren Fähigkeiten seines Wesens zu entwickeln.

Jede dieser vierzehn Kommunionen stellt ein gewisses Gleichgewicht zwischen dem ausführenden Menschen und dem Engel oder der Kraft her, mit der die Kommunion gehalten wird.

Die Mittagskontemplationen

Eine dritte Gruppe von Übungen wurde mittags an jedem Tag der Woche abgehalten. Dies waren Betrachtungen, Anrufungen des Himmlischen Vaters, daß er seinen Engel des Friedens sende, um die verschiedenen Bereiche des menschlichen Lebens zu harmonisieren. Der Friede war den Essenern so wichtig, daß sie eine besondere Lehre dafür hatten, die sie den siebenfältigen Frieden nannten.

Die Ausübung der vierzehn Kommunionen vermittelt eine innere Erfahrung und Erweiterung des Bewußtseins, und das ermöglicht dem einzelnen, bewußt die unsichtbaren Kräfte der Natur und des Kosmos aufzunehmen. Der siebenfältige Frieden zeigt die praktische Anwendung dieses erweiterten Bewußtseins im täglichen Leben des einzelnen in seiner Beziehung zu den verschiedenen Lebensbereichen.

Diese Friedensbetrachtungen wurden in der folgenden Ordnung geübt:

Samstagmittag – Friede mit dem Himmelsvater
Sonntagmittag – Friede mit der Mutter Erde
Montagmittag – Friede mit der Kultur
Dienstagmittag – Friede mit der Menschheit
Mittwochmittag – Friede mit der Familie
Donnerstagmittag – Friede mit dem Geist
Freitagmittag – Friede mit dem Körper.

Eine Erläuterung dieser sieben Bereiche im menschlichen Leben erfolgt im anschließenden Kapitel.

Jeden siebten Tag, den Sabbat, widmeten die Essener einer der Seiten des Friedens, und außer den Betrachtungen des einzelnen wurden noch Zusammenkünfte der Gemeinschaft abgehalten. Bei diesen Zusammenkünften ging es darum, sich auf die praktische gemeinschaftliche Anwendung des jeweiligen Friedens zu besinnen, auf den man sich an diesem Sabbat konzentrierte.

Der große Sabbat

Jeder siebte Sabbat wurde der große Sabbat genannt. Er war dem Frieden mit dem Himmlischen Vater gewidmet. Dies war der allesdurchdringende Friede, der alle anderen Seiten des Friedens beinhaltete. So wurde jedem Abschnitt des menschlichen Lebens Beachtung gegeben, einem nach dem anderen.

Das war die Struktur der Kommunionen mit den kosmischen und natürlichen Kräften und die Betrachtungen mit den verschiedenen Seiten des Friedens zeigte den Essenern, wo sie ihre Kräfte in die Wirklichkeit ihres eigenen Lebens übertragen konnten. Vergleichbares finden wir in keinem anderen Weltbild. Es birgt in sich die Weisheit von achttausend Jahren. Es ist nicht nur einfach eine äußerliche Form oder ein Ritual; es ist eine lebendige, unmittelbar erkennbare Erfahrung. Dies kann die Einheit der Menschheit bewirken.

Die Essener praktizierten diese Kommunionen und Betrachtungen vor mehr als zweitausend Jahren – doch sie sind so zeitlos, daß wir sie ebenso heutzutage praktizieren können.

Ich werde Deine Worte preisen
mit Gesängen des Dankes
unaufhörlich,
in jeder Periode des Tagesablaufs
und an festen Zeiten.
Mit dem Erscheinen des Lichts
aus seiner Quelle
und zur Abenddämmerung
und dem Erlöschen des Lichtes,
mit dem Ausgang der Dunkelheit
und dem Hereinbrechen des Tages.
Beständig, zu allen Zeiten,
in allen Generationen.

> Aus den *Danksage-Psalmen*
> der Schriftrollen vom Toten Meer
> XVII (xii 4–12)

Kapitel 5
Die Kommunionen
II – Ihre praktische Ausübung

Bruchstückhafte Berichte über alte Traditionen zeigen, daß der Mensch über lange Zeiträume hinweg langsam in seinem Wesen einen bestimmten Empfangsapparat hatte, mit dessen Hilfe er fähig wurde, die Kräfte, die in ihm und außerhalb von ihm fließen, aufzunehmen und sie bewußt als Quelle von Energie, Harmonie und Wissen nutzbar zu machen.

Die Essener sahen die Entwicklung dieser Wahrnehmungszentren als wesentlichen Teil der Entwicklung des einzelnen an. Sie hielten die planmäßige und tägliche Übung einer richtigen Methode für erforderlich, um sich zu entwickeln.

Der erste Teil ihrer Kommunionen lehrte den Sinn und die Absicht von jeder der vierzehn irdischen und kosmischen Kräfte. Der zweite Teil bestand in der eigentlichen Übung oder Technik, durch die dieser ‹Apparat› entwickelt werden konnte.

Durch diese Übung können die feineren Zentren des Körpers geöffnet werden, und der Zugang wird frei zur allumfassenden Schatzkammer kosmischer Kräfte. Die Absicht dieser Übung lag darin, die Organe des leiblichen Körpers mit allen heilenden Strömungen der Erde und des Kosmos in Harmonie zu bringen, so daß sie für die Entwicklung des einzelnen und des Planeten genutzt werden können.

Viele früheren Völker hatten eine ähnliche Technik. Die Sumerer, die Perser zur Zeit Zoroasters und die Hindus in ihren Yoga-Systemen, von denen nur neun die ursprünglich vierzehn überdauerten. Alle diese Techniken waren zum gleichen Zweck gedacht.

Die Technik, die die Essener durch mündliche Überlieferung von einer Generation zur anderen über Tausende von Jahren weiterreichten, wurde dem Neophyten (dem Neugetauften) in ihrer Bruderschaft nur nach Vollendung einer Probezeit von sieben Jahren erst vollständig übermittelt. Dann mußte er den großen siebenfältigen Eid leisten, die Kommunionen niemandem ohne Erlaubnis zu offenbaren und das dadurch erlangte Wissen und die Macht nie für materielle oder selbstsüchtige Zwecke zu benutzen.

Einleitung zu den Kommunionen

Bevor sie die eigentlichen Worte einer Kommunion sprachen, wiederholten die Essener feierlich und ehrfurchtsvoll die folgende Einleitung:

«Ich betrete den ewigen und unendlichen Garten
mit Ehrfurcht vor dem Himmlischen Vater,
der Mutter Erde und den großen Meistern, voll
Ehrfurcht vor der heiligen reinen und rettenden Lehre,
voll Ehrfurcht zur Bruderschaft der Auserwählten.»

Dann gedachte er ehrfurchtsvoll des Engels oder der Kraft, der er sich zuwenden wollte, indem er ihre Bedeutung und ihren Sinn in seinem eigenen Leben und Körper betrachtete, so wie es im ersten Teil der Kommunionen gelehrt wird.

Und dieser Einleitung folgend sprach er dann die eigentlichen Worte der Kommunion.

Die Morgenkommunionen

Samstagmorgen

Um sich der Mutter Erde am Samstagmorgen zuzuwenden, spricht er:

«Die Mutter Erde und ich sind eins.

Sie gibt die Nahrung des Lebens meinem ganzen Körper.»

Und wenn er die Worte gesprochen hat, dann besinnt er sich auf die eßbaren Früchte, Körner und Pflanzen und fühlt die Strömungen der Mutter Erde, wie sie ihn durchfließen und seinen Stoffwechselprozeß verstärken und ausrichten.

Sonntagmorgen

Am Sonntagmorgen kommuniziert er mit dem Engel des Bodens und spricht:

«Engel des Erdbodens, sende Deine Kraft in meine Geschlechtsorgane und belebe meinen ganzen Körper neu.»

Indem er so spricht, besinnt er sich auf die lebenserzeugende Erde und das wachsende Gras und fühlt die Strömungen des Engels des Bodens, wie sie seine sexuelle Energie in wiederbelebende Kräfte verwandeln.

Montagmorgen

Am Montagmorgen wendet er sich dem Engel des Lebens mit folgenden Worten zu:

«Engel des Lebens, ströme in meine Glieder
und gib Kraft meinem ganzen Körper.»

Nun besinnt er sich auf Bäume, während er spürt, wie er die Lebenskräfte von Bäumen und Wäldern in sich aufnimmt.

Dienstagmorgen

Die Worte für die Dienstagmorgen-Kommunion mit dem Engel der Freude sind:

«Engel der Freude, komme herab auf die Erde
und bringe Schönheit allen Geschöpfen.»

Sodann fühlt er, wie er die Schwingungen der Freude von der Schönheit der Natur in sich aufnimmt, während er sich auf die Farben des Sonnenaufgangs, des Sonnenuntergangs, den Gesang eines Vogels oder den Duft einer Blume besinnt.

Mittwochmorgen

Die Mittwochmorgen-Kommunion mit dem Engel der Sonne beginnt mit folgenden Worten:

«Engel der Sonne, ströme in mein Sonnenzentrum
und gib das Feuer des Lebens meinem ganzen Körper.»

Sobald diese Worte gesprochen sind, besinnt er sich auf

die aufgehende Sonne und fühlt und leitet die angesam-
melten Sonnenkräfte, die in sein Sonnenzentrum im
Sonnengeflecht (Solar Plexus) strahlen, an alle Stellen
seines Körpers.

Donnerstagmorgen

Die Donnerstagmorgen-Kommunion mit dem Engel des
Wassers wird mit den Worten geführt:

> *«Engel des Wassers, geh ein in mein Blut*
> *und gib das Wasser des Lebens meinem ganzen Körper.»*

Indem er so spricht, besinnt er sich auf die Gewässer der
Erde, im Regen, Fluß, See, Meer oder irgendwo, und
die Strömungen des Engels des Wassers werden wahr-
nehmbar, indem sie den Blutkreislauf verstärken und
lenken.

Freitagmorgen

Zur Kommunion am Freitagmorgen mit dem Engel der
Luft spicht der Essener:

> *«Engel der Luft, geh ein in meine Lungen*
> *und gib die Luft des Lebens meinem ganzen Körper.»*

Der Ausführende besinnt sich auf die Atmosphäre,
wenn er diese Worte spricht, und atmet rhythmisch ein
und aus.

Die Abendkommunionen

Es folgen die Worte der Abendkommunionen mit dem Himmelsvater und seinen Engeln.

Freitagabend

Die Freitagabend-Kommunion mit dem Himmelsvater beginnt mit den Worten:

«Der Himmlische Vater und ich sind eins.»

Diese Kommunion schafft mit der Zeit eine Verbindung mit dem ewigen und unbegrenzten kosmischen Meer aller höheren Ausstrahlungen von allen Planeten, sobald das kosmische Bewußtsein erwacht, und der einzelne schließlich mit der Höchsten Kraft vereint ist.

Samstagabend

Die Samstagabend-Kommunion mit dem Engel des ewigen Lebens erklärt:

«Engel des ewigen Lebens, sinke in mich herab
und gib meinem Geist das ewige Leben.»

Wenn diese Worte gesprochen sind, besinnt sich der einzelne auf die Vereinigung mit den Gedankenströmen höherer Planeten und gewinnt so die Kraft, um den Einflußbereich der Schwerkraft irdischer Gedankenströme zu überwinden.

Sonntagabend

Am Sonntagabend gibt die Kommunion mit dem Engel der schöpferischen Arbeit diese Anleitung:

«*Engel der schöpferischen Arbeit, befruchte*
die Menschheit und gib allen Menschen in Fülle.»
Die Kontemplation richtet sich auf die Arbeit der Bienen und auf die schöpferische Arbeit der Menschheit in allen existierenden Lebensbereichen.

Montagabend

Die Kommunion am Montagabend mit dem Engel des Friedens wird mit diesen Worten durchgeführt:
«*Friede, Friede, Friede,*
Engel des Friedens, sei immer überall.»
Der einzelne besinnt sich nun auf den zunehmenden Mond und das Mondlicht, indem er den allumfassenden Frieden in allen Bereichen seines Daseins anruft und visualisiert.

Dienstagabend

Die Kommunion am Dienstagabend mit dem Engel der Kraft besagt:
«*Engel der Kraft, gehe ein in meinen Körper*
und leite alle meine Taten.»
Indem er sich auf die Sterne besinnt, ihre Strahlen und auf das kosmische Meer des Lebens, fühlt der einzelne Mensch die kosmischen Kräfte der Sterne von dem Nervensystem seines Bewegungskörpers aufgenommen.

Mittwochabend

Die Kommunion am Mittwochabend richtet sich an den Engel der Liebe. Diese Worte werden gesprochen:

«Engel der Liebe, ströme in meinen Gefühlskörper
und reinige alle meine Gefühle.»

Während dies gesagt wird, schickt der Gefühlskörper höhere Gefühlsströme zu allen Geschöpfen der Erde und all jenen im kosmischen Meer der Liebe und zieht sie gleichzeitig an.

Donnerstagabend

Der Donnerstagabend ist dem Engel der Weisheit gewidmet, der wie folgt angesprochen wird:

«Engel der Weisheit, geh ein in meinen Gedankenkörper
und erleuchte meine Gedanken.»

Der Gedankenkörper sendet dann höhere Gedankenströme aus und zieht sie auch an, während der einzelne sich auf alle Gedanken der Erde und der im kosmischen Meer besinnt.

Dieses sind die traditionellen Worte der Kommunionen mit der Erdenmutter und dem Himmelsvater und ihren Engeln. Die zunehmende Wirkung der regelmäßigen wöchentlichen Wiederholung jeder dieser Kommunionen ermöglichte dem Essener früher oder später, entsprechend seiner Aufnahmefähigkeit, seiner Ausdauer und Stufe seiner Entwicklung, diese Energieströme in allen Ausdrucksformen seines Bewußtseins zu nutzen und sie für seine eigene höhere Evolution und die Evolution der Menschheit und des Planeten einzusetzen.

Die Mittagsbetrachtungen

Die Mittagsbetrachtungen waren jeden Tag einem anderen der sieben Bereiche des Friedens gewidmet und an den Himmlischen Vater gerichtet, mit der Bitte, den Engel des Friedens allen zu senden und außerdem jeweils einen bestimmten Engel, um jede Seite des siebenfältigen Friedens zu stärken. Dies sind die Worte:

Samstagmittag
(Friede mit dem Reich des Himmlischen Vaters)
«Vater unser, der Du bist im Himmel,
sende allen Deinen Engel des Friedens;
und Deinem Reich, Himmlischer Vater,
Deinen Engel des Ewigen Lebens.»

Sonntagmittag
(Friede mit dem Reich der Mutter Erde)
«Vater unser, der Du bist im Himmel,
sende allen Deinen Engel des Friedens;
und dem Reich der Mutter Erde
den Engel der Freude.»

Montagmittag
(Friede mit der Kultur)
«Vater unser, der Du bist im Himmel,
sende allenDeinen Engel des Friedens;
und unserem Wissen
den Engel der Weisheit.»

Dienstagmittag
(Friede mit der Menschheit)
«Vater unser, der Du bist im Himmel,
sende allen Deinen Engel des Friedens;
und der Menschheit
den Engel der Arbeit.»

Mittwochmittag
(Friede mit der Familie)
«Vater unser, der Du bist im Himmel,
sende allen Deinen Engel der Friedens;
unserer Familie und Freunden
den Engel der Liebe.»

Donnerstagmittag
(Friede mit dem Geist)
«Vater unser, der Du bist im Himmel,
sende allen Deinen Engel des Friedens;
und unserem Geiste
den Engel der Kraft.»

Freitagmittag
(Friede mit dem Körper)
«Vater unser, der Du bist im Himmel,
sende allen Deinen Engel des Friedens;
und unserem Körper
den Engel des Lebens.»

		Morgenkommunionen	
		Kontemplation	Kraft
Samstag	Erden-mutter	Nahrung	Ernährung
Sonntag	Engel des Bodens	Humus, Wachstum	Sexual-organe
Montag	Engel des Lebens	Bäume	Vitalität, Lebenskraft
Dienstag	Engel der Freude	Schönheit	Harmonie
Mittwoch	Engel der Sonne	Sonnen-aufgang	Feuer des Lebens
Donnerstag	Engel des Wassers	Blut, Flüsse etc.	Kreislauf
Freitag	Engel der Luft	Atem	Energie der Atmosphäre

Die Kommunionen
mit den Kräften der sichtbaren Reiche

Mittagsbetrachtungen	
	Friede mit
Samstag	dem Reich des Himmelsvaters
Sonntag	dem Reich der Erdenmutter
Montag	der Kultur
Dienstag	der Menschheit (sozialer Friede)
Mittwoch	der Familie (Gefühlskörper)
Donnerstag	dem Geist (Mentalkörper)
Freitag	dem Körper (physischer Körper)

Die Mittagskontemplationen
für den Frieden

	Abendkommunionen		
		Kontemplation	Kraft
Samstag	Engel des ewigen Lebens	Höchste Planeten	Überwindung der Schwerkraft
Sonntag	Engel der kreativen Arbeit	Bienen	Schöpferische Arbeit des Menschen
Montag	Engel des Friedens	zunehmender Mond	innerer Frieden
Dienstag	Engel der Kraft	Sterne, höhere Handlungen	Nervensystem, kosmisches Meer des Lebens
Mittwoch	Engel der Liebe	höchste Gefühle	Emotionen, kosm. Ozean der Liebe
Donnerstag	Engel der Weiseit	höchste Gedanken	Gedankenkörper
Freitag	Himmlischer Vater	kosmische Strömungen	Vereinigung mit dem kosm. Ozean

Die Kommunionen mit den Kräften der unsichtbaren Reiche

FREITAGABEND
Der Himmlische Vater
und ich sind EINS

DONNERSTAGABEND
Engel der Weisheit,
geh ein in meinen
Gedankenkörper und
erleuchte all meine
Gedanken.
HÖHERE GEDANKEN

SAMSTAGABEND
Engel des ewigen Lebens,
geh in mich und gib
meinem Geist das
ewige Leben.
SCHWERKRAFT
Höhere Planeten

MITTWOCHABEND
Engel der Liebe,
geh ein in meinen
Gefühlskörper und
reinige alle meine
Gefühle.
HÖHERE GEFÜHLE

SONNTAGABEND
Engel der schöpferischen
Arbeit, geh ein in die
Menschheit und gib allen
Menschen in Fülle.
BIENEN
Schöpferische Arbeit

DIENSTAGABEND
Engel der Kraft,
geh ein in meinen
handelnden Körper und
leite all meine Taten.
STERNE
Kosmische Lebenskräfte

MONTAGABEND
Friede, Friede, Friede,
Engel des Friedens, sei
immer überall.
MOND
Innerer Frieden

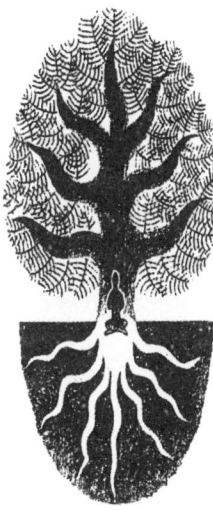

DIENSTAGMORGEN
Engel der Freude,
komm herab auf die Erde
und bringe Schönheit
allen Geschöpfen.
HARMONIE

MITTWOCHMORGEN
Engel der Sonne, gehe ein
in mein Sonnenzentrum
und bring die Lebensfeuer
meinem ganzen Körper.
SONNENSTRAHLEN

MONTAGMORGEN
Engel des Lebens, komme
in meine Glieder und gib
meinem ganzen Körper
Stärke.
BÄUME
Vitalität

DONNERSTAGMORGEN
Engel des Wassers, geh ein in
mein Blut und gib das Wasser
des Lebens meinem ganzen
Körper.
FLÜSSE, SEEN, GEWÄSSER
Kreislauf

SONNTAGMORGEN
Engel der Erde, ströme in
meine Sexualorgane und
regeneriere meinen ganzen
Körper.
HUMUS
Wachstum

SAMSTAGMORGEN
Die Mutter Erde und ich
sind EINS. Sie gibt die
Nahrung des Lebens
meinem ganzen Körper.
ERNÄHRUNG

FREITAGMORGEN
Engel der Luft, geh ein in
meine Lungen und gib die
Luft des Lebens meinem
ganzen Körper.
ENERGIEN DER
ATMOSPHÄRE
Atem

Der Lebensbaum der Essener
mit den Morgen- und Abendkommunionen

Doch Glaube ist ein Führer über die klaffenden Schluchten
und die Ausdauer ein fester Stand im schartigen Fels.
Jenseits der eisigen Gipfel des Ringens
liegt der unendliche Garten der Weisheit
in Frieden und Schönheit, wo der Sinn des Gesetzes
den Kindern des Lichts bekannt gemacht wird.
Hier im Mittelpunkt seiner Wälder steht der Baum
des Lebens, Geheimnis aller Geheimnisse.
Wer Frieden gefunden hat in den Lehren der Alten,
durch das Licht des Geistes, durch das Licht der Natur
und durch das Studium des Heiligen Wortes,
hat die wolkenerfüllte Halle der Alten betreten,
wo die heilige Bruderschaft wohnt, von der niemand sprechen darf.
Erkenne diesen Frieden mit deinem Geist,
ersehne diesen Frieden mit deinem Herzen,
vollziehe diesen Frieden mit deinem Körper.
Möge er dich mit allem Guten segnen,
möge er dich von allem Übel befreien
und dein Herz mit dem Wissen des Lebens erleuchten
und dich mit ewiger Weisheit beschenken.
Und möge Er dir seinen siebenfältigen Segen geben
in ewigem Frieden.

Aus dem *Handbuch der Disziplinen*
der Schriftrollen vom Toten Meer

Kapitel 6
Der siebenfältige Frieden

Der siebenfältige Frieden der Essener war die Zusammenfassung ihrer inneren Lehre. Ihr Lebensbaum und die Kommunionen lehrten den Menschen seine Beziehung zu den vierzehn Kräften der sichtbaren und unsichtbaren Welten. Der siebenfältige Friede erklärt seine Beziehung zu den Teilen seines Wesens und zum Mitmenschen und zeigt ihm, wie er Frieden und Harmonie in den sieben Bereichen seines Lebens schaffen kann. Mit Harmonie meinten die Essener den Frieden.

Sie waren der Ansicht, daß das menschliche Leben in sieben Bereiche aufgeteilt werden kann: physisch, geistig, emotional, sozial, kulturell, seine Beziehung zur Natur und zum gesamten Kosmos.

Vom Menschen nahm man an, daß er drei Körper habe, die jeweils in diesen Bereichen wirken, den physischen Körper, den Gefühlskörper und den Gedankenkörper. Die höchste Kraft des Gedankenkörpers ist Weisheit, die höchste Kraft des Gefühlskörpers ist Liebe. Die Aufgabe des physischen Körpers ist es, die Weisheit des Gedankenkörpers und die Liebe des Gefühlskörpers in den sozialen und kulturellen Lebensbereichen des einzelnen in die Tat umzusetzen und in der Nutzbarmachung der irdischen und himmlischen Kräfte.

Der siebenfältige Friede erklärt die Anwendung dieser Kräfte und Energien in vollkommener Klarheit. Jeden Mittag wurde eine Friedensbetrachtung gehalten mit jeweils einem Aspekt des Friedens; und jeder Sabbath war gemeinsam einem dieser Aspekte gewidmet, und der gesamte Kreislauf umfaßte auf diese Weise alle Abschnitte des menschlichen Lebens, der in einem Zeitraum von sieben Wochen vollendet wurde.

I – Friede mit dem Körper

Das Wort, das die Essener in Aramäisch und Hebräisch für den physischen Körper gebrauchten, stellte die Körperfunktion dar: handeln, bewegen.

Diese klare Definition unterschied sich stark von den Vorstellungen anderer Kulturen. Die Griechen zum Beispiel verehrten den Körper wegen seiner ästhetischen Eigenschaften, seiner Proportionen und seiner Schönheit, und eine tiefere Bedeutung war ihnen nicht bewußt. Die Römer betrachteten den Körper lediglich als Werkzeug der Stärke und Kraft, um Nationen zu erobern, um den römischen Adler in entfernte Länder zu pflanzen. Die mittelalterlichen Christen verachteten den Körper und sahen in ihm die Quelle allen menschlichen Leidens, ein Hindernis zwischen Mensch und Gott.

Die Essener jedoch hatten ein viel tieferes Verständnis. Sie wußten, daß in dem physischen Körper alle Gesetze des Lebens und des Kosmos durch die Entwicklung in Hunderten und Tausenden von Jahren

Gestalt gefunden haben. In ihm galt es, den Schlüssel zum ganzen Universum zu finden.

Sie studierten ihn in Beziehung zur gesamten Rolle des Menschen im Weltall, und ihre Vorstellung von dieser Rolle war umfassender als irgendeine andere, die jemals entwickelt wurde. So sahen sie drei Aufgaben für den Menschen:

1. seine individuelle Entwicklung;
2. seine Funktion für den Planeten, auf dem er lebt;
3. seinen Sinn als Teil des Kosmos. Die Aufgabe des physischen Körpers ist es, zu allen drei Rollen seinen Teil beizutragen. Er ist ein göttliches Werk, erschaffen vom Gesetz zum Zweck des Schöpfers, in keiner Weise minderwertiger als irgendein anderes Werkzeug des Menschen oder etwas anderes im Universum. Der physische Körper wartet darauf, daß seine irdischen und spirituellen Energien bewußt eingesetzt werden.

Die Essener wußten, daß der Mensch kein isoliertes und auch nicht das einzige Wesen im Weltall ist, sondern eines unter vielen auf Erden und auf anderen Planeten, von denen alle einen handelnden Körper haben, der sich genauso wie beim Menschen entwickelt. Alle diese aktiven Körper stehen deshalb miteinander in Verbindung und beeinflussen sich gegenseitig. Die Gesundheit und Lebenskraft jedes einzelnen Körpers ist darum von höchster Bedeutung sowohl für den Menschen selbst als auch für die anderen Wesen auf Erden und den anderen Planeten.

Die täglichen Übungen der Essener waren aus dieser

dynamischen, allseitigen Vorstellung vom physischen Körper als einem integralen Teil des ganzen Weltalls abgeleitet, und das Resultat zeigte sich in ihrer außergewöhnlichen Gesundheit und Lebenskraft.

Jene, die ihrer Bruderschaft beitraten, wurden darin geübt, den physischen Körper in allen drei Funktionen zu vervollkommnen, und man lehrte sie, diesen Körper dem ständig wechselnden Kräftefeld, in dem er lebte und sich bewegte, anzupassen.

Ihnen wurde gezeigt, welche Wirkungen die unterschiedlichsten Nahrungsmittel und die verschiedensten Naturkräfte der Erde, Sonne, Luft und Wasser auf den Organismus haben. Ihnen wurden bestimmte Rituale zur Übung auferlegt, die diese Kräfte nutzten, wie zum Beispiel die täglichen Kaltwasserwaschungen am Morgen und das tägliche Sonnenbad. Durch praktische Erfahrungen lernten sie die belebende Kraft der Arbeit in Feld-, Obst- und Gemüsegärten kennen.

Den Essenern wurde auch gelehrt, wie Krankheit durch Mißachtung des Gesetzes entsteht und wie diese Krankheiten zu heilen waren, die durch die Mißachtung des Gesetzes entstanden waren. Sie lernten den Wert und die heilenden Kräfte verschiedener Kräuter und Pflanzen kennen, die Heilung mit Hilfe der Luft und des Wassers sowie die richtige Diät für jedes Leiden. Sie wurden in richtigem Atmen geschult und in die Macht eingeweiht, die die Gedanken über unseren physischen Körper haben. Sie erlernten den materiellen und spirituellen Wert der Mäßigung in allen Dingen, und daß das

Fasten ein Mittel ist, den Körper zu regenerieren und den Willen zu stärken, um die spirituelle Kraft zu vermehren.

Diese Übungen gaben dem physischen Körper Frieden und Harmonie. Aber übertriebene Bedeutung wurde ihm nie beigemessen. Die Beachtung und Sorgfalt galt allein dem Zweck, ihn in guter Gesundheit als Werkzeug benutzen zu können, um Taten der Weisheit und Liebe für die Mitmenschen durchzuführen. In dieser Weise nahm der physische Körper an der Entwicklung des einzelnen, des Planeten und des ganzen Weltalls teil und ermöglichte jedem so, Mitschöpfer an der Seite Gottes und des Gesetzes zu werden.

Dies war der erste Friede, wie er von den Essenern ausgeübt wurde, der Friede mit dem Körper.

II – Friede mit dem Geist

Der Kern der Lehre vom siebenfältigen Frieden konzentrierte sich auf den Frieden mit dem Geist. In der Terminologie der Essener wurde er als der Schöpfer des Gedankens beschrieben.

Die Essener achteten das Denken als eine höhere Kraft, stärker noch als die Kraft des Fühlens oder Handelns, denn die Gedankenkraft ist der Auslöser von beidem.

Die Gesamtheit aller Gedanken des einzelnen wurde als sein Gedankenkörper bezeichnet. Und die Gesamtheit aller Gedanken in all den Hunderten von Millionen mentaler Körper auf der Erdoberfläche formt den irdischen Gedankenkörper. Und die Gesamtheit aller höheren Gedanken im Weltall formt den kosmischen Gedankenkörper bzw. das kosmische Gedankenmeer.

Ebenso wie der physische Körper hat auch der Gedankenkörper drei Funktionen: eine individuelle, eine irdische und eine kosmische.

Seine besondere Aufgabe liegt darin, die Kraft der Gedanken zu nutzen, um die Gefühlsströme im Gefühlskörper eines jeden Menschen zu führen und zu lenken, genauso wie die Handlungen seines physischen Körpers. Der Gedankenkörper ist dazu fähig, denn er durchdringt den fühlenden und handelnden Körper durch und durch.

Die irdische Aufgabe liegt darin, dem planetarischen Gedankenkörper edle und geistige Gedanken zuzuführen. Die Gedanken eines einzelnen bilden ein Kraftfeld um ihn herum, vergleichbar mit dem Magnetfeld um einen magnetischen Pol. In diesem Kraftfeld sind die Gedanken des Individuums dauernd aktiv und werden ständig ausgesendet. Ebenso empfängt es die Gedankenströme vom planetarischen Gedankenkörper, da es ein Teil von diesem ist. So lebt, bewegt sich, denkt, fühlt und handelt jeder in dieser ihn umgebenden planetarischen Gedankenatmosphäre, an der er beständig mitwirkt. Und er ist verantwortlich für die Gedanken, die er beiträgt, für alle Gedanken, die er aussendet.

Die dritte Aufgabe des Gedankenkörpers, seine kosmische Funktion, ist nicht ohne weiteres zu erfüllen. Das kosmische Gedankenmeer, von dem die planetarische Gedankenatmosphäre um unsere Erde herum nur ein unendlich kleiner Teil ist, besteht aus allen Gedanken im Weltall und ist so hoch entwickelt, daß es von irdischen Kräften befreit ist, die es an ihren jeweiligen Planeten binden möchten. Und nur diese höchsten Gedankenströme, die sich von der planetarischen Schwerkraft ihrer Atmosphäre befreit haben, können sich mit dem unendlichen kosmischen Gedankenmeer vereinen.

Dieses kosmische Gedankenmeer stellt die Vollkommenheit des Gesetzes dar, seine Allmacht und Allgegenwart. Dieses Gesetz hat immer bestanden und wird immer bestehen. Es ist älter als irgendeiner der bestehenden Planeten im Sonnensystem, sogar noch älter als das jetzt existierende Sonnensystem, oder das galaktische oder ultragalaktische System. Ewig und unendlich führt es alle Schritte der kosmischen und planetarischen Entwicklung im unendlichen kosmischen Meer des Lebens.

Die kosmische Aufgabe des Gedankenkörpers des einzelnen liegt darin, Gedanken von so hohem Wert zu schaffen, daß sie sich mit diesem kosmischen Gedankenmeer verbinden können. Die Essener hielten den Gedankenkörper für das höchste Gut, das der Mensch vom Schöpfer bekommen hat. Denn dieses, und nur dieses, gibt ihm die Fähigkeit, sich des Gesetzes bewußt zu werden, es zu verstehen, in Harmonie mit ihm zu arbeiten, seine Ausdrucksformen in seiner Umwelt zu erkennen, in ihm selbst, in jeder Zelle und jedem Molekül seines leiblichen Körpers, in allem, was ist, und seine Allgegenwart und Allmacht wahrzunehmen. Und indem der Mensch sich dieses Gesetzes bewußt wird, es versteht, mit ihm in Harmonie handelt, wird er zum Mitschöpfer an der Seite Gottes. Es gibt keinen größeren und höheren Wert im Weltall.

Durch diese mächtige Gedankenkraft, den größten Schatz des Menschen, und seinem Geburtsrecht, hat der Mensch die Freiheit, das auszuführen, was er erstrebt, wenn es in Harmonie mit dem Gesetz ist, und so in ewiger Vollkommenheit mit dem Gesetz zu leben.

Ist das Denken des Menschen mit dem Gesetz in Harmonie, so kann er heilen, was auch immer er durch Disharmonie in der Vergangenheit geschaffen hat; er kann seinen denkenden, physischen und fühlenden Körper erneuern. Er kann alle Krankheiten seines physischen Körpers heilen und vollständige Harmonie in seiner Umgebung und in der Welt erschaffen.

Sind jedoch die Gedankenströme im denkenden Körper nicht im Einklang mit dem Gesetz, gibt es nichts anderes, das die Harmonie in der Welt des einzelnen erzeugen kann.

Die Essener wußten, daß nur eine kleine Minderheit der Menschheit von dieser großartigen Möglichkeit des Gedankenkörpers Gebrauch macht. Sie wußten, daß die Mehrheit ihren Gedankenkörper ganz wahllos benutzt, ohne zu wissen, daß sie mit ihren Gedanken aufbauen oder zerstören können. Eine fast willkürliche Folge von

Gedanken, Vorstellungen und Gedankenassoziationen wandert durch ihren Geist ohne bewußte Richtung. Doch gerade diese umherziehenden Gedankenelemente können mächtige Kräfte entwickeln, die den Gefühls-körper und den physischen Körper durchdringen und in jedes Atom und jede Zelle eindringen und jeden Teil von ihnen in Schwingung bringen. Von diesen Schwin-gungen gehen Strahlungen aus, die entweder harmo-nisch oder disharmonisch sind, entsprechend der Art des Gedankens.

Gelingt es dem Menschen nicht, sich des Gesetzes bewußt zu werden, so weicht er unbewußt von ihm ab, denn er ist von disharmonischen Kräftefeldern umge-ben, die ihn zur Abweichung bewegen. Diese Abwei-chungen sind die Ursache für alle Unvollkommenheiten in der Welt, für alle Beschränkungen und alles Negative in seinen Gedanken, Gefühlen und körperlichen Wohl-befinden, in seiner Umgebung, in der Gesellschaft und auf dem gesamten Planeten. Jedesmal, wenn der Mensch geringwertige Gedanken schafft oder über-nimmt, so läßt er es zu, daß eine minderwertige Energie in seine Welt eindringt.

Diese minderwertige Kraft reagiert entsprechend der Stärke des Gedankens auf seinen Gefühlskörper und verursacht ein emotionales Ungleichgewicht, das wie-derum den physischen Körper beeinflußt.

Dieses Ungleichgewicht verursacht selbstauslösend weitere Abweichungen und Disharmonien, weitere Krankheiten im Gefühlskörper und im physischen Körper. Und diese Disharmonien, diese Krankheiten, schaffen eine Atmosphäre der gestörten Harmonie um den einzelnen herum, die wiederum das Denken, Fühlen und Handeln aller anderen beeinflußt, die sich des Gesetzes nicht bewußt sind und auch nicht wissen, wie sie sich dagegen schützen können, um all diese niederen Gedanken nicht aufzunehmen, die durch die eine gedankliche Abweichung des einzelnen entstanden waren. So löst jeder einzelne, der einen niederen Gedanken, einen beschränkten, negativen oder disharmonischen Gedanken hat, eine Kettenreaktion von Abweichungen aus, die sich auf dem ganzen Planeten und in den planetarischen Welten ausbreitet und sogar noch weitere Abweichungen, Beschränkungen, Negatives und gestörte Harmonie zur Folge hat.

Diese Disharmonie ist ansteckend, so wie viele Krankheiten ansteckend sind. Aber die großen Essener-Meister lehrten den Menschen, wie sie sich vor diesen disharmonischen Schwingungen schützen können, gleich bei ihrem Ursprung, noch bevor der erste disharmonische Gedanke entsteht. Sie lehrten den Menschen die rechte Weise zu denken, niemals vom Gesetz abzuweichen, keinen unvollkommenen Gedanken in das Bewußtsein hereinzulassen oder anzunehmen.

Diese großen Meister lehrten auch, daß es dem Menschen freisteht, mit dem Gesetz zu arbeiten, wenn er es wünscht, um auf diese Weise immer mehr Harmonie und Vollkommenheit in seiner Welt und in der Welt um ihn herum zu erschaffen.

Der Mensch versucht dauernd Wege zu entwickeln, um seine Lebensbedingungen zu verbessern. Aber er macht das allzuoft, ohne dabei das Gesetz zu berücksichtigen. Er versucht Frieden und Harmonie mit materiellen Mitteln zu erzielen, mit technologischen Entwicklungen, mit ökonomischen Systemen, ohne zu wissen, daß die Umstände der Disharmonie, die er selbst in die Welt gesetzt hat, niemals durch materielle Mittel wieder in Ordnung bringen kann. Das unendliche Leiden und die verursachte Disharmonie kann nur dann aufgelöst werden, wenn die Menschheit beginnt, das Gesetz der Harmonie im Gedankenkörper in Bewegung zu setzen. Nur durch ein vollständiges Zusammenwirken mit dem Gesetz kann diesem Planeten Friede und Harmonie gegeben werden.

Dies ist die Lehre der alten Essener in Bezug auf den Frieden des Geistes.

III – Friede mit der Familie

Der dritte Friede der Essener, der Friede mit der Familie, bezieht sich auf die Harmonie im Gefühlskörper, auf die Harmonie der Gefühle.

Mit dem Begriff Familie meinten die Essener jene Menschen in der unmittelbaren Umgebung des einzelnen, denen er in seinem täglichen Leben und Denken begegnet, seine Familie, seine Verwandten, Freunde und Bekannten. Entsprechend der Essener-Tradition hängt die Harmonie mit diesen Menschen vom Gefühlskörper ab.

Die natürliche Aufgabe des Gefühlskörpers besteht darin, Liebe auszudrücken. Der Menschheit wurde das immer und immer wieder von den großen Meistern wie Jesus, Buddha, Zoroaster, Moses und den Propheten gesagt. Dem Menschen wurde das Gesetz gegeben, seinen Schöpfer mit allen drei Körpern zu lieben. Und das Leben selbst ist in allen Bereichen, Aspekten und Ausdrucksformen der Beweis kreativer Liebe.

Göttliche Liebe ist eine starke kosmische Kraft, eine kosmische Funktion. Sie ist das Gesetz aller menschlichen Körper, doch durch den Gefühlskörper wird sie am mächtigsten ausgedrückt.

Der Gefühlskörper besteht aus all den Gefühls- und Empfindungsströmen, die der einzelne erfahren und an die Umgebung abgeben kann. Genauso wie die Gedankenkörper aller Menschen auf der Erde eine Gedankenatmosphäre um sie herum schaffen, erschaffen ebenso alle Gefühlskörper eine planetarische Gefühlsatmosphäre, unsichtbar und nicht meßbar, aber mit enormem Einfluß und großer Kraft. Alle Empfindungen und Gefühle, die im einzelnen entstehen, werden ein Teil der irdischen Gefühlsatmosphäre und bringen ähnliche Gefühle in der irdischen Atmosphäre zum Mitschwingen.

Wenn ein niederes Gefühl ausgesendet wird, so wird dessen Urheber sogleich in die entsprechend niederen Gefühle des Gefühlskörpers der Erde hineingezogen.

Und so öffnet er die Tore für eine Flut von zerstörerischer Gewalt, die auf ihn hereinstürzt und seine Gefühle beherrscht und zumeist auch sein Denken und seine eigenen niederen Gefühle verstärkt, so wie das bei einem Verstärker und Lautsprecher mit dem Ton geschieht.

Diese zerstörerische Kraft beeinflußt direkt den physischen Körper des einzelnen. Sie beeinflußt auch die Arbeit der endokrinen Drüsen und das gesamte Drüsensystem. Sie läßt krankhafte Zellen entstehen, die unsere Lebenskraft vermindern, das Leben verkürzen und zu unbegrenztem Leid führen. Es wundert daher nicht, daß die Zahl der Nervenstörungen und anderer Krankheiten trotz allen Krankenhäusern, Heilanstalten, ärztlichen Organisationen und Zentren und angesichts des Fortschritts in Hygiene und Medizin dennoch erschreckend zunimmt.

Des Menschen Gefühlskörper entwickelte sich zu einer selbstvergiftenden Maschine, weil sein Handeln unwissentlich gegen das Gesetz verstieß, anstatt mit diesem in Einklang zu sein.

Die Essener wußten um die große Disharmonie im Gefühlskörper fast jedes Menschen, und aus Beobachtungen der Gefühlskörper von Babies und Eingeborenen lernten sie auch, warum. Der Gefühlskörper eines Babys registriert als erstes die Symptome frühester kindlicher Selbsterhaltungsinstinkte. Daraus entstehen die drei Grundempfindungen: Furcht, Zorn und Liebe.

Furcht entsteht durch eine plötzliche heftige Bewegung oder Geräusch. Zorn entsteht durch die

Beschränkung des Freiheit des Babys, und Liebe aus der Befriedigung des Hungers und anderer Bedürfnisse. Furcht und Zorn sind niedere Gefühle. Das Liebesgefühl des Säuglings, obgleich von überragender Bedeutung, steht noch am Anfang der Entwicklung. Der Gefühlskörper des Säuglings ist ein Vulkan von Empfindungen, von denen die meisten von niederem Wert sind. Sein Gedankenkörper hat noch nicht begonnen zu arbeiten.

Der Naturmensch, der noch nicht unter dem Einfluß der Zivilisation steht, hat einen ähnlichen Gefühlskörper. Seine Empfindungen sind alle auf seinen Selbsterhaltungsinstinkt bezogen und beherrschen als eine mächtige Kraft seinen frühkindlichen Gedankenkörper. In beiden, dem Kind und dem einfachen Naturmenschen, entwickelt sich der Gefühlskörper viel früher als der Gedankenkörper. Das ist erforderlich, um den physischen Körper vor Gefahren zu schützen und so das Leben zu erhalten. Der Selbsterhaltungsinstinkt ist ein Naturgesetz, und das von ihm bestimmte Handeln bewegt sich so lange in vollständiger Harmonie mit dem Gesetz, bis der Mensch die Kraft des Denkens entwickelt hat, um mit ihrer Hilfe einen Weg aus der Gefahr zu finden.

Da das Fühlen schon viel eher entwickelt war, folglich also auch schön länger arbeitete als das Denken, tendierte es dazu, das Denken zu beherrschen, selbst wenn das Kind erwachsen geworden und der Naturmensch zivilisiert worden ist.

Der Gefühlskörper beherrscht heutzutage bei den

meisten Menschen den Gedankenkörper. Darin liegt die Ursache der ersten Abweichung des Menschen vom Gesetz.

Mittels seiner Gedankenkraft kann der Mensch jede Situation seines Lebens viel zufriedenstellender handhaben als durch gedankenlose Gefühle.

Doch die Handlungen der meisten Menschen werden allzuoft von einem Gefühlsimpuls ihres Gefühlskörpers bestimmt als von begründetem Denken. Das führt zu einem großen Ungleichgewicht in ihren Körpern. Der erwachsene, zivilisierte Mensch, der sich soweit entwickelt hat, daß er zum Denken fähig ist, sollte mit seinem Denken auch sein Handeln bestimmen. Wenn er seinem Handeln erlaubt, von Empfindungen und Gefühlen beherrscht zu werden, so wie das in seiner Kindheit der Fall war, so bringt er all seine Kräfte aus dem Rhythmus und aus dem Gleichgewicht.

Das schafft regressive psychologische Gegebenheiten in seinem gesamten Dasein. Seine daraus resultierenden Taten und Handlungen bleiben ichbezogen und selbstsüchtig, wie die eines Kindes und eines Naturmenschen.

Aber wenn der Mensch kein Wilder oder Kind mehr ist, so weicht er vom Gesetz ab, wenn er wie ein Wilder oder wie ein Kind handelt. Seine triebhaften Impulse können dem Fortschritt der Evolution nur dann dienen, wenn sie von den denkenden Fähigkeiten bestimmt werden. Und aus dieser Abweichung vom Gesetz entstehen noch weitere Folgen.

Die Natur gab dem Menschen die Anlage zum

Denken, damit er fähig ist, ihre Gesetze zu verstehen und sein Leben in Harmonie mit ihnen zu führen. Der Mensch ist fähig, eine weit höhere Entwicklungsstufe durch Denken zu erlangen, als er durch triebhaftes Leben erreichen würde. Wenn er also darin fortfährt, seinen Gefühlskörper weiterhin als beherrschende Kraft in seinem Handeln zuzulassen, so behindert er nicht nur seine eigene Entwicklung, sondern auch die Evolution des Planeten.

Unternimmt er keine Anstrengungen, um das Gesetz zu verstehen, so verneint er es, leugnet er beständig sein Wissen davon, so ist er darauf angewiesen, seine eigenen Gesetze zu schaffen, nichtssagende künstliche Gesetze, Gesetze der Ichbezogenheit und der Selbstsucht. Und diese verursachen Mauern der Trennung zwischen ihm und dem Rest der menschlichen Familie, zwischen ihm und der Natur, zwischen ihm und dem großen Gesetz, dem Schöpfer.

Mit des Menschen erster Abweichung vom Gesetz durch den Gefühlskörper beginnt die lange Kette der Abweichungen, die die menschliche Disharmonie und das Leiden auf der Erde verursachen. All die großen Lehrer der Menschheit haben Tausende von Jahren hindurch den Menschen vor den Folgen gewarnt, die bei der Gesetzesabweichung des Gefühlskörpers entstehen. Buddha machte deutlich, wie daraus Leiden entsteht. Leiden für den einzelnen und Leiden für die Menschheit.

Die Essener zeigten uns unmißverständlich, daß der

Gefühlskörper das mächtigste Instrument sein kann, um Gesundheit, Lebenskraft und Glück zu erlangen. Und durch die ordnungsgemäße Funktion des Gefühls-körpers, Liebe auszudrücken, kann der Mensch in sich, seiner Umwelt und der gesamten Menschenfamilie das himmlische Reich erschaffen.

Im Essener Frieden mit der Familie findet das große Gesetz seinen Ausdruck in der menschlichen Nächsten-liebe, ein Gesetz, das sich kleinen Kindern offenbart, sich aber oft vor dem Bewußtsein des erwachsenen Menschen verbirgt.

IV – Friede mit der Menschheit

Der vierte Friede der Essener bezieht sich auf die Har-monie zwischen Gruppen von Menschen, auf den sozia-len und wirtschaftlichen Frieden.

Zu keiner Zeit in der Geschichte kam die Menschheit in den Genuß des sozialen Friedens. Immer hat der Mensch den Menschen ökonomisch ausgebeutet, poli-tisch beherrscht und militärisch unterdrückt. Die Essener wußten, daß diese Ungerechtigkeiten durch die Nichtbeachtung des kosmischen Gesetzes entstanden sind. Genau die gleichen Abweichungen, die Dishar-monie im persönlichen Leben des Menschen verursa-chen, in seinem Handlungs-, Gedanken- und Gefühls-körper, bringen auch Wohlstand und Armut, Herrscher und Sklaven und soziale Unruhen hervor.

Für die Essener waren Reichtum und Armut ein Ergebnis der Abweichungen vom großen Gesetz.

Sie wußten, daß großer Wohlstand sich nur in wenigen Händen konzentrieren kann, weil Menschen andere Menschen ausbeuten – auf die eine oder andere Weise. Und das ist die Ursache für das Elend von Herrschern und Unterdrückten. Die meisten fühlen Haß und die ihm verwandten zerstörerischen Emotionen. Das erzeugt Angst in den Herzen der Ausbeuter, Angst vor dem Aufstand, Angst davor, ihren Besitz zu verlieren oder sogar ihr Leben.

Armut wurde auch als Abweichung vom Gesetz angesehen. Ein Mensch war arm wegen einer falschen Einstellung im Denken, Fühlen und Handeln. Er mißachtet das Gesetz und kooperiert daher nicht mit ihm. Die Essener bewiesen, daß alles in Fülle vorhanden ist, was der Mensch braucht, um ihn glücklich zu machen.

Beschränkungen und Verschwendungen sind beides keine natürlichen Zustände und durch Abweichung vom Gesetz entstanden. Sie erzeugen den Teufelskreis von Angst und Aufruhr, eine ununterbrochene Atmosphäre von Disharmonie, die alle Körper des Menschen beeinflußt, der Reichen wie der Armen, und unaufhörlich einen Zustand der Unruhe, des Krieges und des Chaos erzeugt. Das war und ist bis jetzt der Dauerzustand der Menschheitsgeschichte.

Den Essenern war klar, daß es aus diesem Kreislauf von Unterdrückung, Haß und Gewalt, Kriegen und Revolutionen kein Entkommen gab, außer wenn in der ganzen Welt die Unwissenheit des einzelnen verändert wird. Ihnen war klar, daß der einzelne eine lange Zeit braucht, um seine Vorstellungen, sein Denken und seine Gewohnheiten zu verändern und zu lernen, wie er mit dem Gesetz kooperieren kann. Denn der einzelne muß die Veränderung selbst hervorbringen. Kein anderer kann es für ihn tun.

Jedoch durch Lehren und Vorbilder, so glaubten die Essener, kann schrittweise ein höheres Verständnis für das Gesetz geschaffen werden. Sie lehrten eine Lebensweise, die weder Armut noch Reichtum unterstützte. Sie bewiesen in ihrem Alltag, wie der Mensch im Einklang mit dem Gesetz, im Versuch, es zu verstehen und damit bewußt zusammenzuarbeiten, keinen Mangel erfahren wird. Es wird ihm möglich sein, in jeder Haltung, jedem Gedanken und Gefühl eine vollkommene Harmonie beizubehalten, und er wird erkennen, daß seine Bedürfnisse erfüllt werden.

Die Lösung, die die Essener für wirtschaftliche und soziale Harmonie anboten, ist für jede Zeit anwendbar, für die Gegenwart, wie für die Vergangenheit und Zukunft. Sie enthielt vier Faktoren:

1. Abstand von den chaotischen Umständen der Mehrheit, die sich weigert, dem Gesetz von Natur und Kosmos zu folgen.
2. Darlegung eines praktischen und sozialen Systems, das auf dem Gesetz von Natur und Kosmos aufbaut.
3. Vermittlung dieser Ideen an die Außenwelt durch

Lehren, Heilen und Helfen anderer, entsprechend ihren Bedürfnissen.

4. Andere Menschen für ihre Gemeinschaften zu interessieren, die hinreichend entwickelt und willens sind, mit dem Gesetz zusammenzuarbeiten.

Die Essener zogen sich aus der Disharmonie der größeren und kleineren Städte zurück und gründeten Bruderschaften am Rande der Seen und Flüsse, wo sie ihr Wirtschafts- und Sozialsystem, das auf dem Gesetz basierte, aufbauten. In ihren Bruderschaften gab es weder Reiche noch Arme. Niemand vermißte etwas, was er nicht hatte. Und keiner hatte Überfluß an Dingen, die er nicht nutzen konnte. Den einen Zustand hielten sie für genauso entartet wie den anderen. Sie zeigten der Menschheit anschaulich, daß sie durch die Kenntnis des Gesetzes mühelos ihr tägliches Brot, die Nahrung und alle materiellen Bedürfnisse erwerben könnten.

Strenge Regeln und Vorschriften waren unnötig, denn alle lebten im Einklang mit dem Gesetz. Ordnung, Tüchtigkeit und die Freiheit des einzelnen bestanden nebeneinander. Die Essener waren sowohl äußerst praktisch als auch höchst spirituell und intellektuell.

Sie beteiligten sich nicht an der Politik und folgten keiner politischen Richtung, denn sie wußten, daß weder politische noch militärische Mittel die chaotischen Zustände der Menschheit ändern können. Sie bewiesen durch direktes Beispiel, daß Ausbeutung und Unterdrückung anderer vollkommen unnötig waren. Viele ökonomische und soziale Historiker sahen in den Essenern die ersten Sozialreformer der Welt, die in einem umfassenden Rahmen dachten und lebten.

Ihre Bruderschaften waren zum Teil kooperativ aufgebaut. Jedes Mitglied der Gruppe besaß eine eigene Hütte und einen Garten der groß genug war, um das anzubauen, was er sich besonders wünschte. Ebenfalls nahm jeder am Gemeinschaftsleben teil, wann immer seine Dienste gebraucht wurden; beim Weiden der Tiere, beim Pflanzen und der Getreideernte auf den sich weit erstreckenden Flächen, die mit geringem Aufwand höchste Erträge erzielten. Sie waren große Experten in der Landwirtschaft, hatten ein fundiertes Wissen vom Pflanzenleben, Boden- und Klimabedingungen. In Gebieten, die der Wüste glichen, ernteten sie eine große Vielfalt von Früchten und Gemüsen in der besten Qualität und in solch einer Fülle, daß sie in den Erntezeiten einen Überschuß an Bedürftige verteilen konnten. Ihr geschultes Wissen erlaubte ihnen, dies alles in verhältnismäßig wenigen Stunden am Tag zu erledigen, so daß ihnen reichlich Zeit für ihre Studien und spirituellen Übungen blieb.

Die Natur war ihre Bibel. Sie sahen in der Gartenarbeit einen erzieherischen Wert, einen Schlüssel zum Verständnis des ganzen Weltalls, der alle Gesetze offenbart, ebenso wie der menschliche Körper. Sie lasen und studierten das große Buch der Natur ihr ganzes Leben lang, in all ihren Bruderschaften, als eine unerschöpfliche Quelle von Wissen, Energie und Harmonie.

Während sie ihre Gärten umgruben und ihre Pflanzen pflegten, setzten sie sich mit dem Leben der Natur in Verbindung, mit den Bäumen, der Sonne, dem Erdboden, dem Regen. Von all diesen Kräften erhielten sie ihre Ausbildung, ihr Vergnügen und ihre Erholung.

Diese Einstellung gegenüber ihrer Arbeit war einer der Gründe für ihren großen Erfolg. Für sie war das nicht nur Arbeit, sondern eine Gelegenheit, die Kräfte und Gesetze der Natur kennenzulernen. Und darin unterschied sich ihre Wirtschaftsordnung von all den anderen. Die Pflanzen und Früchte, die sie anbauten, waren sozusagen ein Nebeneffekt ihrer Bemühungen. Ihr wahrer Lohn lag im Wissen, in der Harmonie und in der Lebenskraft, die sie dadurch erlangten, um ihr Leben zu bereichern. Gartenarbeit war für sie ein Ritual, eine heilige Handlung. Ein eindrucksvolles Schweigen erfüllte die Atmosphäre, wenn sie in Harmonie mit der Natur arbeiteten und dabei wahre himmlische Reiche in ihren Bruderschaften errichteten.

Ihre wirtschaftliche und soziale Organisation war nur ein Ausschnitt ihres gesamten Systems vom Leben und der Lehre. Sie war ein Mittel zum Zweck, erfüllte jedoch keinen Selbstzweck. Denn all ihre Handlungen, Gedanken, Gefühle und Taten waren voll von einer lebendigen Einheit und Harmonie. Alle gaben freizügig von ihrer Zeit und Energie, ohne sich gegenseitig die Leistungen mathematisch vorzurechnen. Und durch diese Harmonie in jedem einzelnen konnte dessen Entwicklung beständig fortschreiten.

Den Essenern war klar, daß es viele Generationen brauchte, um eine Veränderung im Menschen oder gar in der ganzen Menschheit zu bewirken. Doch sie schickten Lehrer und Heilpraktiker von ihren Bruderschaften aus, deren Leben und Errungenschaften die Wahrheit verdeutlichen würden, die sie lehrten, um so in kleinen Schritten das Verständnis und den Wunsch der Menschen zu erwecken, im Einklang mit dem Gesetz zu leben. Die Essener-Bruderschaft am Toten Meer schickte viele Jahrhunderte solche Lehrer aus, wie Johannes den Täufer und Johannes den Geliebten (Verfasser des vierten Evangeliums). Und sie warnten immer wieder vor den Folgen der sozialen und wirtschaftlichen Abweichungen des Menschen vom Gesetz. Ein Prophet nach dem anderen wurde ausgeschickt, um vor den Gefahren zu warnen, die die soziale Ungerechtigkeit nach sich zieht, so wie sie damals und auch heute noch vorhanden ist. Nicht nur der einzelne oder Gruppen wurden gewarnt, sondern es hat sich gezeigt, daß alle in Gefahr gerieten, die die Abweichungen unterstützten oder in irgendeiner Weise mit ihnen zusammenwirkten.

Die Masse der Menschen hörte nicht zu, versäumte es, ein Verständnis von sozialem und wirtschaftlichem Frieden zu erlangen. Nur wenige mehr entwickelte Menschen horchten auf. Von diesen wurden einige auserwählt, um in den Bruderschaften als Beispiel für Friede und Harmonie in allen Bereichen ihres Daseins zu arbeiten.

Die Essener wußten, daß die Minderheit, die das

Gesetz versteht und befolgt, durch die sich steigernde Wirkung von Vorbild und Lehre eines Tages, gewachsen durch die Generationen, schließlich zur Mehrheit der Menschen anwachsen wird.

Erst dann wird die Menschheit diesen vierten Frieden der Essener erkennen, den Frieden mit der Menschheit.

V – Friede mit der Kultur

Der Friede mit der Kultur bezieht sich auf den Gebrauch der großen Werke der Weisheit aus allen Jahrhunderten, einschließlich der Gegenwart.

Die Essener bestanden darauf, daß der Mensch seinen rechten Platz im Weltall nur dann einnehmen kann, wenn er alles verfügbare Wissen von den großen Lehrern aufnimmt, das ihm durch die großen Meister der Weisheit gegeben wurde. Entsprechend der Essener-Traditionen stellen diese Meisterwerke ein Drittel allen Wissens dar. Für sie gab es drei Wege, um die Wahrheit zu finden. Der eine ist der Weg der unmittelbaren Erkenntnis, dem die Mystiker und die Propheten folgen. Der andere ist der Weg der Natur und Wissenschaft. Der dritte ist der Weg der Kultur, der großen Meisterwerke der Literatur und Kunst.

Die Essener bewahrten in ihren Bruderschaften eine große Anzahl wertvoller Schriften, die sie regelmäßig studierten, und zwar mit einer Methode, die sich in keiner anderen Geistesschule des Altertums finden läßt. Im Studium dieser Werke befolgten sie die ersten zwei Wege zur Wahrheit: den Weg der direkten Wahrnehmung und den Weg der Natur.

Durch unmittelbare Erkenntnis bemühten sie sich, die ursprünglich höhere Intuition des Menschen zu verstehen und so ihr eigenes höheres Bewußtsein zu erwecken. Anhand der Natur, aus der die großen Meister ihre Vergleiche und Beispiele ableiteten, um ihr intuitives Wissen des Menschen zu verdeutlichen, verknüpften die Essener ihre eigenen intuitiven Beobachtungen mit denen der großen Meister. Durch diesen beständigen Vergleich zwischen der Natur, ihren eigenen Intuitionen und den großen Meisterwerken der Kultur machte ihre eigene Entwicklung Fortschritte.

Sie hielten es für die Pflicht eines jeden Menschen, Weisheit aus diesen Meisterwerken zu erwerben, so daß die Erfahrung, das Wissen und die Weisheit genutzt werden konnten, die bereits von vorausgegangenen Generationen erlangt worden waren. Ohne diese Lehren wäre der Fortschritt der Menschheitsentwicklung wesentlich langsamer abgelaufen, denn jede Generation müßte immer wieder ganz von vorne anfangen. In der allumfassenden Kultur hat der Mensch dem Planeten etwas Neues hinzugefügt und ist damit zum Schöpfer geworden, zum Miterschaffenden an Gottes Seite. Und so erfüllt er seine Aufgabe auf Erden, indem er die Arbeit der Schöpfung fortsetzt.

Die umfassende Kultur hat für die Menschheit noch

aus zwei weiteren Gründen großen Wert. Erstens verkörpert sie die höchsten Ideale,die sich die Menschheit geschaffen hat, und zweitens bildet sie eine allumfassende Wissensvereinigung der Lebensprobleme und ihrer richtigen Lösung.

Dieses Wissen wurde von hochentwickelten Wesen hervorgebracht, jenen Meistern, die über Kräfte verfügten, die ihnen den Zugang zu den allumfassenden Quellen des Wissens, der Energie und Harmonie ermöglichten, die im kosmischen Gedankenmeer existieren. Der Beweis ihrer Kontaktfähigkeit war die bewußte Lenkung dieser Naturkräfte in einer Weise, die wir heute als «Wunder» bezeichnen würden. Dadurch wurden immer mehr Interessenten an diese Gemeinschaften angezogen. Es wurde aber nur eine begrenzte Anzahl aufgenommen, jene, die in ihrer eigenen Entwicklung weit genug vorangeschritten waren, um den tieferen Sinn der Lehren ihrer Meister zu verstehen. Die Schüler waren bestrebt, die ihnen vermittelten Wahrheiten zu erhalten, indem sie die Worte der Meister aufschrieben. Und darin lag der Ursprung aller großen Meisterwerke der Weltliteratur.

Die Wahrheiten in diesen Meisterwerken sind unvergänglich. Sie kommen aus der ewigen, unveränderlichen Quelle des Wissens. Die Gesetze des Kosmos und der Natur, die Natur selbst, das innerste Bewußtsein des Menschen, sind genau die gleichen wie vor zwei oder zehntausend Jahren. Solche Lehren gehören keiner Geistesschule oder Religion an. Die Essener waren überzeugt davon, daß der Mensch alle großen heiligen Bücher der Menschheit, all die großartigen Kulturbeiträge, studieren sollte. Denn sie wußten, daß alle die gleiche zeitlose Weisheit lehrten und scheinbare Widersprüche nur durch die Einseitigkeit ihrer Anhänger entstehen, die versuchten, diese Lehren zu deuten.

Der Sinn der Studien war es nicht, lediglich einige wenige zusätzliche Fakten dem Wissen hinzuzufügen, das der einzelne schon hatte. Es diente dazu, ihm die Quellen zur universellen Wahrheit zu öffnen. Sie waren der Ansicht, daß wenn der Mensch ein bedeutendes heiliges Buch der Menschheit liest, werden selbst die Symbole der Buchstaben und Worte im Denkzentrum machtvolle Schwingungen und Gedankenströme schaffen. Und diese Schwingungen und Strömungen bringen ihn in Berührung mit dem Gedankenzentrum des großen Meisters, der die Wahrheit hervorbrachte.

Dies eröffnet dem Individuum eine Quelle des Wissens, der Harmonie und Kraft, die auf keinem anderen Wege erhältlich ist. Und darin liegt der große Wert, der tiefere Sinn des fünften Friedens der Essener.

Diese großen Meisterwerke sind in Geschichtsepochen entstanden, in denen sich die Menschheit in großem Chaos befand. Die unaufhörlichen Abweichungen der Menschheit vom Gesetz scheint zu bestimmten Zeiten in Massenverwirrung und Zusammenbruch zu gipfeln, so daß ein Verfall der bestehenden Sozialordnung und Lebensweise droht oder stattfindet. In solchen Zeiten erschienen die großen Meister als

Wegweiser für die Menschheit. Meister wie Zoroaster, Buddha, Moses, Jesus und andere brachten der Menschheit neue Hoffnung und öffneten ihren Horizont. Sie vermittelten ihre Lehren in zweifacher Weise. Die eine war in Form von Naturparabeln, die für die Masse des Volkes verständlich waren. Die zweite Form, die nur für eine kleine Anzahl entwickelter Anhänger geeignet war, bestand in ihrer direkten Übertragung des Wissens vom Bewußtsein des Meisters ins Bewußtsein des Schülers. Die erste Lehre war in den sogenannten exoterischen (äußeren) Büchern enthalten, und Geschichtsforscher bezeichneten diese als schriftliche Überlieferungen. Die zweite Lehre war die ungeschriebene Tradition, und diese war die esoterische Lehre, die von den Schülern für eigene Zwecke, und nicht für das Volk, aufgeschrieben wurde. Aber selbst den Schülern gelang es nicht immer, die Weisheit der Meister zu verstehen und sie richtig auszulegen.

Doch enthalten nur einige ganz wenige gegenwärtige Bücher die gleichen Lehren, wie sie die Meister hervorbrachten. Tausende von Menschen schreiben heutzutage Bücher, und Tausende über Tausende von Büchern werden jedes Jahr herausgebracht. Bei solch einer Massenproduktion von Druckwerken ist es unvermeidbar, daß die meisten von minderwertiger Qualität sind, und selbst die besten davon noch oberflächliche Scheinwahrheiten verkünden. Und trotz der geringen Zeit, die sich der moderne Mensch zum Lesen zugesteht, neigt er noch dazu, sich mit diesen oberflächlichen und im allgemeinen nutzlosen Druckwerken zu beschäftigen, während die Meisterwerke der Jahrhunderte in Bücherregalen und Bibliotheken verstauben.

Bevor die Druckkunst entdeckt wurde, blieben nur jene Schriften erhalten, die echten Wert besaßen. Der durchschnittliche Mensch war damals nicht fähig, zu lesen oder zu schreiben. Die Schwierigkeiten, sich Wissen anzueignen, waren sehr groß. Das Reisen zu den wenigen Bildungszentren brachte große Gefahren mit sich, was von den unsicheren Verhältnissen in verschiedenen Ländern und den einfachen Transportmitteln herrührte. Darüberhinaus mußte der Schüler eine Lehrzeit von mehreren Jahren absolvieren, damit geprüft werden konnte, ob er mit dem ihm anvertrauten Wissen verantwortungsvoll umgehen kann. Noch weitere Jahre dauerte es, dieses Wissen zu erlangen. Die materiellen Schwierigkeiten, ein Manuskript herzustellen, waren ebenfalls groß. Wegen all dieser Hindernisse wurden nur Arbeiten von wahren Meistern an zukünftige Generationen übermittelt, und die wenigen, die davon übrigblieben, sind Werke höchster Weisheit.

Dieser dritte Teil aller Weisheit, dargestellt in der Kultur der Menschheit, erschien den Essenern für die Entwicklung des Menschen notwendig. Auf keine andere Weise konnte er ein allumfassendes Verständnis der Lebensgesetze erlangen, als durch die Begegnung mit dem kosmischen Gedankenmeer.

Dieser Kontakt mit den ewigen Gedankenformen eines großen Meisters (die morphogenetische Resonanz) ist der heilige Zweck, der unschätzbare Friede und Harmonie mit der Kultur.

VI – Friede mit dem Reich der Mutter Erde

Der sechste Friede lehrt Harmonie mit den Gesetzen der irdischen Natur, dem Reich der Mutter Erde. Die Einheit von Mensch und Natur ist bei den Essenern ein grundlegendes Prinzip der Wissenschaft vom Leben. Der Mensch ist ein Bestandteil der Natur. Er wird von allen Gesetzen und Kräften der Natur bestimmt. Seine Gesundheit, Lebenskraft und sein Wohlbefinden hängen vom Grad seiner Harmonie mit den Kräften der Erde ab; das wird für jeden einzelnen, für jede Nation und für die ganze Menschheit immer in direktem Verhältnis dazu stehen, inwieweit die Gesetze der Erde befolgt werden.

Die Weltgeschichte zeigt, daß jede Nation ihre größte Blüte erreichte, wenn sie das große Gesetz der Einheit von Mensch und Natur befolgte. Ihre Lebenskraft und ihr Wohlstand blühte auf, wenn das Volk ein einfaches, natürliches Leben in Zusammenarbeit mit der Natur führte. Wenn aber die Nation oder Zivilisation von der Einheit abweicht, so löst sie sich unweigerlich auf und verschwindet.

Diese Einheit von Mensch und Natur ist noch nie so schwerwiegend verletzt worden wie zur gegenwärtigen Zeit. Der moderne Städtebau des Menschen steht vollkommen im Widerspruch zur Natur. Die städtischen Stein- und Betonwände sind symbolischer Ausdruck für die Trennung des Menschen von der Natur, seiner aggressiven Lebensweise mit dem Zwang, andere zu unterdrücken, und der ständigen Rivalität untereinander. Sein gegenwärtiges zentralisiertes, technisiertes und mechanisiertes Leben schafft einen Abgrund, der niemals breiter und tiefer gewesen ist.

Die Einheit mit der Natur ist das Fundament des Bestehens des Menschen auf diesem Planeten. Sie ist das Fundament aller Wirtschaftssysteme, aller sozialen Beziehungen zwischen Gruppen von Menschen. Ohne dieses Fundament wird sich die gegenwärtige Zivilisation zu Niedergang und Verfall hinbewegen, wie jene in der Vergangenheit.

Dieses Gesetz der Einheit galt bei den Essenern als führender Maßstab für das tägliche Leben des Menschen im sichtbaren Universum. Die Menschheit wußte von diesem großen Gesetz aus einer Zeit, die der erdgeschichtlichen Katastrophe des Pleistozän vorausging. Entsprechend den Überlieferungen, die auf den Hieroglyphen der Sumerer basieren, lebten die vordiluvischen Menschen (Diluvium = Sintflut) überwiegend im Walde, und es war vom Walde untrennbar. Die Wissenschaft nannte diesen Menschen Homo sapiens sylvanus.

Die Riesenbäume der damaligen Zeit boten mit über hundert Metern Höhe nicht nur Schutz, sondern regulierten auch die Temperatur und Luftfeuchtigkeit der Atmosphäre. An den Bäumen wuchs die Nahrung des

Menschen mit einer Fülle von verschiedenen Früchten. Die grundlegende Beschäftigung dieser Waldbewohner war damals die Arbeit mit den Bäumen. Er baute sie nicht nur an und pflegte sie, sondern schuf neue Arten und entwickelte auf diese Weise neue Fruchtsorten. Er war ein großartiger Baumkultivierer, der in Harmonie mit allen Naturkräften lebte. Er wirkte in jeder Weise mit der Natur zusammen, indem er sowohl die Wälder erweiterte, als auch davon absah, Bäume zu beschädigen.

Dieser vordiluvische Waldmensch verfügte über keine technische Entwicklung und war doch fast ein vollkommenes Beispiel für das große Gesetz der Einheit und Harmonie zwischen Mensch und Natur. In der Geisteswissenschaft aller Lehren des Altertums war die Einheit des Menschen mit den Wäldern eine grundlegende Charakteristik. Die Idee der Einheit von Mensch und Natur hat große Denker, Philosophen und ganze Denkstile beeinflußt.

Zoroaster begründete darauf vieles von seiner Lehre in der Zend Avesta. Er versuchte die früheren Traditionen zu erneuern, indem er den Menschen zu einer harmonischen Lebensweise zurückführte, die in Zusammenarbeit mit der Natur geschah. Er lehrte seine Anhänger, daß es ihre Pflicht sei, den Humusboden zu erhalten, das Gärtnern und alle Naturgesetze zu erlernen und mit ihren Kräften zusammenzuarbeiten, um das ganze Pflanzenreich zu vervollkommnen und es auf die ganze Erdoberfläche auszudehnen. Er betonte immer wieder nachdrücklich, sich aktiv um die Entwicklung jeder Seite der irdischen Natur zu bemühen, der Pflanzen, Bäume und all ihrer Früchte.

Und zur Unterstützung veranlaßte er alle Väter, einen Obst- oder Nußbaum an jedem Geburtstag ihrer Söhne zu pflanzen und dem Jugendlichen an seinem 21. Geburtstag alle einundzwanzig Bäume zusammen mit dem Land zu geben, worauf sie gewachsen waren. Das sollte das Erbe für den Sohn sein, und der Vater war angewiesen, seinem Sohn alle Gesetze des praktischen Gärtnerns und das Zusammenwirken mit der Natur zu lehren, so daß jener für all seine zukünftige Nahrung selbst sorgen konnte. Zoroaster lehrte, daß die vollkommene Lebensgrundlage die eines Gärtners ist, der durch seine Arbeit mit der Erde, der Luft, dem Sonnenschein und dem Regen in dauernder Berührung mit den Naturkräften ist und ihre Gesetze studieren kann. Das Studium dieses größten Buches, das Buch der Natur, war für Zoroaster der erste Schritt, um Frieden und Harmonie im Reich der Mutter Erde zu schaffen.

Die Lehre von dieser gleichen bedeutenden Einheit zwischen Mensch und Natur erschien in Indien unmittelbar nach der Zend Avesta, in der vedischen Geisteswissenschaft des Brahmanismus, in den Upanischaden und später in der Lehre Buddhas. Das brahmanische Gesetz der Einheit, «Du bist das» (Tat Tvam Asi), drückte die Einheit von allem aus, von Weltall, Mensch und Natur. Die Weisen in Indien waren Menschen des Waldes, die in vollkommener Harmonie mit der ganzen

Schöpfung lebten. Auch Berosus, der chaldäische Prie-
ster, beschrieb die natürliche Lebensweise im Walde.

Aber die Einheit von Mensch und Natur fand ihren
vollständigsten und poetischsten Ausdruck im zweiten
Kapitel des Essener Evangeliums des Johannes, wo
Jesus seinen gesamten Wortschatz aus der Natur entlieh,
um dem Menschen zu zeigen, daß er ein vollkommener
Teil davon ist. Jesus gab eine letzte Warnung hinsichtlich
dieser Einheit und der Notwendigkeit, zu ihr zurückzukehren.

Der vordiluvische Mensch, der Zoroastermensch,
der Brahmane, der Buddhist, der Essener, sie alle sahen
im Wald und in der Natur den Freund und Beschützer
des Menschen, die Mutter, die für all seine irdischen
Bedürfnisse sorgt. Sie hielten sie nie für eine fremde
Kraft, die bekämpft und erobert werden mußte, wie das
der moderne Mensch zu meinen scheint. Die zwei
Symbole, der Wald und die Steinmauer, geben einen
Einblick vom gewaltigen Unterschied zwischen der
Vorstellung des Altertums und der modernen Zeit, zwischen harmonischem Frieden und Zusammenwirken in
der Natur einerseits, und den Steinmauern der Städte,
der Zerstörung von Pflanzenleben, Erde und Klima an-
dererseits. Der Mensch muß heute, mehr als zu irgend-
einem anderen Zeitalter in der Geschichte, Harmonie
und Friede mit der Natur erlernen. Auf der Erde gibt es
riesige Flächen, wo er zuläßt, daß der Mutterboden sich
verschlechtert und verschwindet. Nie zuvor gab es
solch eine Massenzerstörung von Wäldern, nicht nur in

ein oder zwei Ländern, sondern über alle fünf Kontinente hinweg. Und als Folge dieser fehlenden Zusammenarbeit mit der Natur nehmen die Wüstenflächen auf der Erde ständig zu. Dürreperioden treten immer öfter auf und dauern auch immer länger, Überschwemmungen überfluten das Land. Eine nicht zu übersehende Klimaverschlechterung wird offensichtlich, übermäßige Kälte oder Hitze und zunehmende Insektenschwärme zerstören die Früchte auf der ganzen Welt. Anstatt den edlen Traditionen der Essener zu folgen, versäumt es der Mensch gegenwärtig, das Gesetz der Einheit und die Zusammenarbeit mit der Natur zu erkennen, und scheint vielmehr darauf versessen zu sein, sein Erbe zu zerstören. Er weigert sich, das große Buch der Natur zu lesen, das alle Lebensgesetze offenbart und dem Menschen den Weg zu einem immer glücklicheren Leben weist.

Die Lehre der Essener zeigt den einzigen Weg, wie der Mensch sein Leben auf der Erde sinnvoll gestalten kann, die einzige Grundlage für eine gesunde Menschheit, um in Frieden mit dem Reich der Mutter Erde zu leben.

VII – Friede mit dem Reich des Himmlischen Vaters

Dieser siebte Friede enthält zugleich alle anderen Gesichtspunkte des Friedens. Das Reich des Himmlischen Vaters ist das Weltall, der gesamte Kosmos. Er wird vom Einen Gesetz, der Gesamtheit aller Gesetze, regiert. Der Himmlische Vater ist das Gesetz. Das Gesetz ist überall gegenwärtig. Es steht hinter allem, was sich manifestierte, und allem, was noch nicht offenbar wurde. Der Stein fällt, der Berg formt sich, die Meere fließen, alle in Übereinstimmung mit dem Gesetz. Ebenso das Sonnensystem, es entwickelt sich und verschwindet wieder. Ideen, Empfindungen und Intuitionen kommen und gehen ins menschliche Bewußtsein, so wie es das Gesetz will. Alles, was ist, konkret oder abstrakt, materiell oder immateriell, sichtbar oder unsichtbar, alles wird vom Gesetz bestimmt, von dem Einen Gesetz.

Das Gesetz hat keine Gestalt, so wie eine mathematische Gleichung keine Gestalt hat. Und doch enthält es alles Wissen, alle Liebe, alle Macht. Es legt Zeugnis ab von aller Wahrheit und aller Wirklichkeit. Es ist der Lehrer und Freund des Menschen, und zeigt ihm, was er zu tun hat, was er wissen und sein muß, um sich zu dem Wesen zu entwickeln, das seine Bestimmung ist. Das Gesetz führt den Menschen durch jedes Problem, durch jedes Hindernis und offenbart ihm immer die vollkommene Lösung.

Friede mit dem Gesetz bedeutet Friede und Harmonie mit dem kosmischen Meer und allen kosmischen Kräften des Universums. Durch diesen Frieden verbindet sich der Mensch mit allen höheren Strömungen und Schwingungen von allen Planeten im kosmischen All. Dadurch ist er fähig, die Wahrnehmung der Einheit mit allen Kräften des Weltalls zu erlangen, jenen der Erde und jenen aller anderen Planeten im Sonnensystem und allen galaktischen Systemen.

Durch diesen Frieden kann er sich mit all den höheren Werten im Weltall vereinen. Durch diesen Frieden wird in ihm die innere, intuitive Erkenntnis erweckt, der die Mystiker und die Propheten aller Zeiten folgten. Durch diesen Frieden verbindet der Mensch sich mit seinem Schöpfer.

Dieser Friede vervollständigt die Evolution des Menschen. Er bringt ihm das vollkommene Glück. Das ist sein letztendliches Ziel.

Der Mensch ist ein Teil der Gesamtheit des Universums. Er bildet eine unteilbare Einheit mit dem Ganzen. Er meint, daß er davon abgetrennt ist, weil er sich seiner Selbst als Einzelwesen bewußt geworden ist. Er wurde selbstbewußt und ichbezogen, weit mehr, als zur Erhaltung seines Lebens notwendig ist. Dieses Gefühl der Trennung verursacht in ihm das Bewußtsein von Mangel, von Beschränkung. In Gedanken hat er sich selbst von der Fülle des Universums getrennt, hat sich selbst von der Quelle der gesamten Versorgung ausgeschlossen. Die Versorgung ist materiell und immateriell, sie besteht aus den greifbaren und sichtbaren Bedürfnissen für das tägliche Leben und der universellen Energieversorgung, Lebenskraft und Stärke, von denen die größte die Liebe ist.

Die Essener beachteten, daß der Mensch inmitten eines Kräftefeldes lebt, zwischen irdischen und planetarischen Kräften, und daß seine eigene individuelle

Evolution in dem Grad fortschreitet, inwieweit er mit diesen Kräften zusammenarbeitet. Aber es gibt noch andere Kräfte einer höheren Ordnung, bei denen es noch viel wichtiger ist, daß der Mensch in Harmonie ist. Das sind die spirituellen Ströme im kosmischen Meer des kosmischen Bewußtseins. Diese höheren Schwingungen vermischen sich nicht mit den irdischen und planetarischen Schwingungen. Durch seine eigene Anstrengung, seinen eigenen Willen, muß der Mensch zu diesem kosmischen Meer des allumfassenden Lebens aufsteigen. Dann, und nur dann, kann er seine Einheit mit dem Gesetz wahrnehmen.

Um das klar zu verstehen, muß das Weltall als Ganzes begriffen und eingesehen werden, daß es eine Ganzheit ist, die alle Teile enthält, alle Liebe, alles Leben, alles Wissen, alle Kraft und alles Wesentliche. Es ist die Summe alles Wesentlichen, aus dem die Dinge geformt werden. Es ist die Summe aller Liebe, die überall und gegenwärtig ist, denn Liebe ist die höchste Quelle und die verbindende Kraft, die das Universum in all seinen Teilen zusammenhält. Der Mensch kann nie mehr von dieser Einheit getrennt sein, genausowenig wie eine Zelle seines Körpers von seinem Körper getrennt sein kann, denn dann könnte sie auch nicht mehr weiterleben.

Die Essener sprachen von den drei Zentren des Menschen: dem Bewegungszentrum, dem Gefühlszentrum und dem Denkzentrum. Aber sie waren sich immer bewußt, daß diese drei Teile in Wirklichkeit nicht getrennt waren, denn sie sind alle Teile des einen höheren Zentrums, des spirituellen Zentrums. Und dieses Zentrum ist Eins mit und gleichzeitig Teil von allem im Universum.

Die Unfähigkeit des Menschen, diese Sache zu verstehen, verursacht einen unendlichen Komplex von irrtümlichen Begrenzungen. Der Mensch begrenzt sich nicht nur in Hinblick auf die Versorgung seiner materiellen Bedürfnisse, sondern auch in Hinblick auf seine Möglichkeiten, seine Fähigkeiten und seine Kräfte des Denkens, Fühlens und Handelns. Er lebt ein mittelmäßiges Leben, weil er sich unnötige Grenzen setzt. Die moderne Wissenschaft stimmt dem zu, wenn sie berichtet, daß der Mensch Fähigkeiten besitzt, die er selten oder nie einsetzt. Die Lehre der Essener zeigt, daß dieser Umstand durch die Empfindung der Trennung von der Schöpfung verursacht wird, eine selbstauferlegte Begrenzung, in der der Mensch durch seine Abweichung vom kosmischen Gesetz gefangen ist.

Der Friede mit dem Reich des Himmlischen Vaters ist daher nur möglich, wenn der Mensch diese Abweichungen auslöscht und lernt, mit dem Gesetz und mit jedem Aspekt des siebenfältigen Friedens zusammenzuarbeiten: mit den drei Zentren, der Familie, der Menschheit, der Kultur und der Natur. Nur dann kann er den siebten Frieden kennenlernen, den allumfassenden Frieden.

Die Essener lehrten die Menschheit diesen Frieden, so daß sie alle Grenzen überwinden würde und mit ihrer allumfassenden Quelle in Berührung kommen könnte, dem gleichen Ursprung, mit dem die großen Meister durch die Zeiten ihr Bewußtsein vereint hatten, als sie ihre intuitiven Lehren hervorbrachten, die dem Menschen zeigen, wie er sich des Gesetzes bewußt wird, es verstehen, mit ihm zusammenarbeiten und in seinem Handeln zum Ausdruck bringen kann.

Die ganze Weltgeschichte ist ein Dokument der selbstauferlegten Begrenzungen des Menschen und seiner Bemühungen, diese zu überwinden. Diese Bemühungen geschahen vereinzelt, durch Gruppen oder Nationen und im planetarischen Sinne. Aber durch den Kampf ums Dasein und durch weitere Gesetzesabweichungen schlugen diese Bemühungen fast immer ins Negative um. So haben sie den Menschen an weitere Begrenzungen gebunden, weitere Disharmonie und geistige Trennung von seiner Quelle verursacht.

Das Reich des Himmlischen Vaters ist immer für ihn geöffnet. Seine Rückkehr zum universellen Bewußtsein und zur allumfassenden Schatzkammer ist immer möglich. Hat er einmal diese Entscheidung zur Rückkehr getroffen und sich beharrlich bemüht, kann er immer zur Quelle zurückgehen, zu seinem Himmlischen Vater, von dem er kam und von dem er in Wirklichkeit nie getrennt gewesen ist.

Der große Friede der Essener lehrt den Menschen, wie er zurückkehren kann, wie er den letzten Schritt tun kann, der ihn mit dem kosmischen Meer von höheren Strahlungen des ganzen Universums vereinigt und schließlich die vollständige Vereinigung mit dem Himmlischen Vater, der Gesamtheit der Gesetze, dem Einen Gesetz, erreicht.

Das war das letztendliche Ziel der Essener, und das bestimmte jeden ihrer Gedanken, Gefühle und Handlungen. Es ist das entgültige Ziel, das die ganze Menschheit eines Tages erreichen wird.

Der siebenfältige Eid

Der Eid, den der Neubekehrte leisten mußte, bevor ihm die Worte der Kommunionen übergeben wurden, bestand aus sieben Teilen und behielt damit die übliche Zahl Sieben bei den Essenern bei. Der Eid lautete wie folgt:

1. Ich möchte und werde mein Bestes tun, so zu leben, wie der Lebensbaum, der von den großen Meistern unserer Bruderschatt gepflanzt wurde, zusammmen mit meinem Himmlischen Vater, der den ewigen Garten des Universums anlegte und mir meinen Geist gab; mit meiner Mutter Erde, die den großen Garten der Erde anlegte und mir meinen Körper gab; mit meinen Brüdern, die im Garten der Bruderschaft arbeiten.

2. Ich möchte und werde mein Bestes tun, um jeden Morgen meine Kommunionen mit den Engeln der Mutter Erde, und jeden Abend mit den Engeln des Himmlischen Vaters abzuhalten, wie es von den großen Meistern der Bruderschaft eingeführt wurde.

3. Ich möchte und werde mein Bestes tun, dem Pfad des siebenfältigen Friedens zu folgen.

4. Ich möchte und werde mein Bestes tun, um mein Bewegungszentrum, mein Gefühlszentrum und mein Denkzentrum zu vervollkommnen, wie es die großen Meister unserer Bruderschaft lehren.

5. Ich werde immer und überall mit Ehrfurcht meinem Meister gehorchen, der mir das Licht der großen Meister aller Zeiten gibt.

6. Ich werde mich meinem Meister unterwerfen und seine Entscheidungen annehmen, um Streitigkeiten oder Klagen mit oder gegen einen meiner Brüder beizulegen, die im Garten unserer Bruderschaft arbeiten; und ich werde nie irgendwelche Klagen gegen einen Bruder in die Außenwelt tragen.

7. Ich werde immer und überall alle Überlieferungen unserer Bruderschaft geheimhalten, die mir mein Meister übermitteln wird, und ich werde nie irgendjemandem diese Geheimnisse ohne die Erlaubnis meines Meisters mitteilen. Ich werde nie das Wissen, das ich von meinem Meister erhielt, als eigenes ausgeben und werde ihm immer Anerkennung für all sein Wissen schenken. Ich werde nie das Wissen und die Kräfte, die ich durch die Einweihung von meinem Meister erhielt, für materielle oder egoistische Zwecke gebrauchen.

Mit dem aufgehenden Tag
umarme ich Dich, meine Mutter,
mit der anbrechenden Nacht
vereine ich mich mit Dir, mein Vater,
und mit dem Ausklang von Abend und Morgen
will ich Ihr Gesetz atmen,
und bis zum Ende der Zeiten
will ich diese Kommunion nicht unterbrechen.

Aus dem *Übungshandbuch*
der Schriftrollen vom Toten Meer

Kapitel 7
Die Psychologie der Essener

In ihrer Ausübung der Kommunion mit den Kräften der Natur und des Kosmos drückten die Essener ein außergewöhnliches Wissen über die Psychologie aus. Sie wußten, daß der Mensch sowohl ein Bewußtsein als auch ein Unterbewußtsein hat, und sie waren sich beider Kräfte wohl bewußt.

Indem sie eine Gruppe ihrer Kommunionen zur ersten Handlung am Morgen machten, setzten sie bewußt bestimmte Kräfte in Bewegung, die für ihren ganzen Tag zum Vorzeichen wurden. Sie wußten, daß ein Gedanke, der stark genug zu Beginn des Tages im Bewußtsein gehalten wurde, das Individuum den ganzen Tag beeinflußte. Die Morgenkommunionen öffneten folglich den Geist für harmonische Strömungen, was ihnen die Aufnahme besonderer Energieformen in den physischen Körper ermöglichte.

Die Abendkommunionen, die als letzte Handlung am Abend vor dem Schlafengehen durchgeführt wurden, wirkten nach dem selben Prinzip. Die Essener wußten, daß sie mit diesen letzten Gedanken ihr Unterbewußtsein die ganze Nacht hindurch beeinflußten und daß die Abendkommunionen daher das Unterbewußtsein in Verbindung mit der Vorratskammer der höheren kosmischen Kräfte brachte. Sie wußten, daß der Schlaf so zur Quelle tiefsten Wissens werden kann.

Der durchschnittliche Mensch macht manchmal die Erfahrung, daß sich ein Problem während des Schlafens gelöst hat, und oft sogar auf eine Art, die von seiner normalen Denkweise abweicht.

Viele Wissenschaftler, Schriftsteller und andere schöpferisch Arbeitende haben ebenfalls herausgefunden, daß ihnen ihre Erfindungen und Ideen in der Nacht oder in den frühen Morgenstunden gekommen waren.

Das Wissen, das während des Schlafes aufgenommen wird, ist eine Wirkung des Naturgesetzes. Wenn auch der Schlaf für die Mehrheit nur ein wenig mehr als eine Phase der Entgiftung im Sinne einer physiologischen Instandsetzung ist, so bedeutet er doch für die kleine Minderheit die Möglichkeit der psychologischen Vervollkommnung. Die Essener wußten, daß wenn die höheren Kräfte vor dem Schlafengehen angeregt werden, – wenn sich die Erdenkräfte der zahllosen Tagesaktivitäten beruhigt haben – sie zu einem Fortschritt im Erreichen der edlen Ziele ihrer Abendkommunionen führten.

Sie wußten auch, daß jeder negative oder unharmonische Gedanke, den sie in ihrem Bewußtsein hielten, wenn sie sich ausruhten, ihren Widerstand gegenüber den negativen Kräften in der Außenwelt schwächen würde.

Sie hatten ein tiefes Wissen über den Körper und den Geist. Sie wußten, daß beide nicht voneinander getrennt werden konnten, da sie eine dynamisch-organische Einheit bilden, und was das eine beeinflußt, wirkt auch auf das andere. Die Essener waren der psychosomatischen Medizin um Tausende von Jahren voraus.

Sie wußten, daß körperliche Gesundheit viel mit der Empfänglichkeit für höhere Kräfte zu tun hatte, und daß ein entgifteter Organismus eher dazu fähig ist, einen Kontakt mit ihnen herzustellen, als jener, in dem die Kräfte teilweise dadurch gelähmt sind, daß er die körperlichen Gifte während der Schlafperiode beseitigen muß. Die höheren Offenbarungen, die uns durch große Denker und Lehrer aus dem Altertum übermittelt wurden, sind von jenen gegeben worden, die ausnahmslos ein sehr einfaches und harmonisches Leben führten. Ihr Körper war folglich außerordentlich gesund. Es war kein Zufall, daß bedeutende Offenbarungen der Wahrheit von großen Meistern empfangen wurden. Ihr Organismus hatte die Fähigkeiten entwickelt, die jenen fehlten, deren Leben mehr dem weltlichen Streben gewidmet war. Die Lehre und Lebensweise der Essener brachten diese Fähigkeiten hervor. Sie legten außerdem großen Wert auf die Nahrung, die sie zu sich nahmen und achteten darauf, daß sie möglichst mit dem Naturgesetz harmonisiert, aber genauso sorgfältig waren sie in ihrer Nahrung der Gedanken und Gefühle. Es war ihnen vollkommen klar, daß das menschliche Unterbewußtsein wie eine lichtempfindliche Platte alles aufnimmt, was der einzelne sieht oder hört, und daß es daher erforderlich ist zu vermeiden, daß alle niederen Gedanken, wie jene der Furcht, Angst, Unsicherheit, Haß, Unkenntnis, Egoismus und Unduldsamkeit durch das Tor des Unterbewußtseins hereinkommen.

Ihnen war auch das natürliche Gesetz bekannt, daß zwei Dinge nicht den gleichen Platz zur gleichen Zeit einnehmen können, und daher auch ein Mensch nicht zwei Dinge gleichzeitig denken kann. Wenn also das Bewußtsein mit positiven, harmonischen Gedanken erfüllt ist, so können sich negative und unharmonische Gedanken nicht mehr darin ansammeln. Positive und harmonische Gedanken müssen ins Unterbewußtsein eingeführt werden, um alle niederen Gedanken auszuwechseln, gerade so, wie die Zellen im Körper durch Nahrung, Luft und Wasser ständig erneuert werden müssen, wenn die alten Zellen ausgeschieden werden. Dies war ein Teil der Pflichten, die von den Essenern ausgeführt wurden, um jeden Morgen, Mittag und Abend höhere Gedanken- und Gefühlsströme in das Denk- und Gefühlssystem einzuführen.

Das Unterbewußtsein kann durch eine Diät von guten und harmonischen Gedanken und Gefühlen wiederbelebt werden, wenn sie während des Tages eingehalten wird, besonders aber vor allem in Momenten des Grenzzustandes des Bewußtseins, wenn seine Aufnahmefähigkeit am stärksten ist. Wenn es auf diese Weise erneuert ist, wird es zu einer Quelle der Energie und Harmonie für Körper und Geist. Es wird wie ein Freund aufbauende harmonische Botschaften an jeden Teil des Körpers schicken, die ihn zu wirksamer Arbeit anregen.

Die den Essenern bekannte Tatsache von der Eingebung eines Gedankens oder mehrerer Gedanken ins Unterbewußtsein ist zum Beispiel von den modernen Psychologen wiederentdeckt worden. Es ist bekannt, daß das Unterbewußtsein eines Menschen nicht ohne weiteres vernünftige Anregungen aufnimmt, wenn er im Wachzustand ist. Und wenn er in einem unbewußten Zustand ist, kann er natürlich auch nicht bewußt sein Unterbewußtsein beeinflussen. Doch es gibt Augenblicke, in denen das Bewußtsein nur halb ins Unterbewußtsein eingetaucht ist, Momente, wie sie kurz vor dem Einschlafen oder kurz nach dem Erwachen auftreten, manchmal auch in einem erhöhten Gefühlszustand, wie beim Hören von wunderbarer Musik oder dem Betrachten eines Kunstwerkes. In solchen Augenblicken ist das Unterbewußtsein wesentlich aufnahmefähiger.

Viele Lehren nutzen diese sehr wichtige psychologische Tatsache, sowohl die Lehren der großen Religionen und Übungssysteme des Altertums in Ost und West, als auch die modernen philosophischen und psychologischen Systeme.

Das Unterbewußtsein ist dynamisch, verändert sich ständig, so wie auch die Zellen des Körpers, und es wird dauernd von den Erfahrungen und Eindrücken ernährt, die es vom Bewußtsein bekommt. Diese Erfahrungen enthalten alle Gedanken und Gefühle, die stark genug haften, um einen Eindruck zu hinterlassen. Die traumatischen Erfahrungen der Kindheit sind jene, die mit großer Intensität gefühlt und an das Unterbewußtsein weitergegeben wurden, aber nie von neuen und konstruktiveren Eindrücken ersetzt wurden.

Das Unterbewußtsein wurde als die Totalität der Erfahrungen eines Menschen von der Geburt bis zum gegenwärtigen Augenblick definiert. Jede lebendige neue Erfahrung verändert es; und es kann bewußt verändert werden, wenn ein neuer Eindruck intensiv genug ist. Je stärker der Eindruck, desto länger wird er im Unterbewußtsein bleiben.

Auch bestimmte andere Umstände waren den Essenern bekannt, die darüber entscheiden, ob das Unterbewußtsein einen Gedanken oder ein Gefühl annimmt. Wenn zum Beispiel der wache Geist einen Gedanken als Realität oder Möglichkeit nicht akzeptiert, wird das Unterbewußtsein diesen Gedanken auch ablehnen.

Eine andere Tatsache war die Notwendigkeit, den Gedanken ohne Anstrengung, spontan, ins Unterbewußtsein zu übertragen. Wird eine Anstrengung unternommen, so wird der volle Bewußtseinszustand hervorgerufen, und das Unterbewußtsein bleibt unzugänglich. Spontan und ohne Anstrengung zu handeln, erfordert völlige Entspannung von Körper und Geist. Das war auch ein Teil der Essener Übungen.

Den ersten Schritt zur Entspannung erreichten sie, indem sie einen Muskel nach dem anderen am ganzen Körper entlang lockerten. Der zweite Schritt war die flache Atmung. Das verringert die Sauerstoffzufuhr in die

Lungen und vermindert die Aktivität der Nerven und anderer Teile des Organismus, denn Aktivität und Entspannung können nicht zur gleichen Zeit geschehen. Der dritte Schritt war das Vermeiden von Gedanken. Für den Menschen von heute ist das im allgemeinen nicht einfach. Hilfreich ist es, sich in totaler Dunkelheit und Stille die Dunkelheit des schwarzen Samtes vorzustellen und an nichts anderes zu denken. Mit diesen drei Schritten brachten die Essener eine Art Halb- Bewußtsein hervor, in das ein neuer Gedanke oder ein neues Gefühl leicht ins Unterbewußtsein eingeführt werden konnte.

Der Gedanke, der auf diese Weise eingeführt wurde, sollte rhythmisch genug sein, um den Zustand der Entspannung und das Halb-Bewußtsein zu erhalten. Und er sollte über genügend Kraft verfügen, um ins Unterbewußtsein einzudringen und von ihm als Wirklichkeit vollständig aufgenommen zu werden. Diese Voraussetzungen, um Gedanken und Gefühle bewußt ins Unterbewußtsein zu übertragen, wurde vollkommen in der Ausübung der Essener Kommunion erfüllt.

Es wurde bewiesen, daß es ganz im Ermessen des einzelnen liegt, was er seinem Unterbewußtsein zuführen will, welche Arten von neuen Zellen er hineinbauen möchte. Er kann entweder vom Gesetz abweichen und Sklave seines Unterbewußtseins werden, oder er kann eine aktive Rolle in dessen Wiederbelebung übernehmen.

Das Wissen der Essener über das Bewußtsein war ge-

nauso tiefgründig wie ihre Einsicht vom Unterbewußtsein. Ihr Begriff von der Psychologie war so vielseitig,
daß sie erkannten, daß die Ziele ihrer Kommunionen
nicht allein durch die intellektuelle Entwicklung erreicht werden können, sondern daß auch die Kraft der
Sinne dazu notwendig ist. Das Wissen muß eine
Empfindung wachrütteln, bevor es in die Tat umgesetzt
werden kann.

Fühlen ist nicht einfach nur ein unwillkürlicher
Prozeß, wie viele Menschen annehmen. Es ist ein Teil
der Aktivität des Willens. Laut Auffassung der Essener
beinhaltet oder ist der Wille der Mechanismus dreier
Faktoren: Denken, Fühlen und Handeln. Dieses Konzept kann in modernen Begriffen anhand eines Ver-
gleiches mit den Teilen eines Autos illustriert werden:
Denken ist das Steuerrad; Fühlen ist der Motor oder die
Antriebskraft: die Handlung entspricht den Rädern. Um
ein bestimmtes Ziel zu erreichen, das vom Willen bestimmt wird, müssen alle drei Teile zusammenarbeiten.
Ist eine Absicht entstanden, ein Wunsch oder ein Gefühl
geweckt, findet die Handlung statt.

Der Wille kann dazu genutzt werden, um Gefühle zu
erwecken. Wir müssen ihn regelmäßig gebrauchen, um
fähig zu werden, ein gewünschtes Gefühl zu erwecken.
Dies kann durch Übung entwickelt werden. Eine
Technik, die den Essenern bekannt war, ermöglichte es
dem einzelnen, seinen Willen in jeder gewünschten
Weise zu nutzen.

Den wenigsten ist bekannt, daß ihre Gefühle gemeistert werden können. Das kommt daher, weil sie nicht wissen, wie sie ihre Gedanken und Gefühle verbinden können, um die beabsichte Handlung zu erzielen. Sie mögen zwar das richtige Wissen haben, doch handeln sie im Widerspruch dazu. Einige haben vielleicht das richtige Wissen über die Gesundheit, nehmen aber weiterhin schädliche Nahrung zu sich. Aber ein Gefühl, wie zum Beispiel Furcht vor Schmerz oder Tod, wird sie zur richtigen Handlung bewegen.

Von den drei Kräften, Denken, Handeln und Fühlen, ist das Denken die jüngste Kraft und hat folglich den schwächsten Einfluß auf das menschliche Bewußtsein. Doch der Mensch entwickelt sich, seine Gedankenkraft nimmt zu. Der Gedanke verleiht dem Menschen Würde. Er ist eine Fähigkeit, die seiner persönlichen Beherrschung unterliegt; er kann über alles nachdenken, was er sich wünscht. Er kann seine Gefühle durch die Gedankenkraft beherrschen.

Gefühle haben eine Geschichte von Hunderten von Jahrtausenden und haben daher eine viel stärkere Antriebskraft als das Denken entwickelt. Folgerichtig beherrschen sie, und nicht das Denken, die Handlungen des Menschen. Instinkte beherrschen die Tiere. Aber der Mensch muß lernen, beides zu beherrschen: die Instinkte und die Gefühle, wenn er den Kräften des Rückschritts Einhalt gebieten will. Und das kann er nur mit seinem Willen erreichen.

Nach Meinung der Essener sollte der Mensch seine Gedanken und Gefühle untersuchen um herauszufinden, welche davon ihm die Kraft geben, ein bestimmtes Vorhaben auszuführen, oder solche zu erkennen, die seine Handlungen lähmen.

Wenn er eine gute Tat vollbringt und sie analysiert, so kann er herausfinden, von welchen Gedanken und Gefühlen er geleitet wurde. Er wird dann verstehen, welche Art von Gefühlen und Gedanken er hegen sollte.

Der Mensch wird erkennen, daß seine Handlungen nicht von abstrakten Gedanken oder berechenbaren intellektuellen Vorstellungen in die Wege geleitet werden. Taten werden von Gedanken angetrieben, die Lebenskraft und Überzeugung besitzen und die Gefühle erwecken. Nur dann haben sie genug Kraft, um eine Handlung zu bewirken.

Überzeugung und Lebenskraft werden dem Gedanken durch eine schöpferische Vorstellung gegeben. Gedanken müssen Bilder schaffen, die lebendig sind. Östliche Völker haben sich lange in dieser Kunst geübt, Gedanken lebendig zu gestalten, voll von Bildhaftigkeit und Phantasie. Das ist eine Kunst, die im Westen weitgehend unbeachtet blieb und beinahe vergessen wurde.

Zerstreute, unzusammenhängende Gedanken, die von einer Sache zur anderen wechseln, sind nichts als blasse Geister ohne Leben. Sie sind nicht lebendig, erwecken kein Gefühl und keine Handlung. Sie sind wertlos.

Hinter jeder Handlung steht ein Gefühl. Ein richtiges Gefühl entwickelt notwendigerweise eine richtige Handlung. Richtige Gefühle sind Quellen von Energie,

Harmonie und Glück. Wenn sie nicht Quellen dieser Qualitäten sind, dann sind sie nicht nur wertlos, sondern gefährlich.

Gefühle können in einem von zwei Bereichen liegen: solchen, die Energie entwickeln, und solchen, die sie aussaugen. Mit dieser Analyse kann der Mensch beginnen, seinen Willen zu entwickeln.

Durch die Stärkung aller Gefühle, die Energie erzeugen, und durch die Vermeidung aller Gefühle, die zu ihrer Erschöpfung führen, erkannten die Essener, wie die Willenskraft erlangt werden kann. Die Übung des Willens erfordert Beharrlichkeit und geduldige Bemühung. Dadurch können die höheren Gefühle des einzelnen langsam eine ausgedehnte Schatzkammer voll von Energie und Harmonie aufbauen. Und die niederen Gefühle, die zur Schwäche und zu Gleichgewichtsstörungen führen, werden schließlich ausgelöscht.

Das Gefühl, das die größte Energie erzeugt, ist die Liebe, in all ihren Ausdrucksformen, denn Liebe ist die übergeordnete Quelle alles Existierenden, aller Quellen von Energie, Harmonie und Wissen. In ihrem irdischen Wesen gibt sie alles, was zur Gesundheit nötig ist. Manifestiert sie sich im menschlichen Organismus, gibt sie allen Zellen, Organen und Sinnen eine dynamische Harmonie. Offenbart sie sich im Bewußtsein, so ermöglicht sie dem Menschen, die kosmischen und natürlichen Gesetze zu verstehen, einschließlich der sozialen und kulturellen Gesetze, um sie als Quellen der Harmonie und des Wissens einzusetzen. Der Wille ist der

Schlüssel zur Manifestation dieser größten Energiequelle.

Die drei Feinde des Willens sind Zerstreuung von Energie, Bequemlichkeit und Hedonismus. Diese drei können zu einem weiteren beliebten Feind des Willens werden: der Krankheit. Gute Gesundheit ist der stärkste Freund des Willens. Ein dynamischer, gesunder Mensch befiehlt seinem Willen, und dieser gehorcht; Muskelschmerzen oder Nervenschwäche hingegen lähmen den Willen. Das war einer der Gründe, warum die Essener so viel Wert auf eine gute Gesundheit legten, und ebenso eine richtige Lebens- und Gedankenweise befürworteten.

Die Ausübung der Kommunionen erforderte fortwährende Übung und Anwendung des Willens. Die Essener waren der Meinung, daß jeder bedeutende Wert in der menschlichen Kultur seine Entstehung der Tätigkeit des Willens verdankt. Und daß wahre Werte nur von jenen geschaffen wurden, die von dem Willen Gebrauch machten. Es war ihnen völlig klar, daß der Wille geschult werden muß, und sie berücksichtigten, daß der Schlüssel zu seiner Schulung darin liegt, die Gefühle mittels einer machtvollen schöpferischen Vorstellung zu lenken.

Mit Hilfe ihres Verstehens der psychischen Kräfte lehrten die Kommunionen der Essener den Menschen den Weg zur Freiheit, den Weg der Befreiung aus einer blinden Hinnahme der Zustände, die den physischen Körper betrafen und den Geist. Sie zeigten den Weg einer optimalen Evolution von Körper und Geist.

Und er gab dem Menschen zwei Geister zur Seite,
den Geist der Wahrheit und den Geist der Unwahrheit,
Wahrheit geboren aus der Quelle des Lichts,
und Unwahrheit aus dem Brunnen der Dunkelheit.
Die Führung aller Kinder der Wahrheit
liegt in den Händen des Engels des Lichts,
damit sie auf den Wegen des Lichts wandeln.
Der Geist der Wahrheit und der Geist der Lüge
ringen miteinander im Herzen des Menschen,
mit Weisheit und Dummheit.
Und wenn ein Mensch Wahrheit erwirbt,
so wird er die Dunkelheit meiden.
Segen all jenen, die ihr Los mit dem Gesetz teilen,
die wahrhaftig auf all ihren Wegen gehen.
Das Gesetz segne sie mit allem Guten
und schütze sie vor allem Übel
und erleuchte ihre Herzen
mit dem Einblick in die Dinge des Lebens
und begnade sie mit dem Wissen von den ewigen Dingen.

Aus dem *Übungshandbuch*
der Schriftrollen vom Toten Meer

Kapitel 8
Individuelle Selbsterforschung

Vor Tausenden von Jahren praktizierten die Essener ein System der Psychoanalyse, das bei weitem vielseitiger war als die heutige Psychoanalyse. Es liegt zeitlich zwar länger zurück, hat aber eine allumfassende Qualität, die der modernen Psychoanalyse fehlt.

Dieses System beruht auf einer persönlichen Selbstbeobachtung anhand der Lebensideale der Essener und der eigenen Entwicklung, und kann für den gegenwärtigen Menschen als Maßstab für seinen Grad an Harmonie mit dem Gesetz von großem Wert sein.

Die Essener, die berücksichtigten, daß der Mensch inmitten eines Kräftefeldes lebt, wußten, daß die natürlichen und kosmischen Kräfte, die ihn umgeben und die ihn durchströmen, höhere positive Kräfte sind. Aber sie wußten auch, daß der Mensch durch Mißachtung des Gesetzes im Denken, Fühlen und Handeln, ständig negative, niedere Kräfte erzeugt, inmitten derer er auch lebt. Er steht mit allen diesen Kräften in Verbindung und kann sich nicht von ihnen trennen. Darüber hinaus wirkt er ständig, bewußt oder unbewußt, mit den höheren oder niederen Kräften zusammen. Er kann sich nicht neutral verhalten. In diesem Essener-System, das zur Zeit des Zoroaster zuerst ausgeübt wurde, machte der einzelne wöchentlich eine Selbsterforschung seiner

Gedanken, Worte und Taten. Dieses Abwägen zeigte ihm den Umfang, wie weit er mit den höheren Kräften zusammenarbeitete oder wie weit er von ihnen abwich, und das ergab einen Querschnitt seines Charakters, seiner Fähigkeiten und seines physischen Zustandes, und zeigte so den Grad seiner eigenen Lebensentwicklung an.

Diese Analyse ermöglichte ihm, seine starken und seine schwachen Seiten wahrzunehmen. Indem er ernsthaft und nachdrücklich danach strebte, sein Denken, Fühlen und Handeln ständig zu verbessern, machte er Fortschritte in seiner lebenslangen Arbeit der Selbstvervollkommnung.

Es mag einige Leute geben, die es bei all der modernen Wissenschaft für überflüssig halten, zu einer achttausend Jahre alten Lehre des Altertums zurückzukehren. Aber es ist die Frage, inwieweit es die Entwicklungen der Wissenschaft erreicht haben, das menschliche Glück und Wohlbefinden zu verbessern. Die allgemeine Unsicherheit und Neurose der Gegenwart und die weitgestreuten wirtschaftlichen und sozialen Unruhen geben darauf eine eindeutig negative Antwort. Der Mensch hat sich eine enorme Menge theoretischen Wissens im Rahmen seiner wissenschaftlichen Kultur angeeignet, doch das hat sein Glück oder die Entwicklung seines Selbst nicht vergrößert. Es hat ihm nicht geholfen, ihn mit dem Universum zu verbinden, der kosmischen Ordnung, oder ihm seinen Platz und seine Aufgabe darin zu zeigen.

Ohne dieses Wissen kann der Mensch nicht den Weg

seiner eigenen bestmöglichen Entwicklung gehen oder der des Planeten.

Die Neurose der gegenwärtigen Zeit hat ihre Ursache in den Strömungen menschlicher Abweichungen vom Gesetz der Harmonie mit den natürlichen und kosmischen Kräften. Versucht ein Mensch sein Bestes, um mit ihnen in Harmonie zu leben, so wird er niemals Neurosen entwickeln.

Die Psychologie von heute neigt dazu, nur ein oder zwei dieser Naturkräfte zu betonen. Freud zum Beispiel nahm an, daß die Abweichung vom Gesetz der natürlichen sexuellen Kräfte die Disharmonie des Menschen hervorbrachte. Andere haben sich wieder auf andere Formen der Abweichung konzentriert. Aber das System, das zu Zeiten von Zoroaster ausgeübt wurde, hielt die Harmonie mit allen natürlichen und kosmischen Kräften für notwendig, um die allgemeine Gesundheit und das psychische Gleichgewicht zu erhalten. Seine Überlegenheit über andere Systeme liegt in seiner Vielseitigkeit, die alles umfaßt.

Es zeigt sich, daß der einzelne an seiner Selbstvervollkommnung selbst Tag für Tag arbeiten muß. Die Psychoanalyse dagegen hängt wesentlich vom Analytiker ab, denn die Person, die analysiert wird, übernimmt dabei eher eine passive Rolle. In der Methode aus der Zeit des Zoroaster bleibt das Streben nach Harmonie für den einzelnen eine Lebensaufgabe, die er selbst erfüllen muß, und nicht die Aufgabe von jemand anderem, der sie für ihn in ein paar Jahren oder weniger vollbringt.

Die sechzehn Elemente in diesem System umfassen jeden Gesichtspunkt des menschlichen Lebens. Sie entsprechen in gewissem Grade den vierzehn Kräften, wie sie im Lebensbaum der Essener symbolisiert werden. Es lag weder in der Absicht der Essener, weder zur Zeit Zoroasters noch später, die natürlichen und kosmischen Kräfte in irgendein lebloses oder künstliches Muster aufzuteilen, sondern die Einteilung wurde nur gemacht, um die Kräfte auf eine Art und Weise zu betrachten, die am deutlichsten ihren Wert und Nutzen im menschlichen Leben sichtbar machte.

Vollkommenheit wurde in der Selbsterforschung nicht gefordert. Aber der einzelne war angehalten, sich beständig darum zu bemühen, seine Beziehung zu jeder der sechzehn Kräfte zu verbessern und immer größere Harmonie und Nutzen aus ihren Kräften und Energien zu ziehen. Derjenige, der das macht, wird sich eines aktiven, schöpferischen Lebens erfreuen, das ihm ein Höchstmaß an Glück bringt und anderen dient. Derjenige, der in der Nichtbeachtung des Gesetzes fortfährt, wird das Leben immer weniger interessant und lohnend finden, während Elend und Frustration zunehmend größer werden.

Die Lehren der Essener gaben den Menschen ein klares Wissen von ihrem Platz und ihrer Aufgabe im Universum. Ihre wöchentliche Selbsterforschung ermöglichte es ihnen zu erkennen, wir klar sie die Lehre verstanden hatten, und wie gewissenhaft sie diese ausübten und dem Weg ihrer eigenen Entwicklung folgten.

Von den sechzehn Kräften, die bei der Selbsterforschung angewendet wurden, gehörten acht zu den irdischen und acht zu den kosmischen Kräften. Die irdischen Kräfte waren: Sonne, Wasser, Luft, Nahrung, Mensch, Erde, Gesundheit und Freude.

Die kosmischen Kräfte waren: Kraft, Liebe, Weisheit, der Erhalter, die Schöpfung, ewiges Leben, Arbeit und Friede. Die Selbsterforschung betrachtete jede der Kräfte von drei verschiedenen Seiten:

1. Wird die Kraft oder Energie verstanden?
2. Fühlt der einzelne die Bedeutung der Energie tief und ernsthaft?
3. Wird die Kraft beständig in der bestmöglichen Art und Weise genutzt?

Die Kräfte der Erde

Im folgenden werden Sinn und Anwendung der irdischen Kräfte beschrieben:

1. *Die Sonne* ist eine sehr wichtige Energiequelle, und jeden Tag soll der Kontakt mit ihrer Kraft auf eine Weise hergestellt werden, wie sie der Gesundheit und dem Wohlbefinden des einzelnen am besten dient.

2. *Wasser* ist ein wesentliches Lebenselement. Es soll in der rechten Weise zur Ernährung benutzt werden, und das ganze Jehr hindurch soll jeden Morgen ein Bad genommen werden.

3. *Luft* spielt eine große Rolle für die Gesundheit des Körpers, und so oft wie möglich sollte draußen reine, frische Luft geatmet und die Energien der Atmosphäre für die Gesundheit genutzt werden.

4. *Nahrung* soll von der rechten Art in der rechten Menge zu sich genommen werden, um den Organismus mit einer weiteren Lebenskraft zu versorgen.

5. *Der Mensch* sollte eine Kraft darstellen, die das Recht und die Verantwortung jedes einzelnen gegenüber seiner eigenen Entwicklung verkörpert. Jeder einzelne soll jeden Moment dazu verwenden, in seiner Entwicklung fortzuschreiten, und das ist eine Arbeit, die niemand für ihn tun kann. Er soll seine eigenen Möglichkeiten erkennen und verstehen und den direktesten Weg herausfinden, wie er sie entwickeln und nutzen kann, um der Menschheit zu dienen.

6. *Die Erde* stellt die zwei Aspekte der Zeugungskraft dar, die ein reicheres Leben in Fülle auf dem Planeten schafft. Die eine Kraft erschafft Leben aus dem Boden, läßt Bäume und die ganze Pflanzenwelt wachsen. Die andere drückt sich in den sexuellen Energien des Menschen aus. Der einzelne soll den Pflanzen- und Nahrungsanbau auf die bestmöglichste Weise verstehen und durchführen, und ein harmonisches sexuelles Leben führen.

7. *Gesundheit* hängt von der harmonischen Beziehung des Menschen mit allen Kräften der Erde ab, mit der Sonne, dem Wasser, der Luft, der Nahrung, dem Menschen, der Erde und der Freude. Der einzelne soll sich die Bedeutung von guter Gesundheit für sein eigenes Wohl und für das Wohl anderer vor Augen halten; und er soll alle Wege üben, die seine Gesundheit in Denken, Fühlen und Handeln verbessern.

8. *Freude* ist des Menschen Recht, und so soll er alle täglichen Handlungen mit einem tiefen Gefühl der Freude begehen, auf daß sie ihn durchströme und um ihn herum strahle. Der Mensch soll ihre Bedeutung für sich selbst und andere erkennen.

Dies sind die Naturkräfte, die der Mensch erlernen, verstehen und nutzen soll. Die folgenden acht kosmischen Kräfte sind noch viel wichtiger im Leben des Menschen, denn er kann nicht in vollkommener Harmonie mit den irdischen Kräften leben, bevor er nicht auch die Harmonie mit den himmlischen Kräften erlangt hat.

Die kosmischen Kräfte

1. *Kraft* findet ihren Ausdruck beständig in den Handlungen und Taten des Menschen, die beide ein Ergebnis seines Zusammenwirkens mit allen anderen Mächten und Kräften sind, im Einklang mit dem eisernen Gesetz

von Ursache und Wirkung. Der einzelne soll die Bedeutung guter Taten verstehen, und er soll wahrnehmen, daß seine Persönlichkeit, seine Situation und Umgebung im Leben das Ergebnis vergangener Taten sind, und seine Zukunft wird genauso sein, wie sie durch seine jetzigen Handlungen angelegt wird. Er ist daher stets dazu angehalten, jederzeit danach zu streben, gute Taten auszuführen, die Harmonie mit den Gesetzen der Natur und des Kosmos ausdrücken.

2. *Liebe* findet ihren Ausdruck in liebevollen und freundlichen Worten gegenüber anderen, die die eigene Gesundheit und das eigene Glück sowie das der anderen beeinflussen. Tiefe Liebe gegenüber allen Wesen soll in harmonischen Gefühlen und Worten zum Ausdruck gebracht werden.

3. *Weisheit* findet Gestalt in Form von guten Gedanken, und es ist des Menschen Vorrecht, sein Wissen und Verständnis in jeder nur möglichen Art und Weise zu erweitern, so daß er nur noch gute Gedanken denkt. Er soll danach streben, in Weisheit zu wachsen, um immer mehr die kosmische Ordnung und seine eigene Aufgabe darin zu verstehen. Nur indem er einen Grad von Weisheit erlangt, kann der einzelne erlernen, nur gute Gedanken in seinem Bewußtsein zu halten und sich weigern, auf negative, zerstörende Gedanken über irgendeine Person, Ort, Umstand oder Sache einzugehen.

4. *Die Erhaltung* von Werten hängt von der Kraft ab, alles zu erhalten, was nützlich und von wahrem Wert ist, ob es nun ein Baum, eine Pflanze, ein Haus, eine Beziehung zwischen Menschen oder Harmonie in irgendeiner Form ist. Wenn jemand zerstört, oder eine gute Sache verkommen, vergeuden oder beschädigen läßt, in der materiellen wie in der geistigen Welt, so arbeitet er mit den negativen, zerstörenden Kräften zusammen. Jede Gelegenheit muß genutzt werden, um Schaden an allem, was von Wert ist, zu vermeiden.

5. *Die Schöpfung* kennzeichnet die Notwendigkeit für den Menschen, seine schöpferischen Kräfte zu nutzen, denn seine Aufgabe auf diesem Planeten liegt darin, die Arbeit seines Schöpfers fortzusetzen. Er soll deshalb versuchen, etwas Eigenes und Schöpferisches zu tun, etwas Neues und Ungewöhnliches, so oft er kann, ob es nun eine Erfindung irgendeiner Art ist, eine künstlerische Arbeit, oder irgendetwas, das anderen zugute kommt.

6. *Das ewige Leben* hängt ab von der Aufrichtigkeit des Menschen mit sich selbst und anderen gegenüber, in allem, was er tut, und mit allen, die er trifft. Er soll vollkommen aufrichtig dabei sein, wenn er seine Beziehung, sein Verständnis und den Nutzen von all den Kräften der Natur und des Kosmos erforscht, und er soll jede Anstrengung unternehmen, um sich selbst aufrichtig zu erforschen, wo er gegenwärtig ist, ohne die Dinge, die er sagt oder denkt, zu rationalisieren oder zu rechtfertigen.

7. *Arbeit* ist die Voraussetzung vieler anderer Werte. Das bedeutet für den einzelnen die Erfüllung der täglichen Pflichten mit Sorgfalt und Wirksamkeit. Das ist der Beitrag des einzelnen zur Gesellschaft und eine Voraussetzung des Glücks für alle. Denn wenn jemand seine Arbeit nicht sorgfältig ausführt, so müssen das andere tun. Der Mensch soll ein tiefes Gefühl der Zufriedenheit in seiner Arbeit erlernen, so daß er der Gesellschaft all das zurückgibt, was er von ihr erhält.

8. *Friede* soll von jedem einzelnen geschaffen und erhalten werden, in ihm und in seiner Umgebung, so daß er zum Werkzeug wird, das dabei hilft, Disharmonie, Feindschaft und Kriege zu verhindern, denn die Bedingungen der ganzen Menschheit hängen von dem Zustand ihrer Atome ab, von den einzelnen, aus denen die Menschheit besteht. Der einzelne soll tief die Notwendigkeit für diesen inneren Frieden empfinden und alles dazu beitragen, um den Frieden aufzubauen und ihn zu erhalten, wo immer er sich befindet.

Derjenige, der sich entsprechend diese sechzehn Lebenselemente erforscht, wird klar erkennen, worin seine Entwicklung verbessert werden kann, und wie er noch mehr zur Entwicklung der Menschheit beitragen kann.

Indem er so handelt, wird er sich weiter auf sein letztendliches Ziel hinbewegen, das Ziel, dem die ganze Menschheit entgegenstrebt, der Vereinigung mit dem Himmlischen Vater.

Ich habe die innere Vision erlangt,
und durch Deinen Geist in mir
habe ich von Deinem wunderbaren Geheimnis erfahren.
Durch Deinen mystischen Einblick
hast Du in mir eine Quelle des Wissens geschaffen,
die aus mir hervorquillt,
einen Springbrunnen der Kraft,
der lebensspendendes Wasser fließen läßt,
eine Flut voll Liebe
und allumfassender Weisheit
wie das Strahlen des ewigen Lichts.

                    Aus dem *Buch der Hymnen*
                    der Schriftrollen vom Toten Meer

Anmerkung des Verlages

Menschen, die mit den Essener-Meditationen arbeiten, möchten wir die Anregung eines Lesers nicht vorenthalten. Er schlägt vor, die Meditationen jeweils um einen Tag zu verschieben, das heißt, die Freitags-Meditationen am Samstag zu üben, die Samtags-Meditationen am Sonntag und so weiter. Wenn das für Sie stimmig ist, dann ist es richtig.

Georg Günter Siebers: »Meine Homepage www.regenbogenhof.ch zeigt die 21 Meditationsthemen als Wochenübersicht zusammengestellt im Bild 23. Mir offenbarte sich das Muster als Teilsystem einiger größerer Zusammenhänge. Bitte betrachte und meditiere dazu – am besten samstags abends – die Bilder 25, 20, 27, 40 und bringe diese in einen Zusammenhang. Ich wünsche mir, dass auch Dir ein kosmisches Bild mehr sagen kann als Tausend Worte.

Die intergalaktische Einbettung dieses Matrix-Modell des Lichts ist im Hinblick auf den aktuellen TZOL´KIN noch weitreichender. Damit besteht der Bezug zum Meistergitternetz der Erde, Bild 31 mit den Bewusstseinsfeldern, Bild 32. Diese Felder werden in der ESSENER-Meditation montags morgens angesprochen, Bild 26. Durch TZOL´KIN kommt zu dieser Raumkomponente auch die Zeitkomponente. Sie wird mittwochs abends angesprochen, Bild 14.

TZOL´KIN, Bild 63 vereint also beide Komponenten zur Raum-Zeit, Bild 55, 50. TZOL´KIN orientiert sich intergalaktisch am 13-Monde-Jahr, das demnächst den Gregorianischen Kalender ablöst, weil wir am 21.12.2012 aus dem Kali-Yuga in das Satya-Yuga wechselten. Wer sich mit den Mustern in Mustern in Verhaltensmustern auf die Neue Zeit im Neuen Licht einstellt, tut sich leichter, seine Individualität und seinen Platz im Leben zu finden.«

CH-9633 Bächli (Hemberg), 6. März 2013
Gunter Georg Siebers

Some Books in English by EDMOND BORDEAUX SZEKELY

Write for Free Complete Descriptive Catalogue to our Forwarding Address:
I.B.S. Internacional, P.O. Box 849, Nelson, B.C., Canada V1L 6A5

Book orders must be prepaid. Check or Money Order in U.S. currency only should be made out to IBS INTERNACIONAL. Add 15% for postage & handling (minimum $2.00)

Weitere Schriften von Edmond Bordeaux Székely

Das Friedensevangelium der Essener – *Schriften der Essener, Buch 1*
Das erste Buch der Essener-Schriften, das Friedensevangelium, offenbart, daß Jesus, der Essener, die Wirkung der Kräfte der Natur zur Heilung des Menschen kannte. Der Übersetzer dieser Dokumente fand sie in den Geheimarchiven des Vatikans. Seit ihrer ersten Veröffentlichung im Jahre 1933 sind diese Schriften für Millionen von Menschen in aller Welt zu der Grundlage einer neuen Lebensphilosophie geworden.
ISBN 978-3-89060-127-4

Die unbekannten Schriften der Essener – *Schriften der Essener, Buch 2*
Dieses bedeutende vor- und außerbiblische Evangelium der Essener-Bruderschaft vom Toten Meer enthält die Überlieferung der esoterischen Lehren von Moses, die ursprüngliche Fassung der Bergpredigt, die Offenbarungen des Johannes und das Johannes-Evangelium in seiner Urfassung. ISBN 978-3-89060-128-1

Die verlorenen Schriftrollen der Essener – *Schriften der Essener, Buch 3*
Das dritte Buch der Essener mit seinen Meditationen, Kontemplationen, Prophezeiungen und Hymnen an die Engel, die aus der lange verborgenen, weisen Bibliothek der Essener-Bruderschaft stammen, vermitteln bedeutende Einblicke in das Wesen der geistigen Welt.
ISBN 978-3-89060-129-8

Das geheime Evangelium der Essener – *Schriften der Essener, Buch 4*
In diesen einzigartigen Texten aus dem geheimen Archiv des Vatikans und den Bibliotheken der Benediktiner, die Dr. Székely der Welt zugänglich gemacht hat, sprechen Jesus und andere Meister über die Geheimnisse der Engel, des Lichts, der Klänge und einer das ganze Leben während den Gesundheit, die aus dem Einklang mit den »Kräften des Himmels und der Erde« bewirkt werden kann.
ISBN 978-3-89060-130-4

Die Meditationen der Essener – Das Praxisbuch für jeden Tag
Die insgesamt vierzehn Kommunionen während der sieben Wochentage und die täglichen Friedensbetrachtungen sind für den Menschen der heutigen Zeit eine Möglichkeit, wieder zu sich selbst und zurück zu seinem göttlichen Ursprung zu finden. In diesem Band sind nun diese Meditationen für die tägliche Praxis zusammengefasst.
ISBN 978-3-89060-644-6

Inhalt

◁ *Die Peter-Paul-Festung ㉛ ist nicht nur aufgrund ihrer schönen Lage am Wasser ein absoluter Touristenmagnet (001sp Abb.: fo © dmitrygorelov)*

Sankt Petersburg auf einen Blick

0 — 1000 m
© REISE KNOW-HOW 2020

Wiege der Stadt:
die Petersburger
Seite S. 41

Petersburgs Archiv:
die Wassilij-Insel
S. 47

Peter-Paul-
Festung
31

Newa

Bolschaja

Östlich des Schloss-
platzes S. 23

Newskij Prospekt:
Nordseite S. 27

10
Sommer-
garten

16 Russisches
Museum

17 Jelissejew-Fein-
kostladen

Eherner
Reiter **4**

Isaaks-
kathedrale **5**

Aleksandr-
Newskij-
Kloster

43

Schlossplatz und
Umgebung
S. 14

2 Winterpalast/
Eremitage

Im Theaterviertel
S. 49

Newskij Prospekt:
Südseite S. 35

Newskij Prospekt:
östlich der Fontanka
S. 39

Benutzungshinweise

Zeichenerklärung

★★★ nicht verpassen

★★ besonders sehenswert

★ wichtig für speziell
interessierte Besucher

[A1] Planquadrat im Kartenmaterial.
Orte ohne diese Angabe liegen außerhalb unserer Karten. Ihre Lage kann aber
wie die von allen Ortsmarken mithilfe der
begleitenden Web-App angezeigt werden
(s. S. 143).

Updates zum Buch

www.reise-know-how.de/
citytrip/petersburg20

Abkürzungen

Für Straßenbezeichnungen werden
folgende Abkürzungen verwendet:

❯ Ul.   *Uliza* (Straße)

❯ Pr.   *Prospekt* (Avenue, breite Straße)

❯ Per.   *Pereulok* (Gasse)

❯ Pl.   *Ploschtschad* (Platz)

❯ Nab.   *Nabereschnaja* (Uferstraße, Kai)

❯ Bol.   *Bolschoj/Bolschaja* (groß)

❯ Mal.   *Malyj/Malaja* (klein)

Angabe von Metrostationen

Aus Platzgründen wird bei Umsteigebahn-
höfen nur eine U-Bahnstation genannt.

Transkription

Der Reiseführer verwendet bei der Wiedergabe der kyrillischen Buchstaben die
Duden-Transkription, die auf Buchstaben
des deutschen Alphabets zurückgreift. Der
Autor hat diese Transkription meist auch
bei der Wiedergabe von Eigennamen verwendet. Abweichend davon wird bei geläu-
figen Eigennamen die in Deutschland ver-
breitete Schreibweise benutzt.

ST. PETERSBURG ENTDECKEN

Willkommen in St. Petersburg

Wer an einen Bummel durch St. Petersburg denkt, dem kommt natürlich sofort der legendäre **Newskij Prospekt** in den Sinn. Und natürlich ist es der Newskij, die Schlagader der Stadt, den ein Petersburgneuling als Allererstes hinauf- und wieder hinabschlendern sollte: ein Sinne und Verstand gleichermaßen herausforderndes Abenteuer. Der pulsierendste Abschnitt des stolzen, 4,5 km Länge messenden Prospekts erstreckt sich von der Admiralität ❸ bis zum Platz des Aufstands ❸⓿. Wer diesen Spaziergang zu Fuß absolviert hat, wird bereits viel von Petersburgs glitzernder Oberfläche und einige seiner herausragendsten Bauten gesehen haben.

Im Übrigen kommen Liebhaber ausgedehnter Stadtspaziergänge in St. Petersburg voll auf ihre Kosten. Und tatsächlich können Fußfeste die meisten der in diesem Buch genannten Sehenswürdigkeiten erreichen, ohne auf die Metro oder Busse zurückgreifen zu müssen, etwa die metrotechnisch etwas suboptimal erschlossene Wassilij-Insel (mit der Strelka ❸❻, der Kunstkammer ❸❼ und dem Menschikow-Palais ❸❽) oder das Mariinskij-Theater ❹❶ und das Jusupow-Palais ❹⓿. Aber **Achtung:** Die Entfernungen sind beachtlich. Um zur Petersburger Seite, zum Newskij-Kloster ❹❸ und zum Smolnyj ❹❺ zu gelangen, sollte auch der ambitionierteste Stadtbummler auf die hervorragende **Metro** und gegebenfalls auf die **Stadtbusse** oder das **Taxi** zurückgreifen.

◁ *Vorseite: Blick auf die Bluterlöserkirche* ❶❺ *am Griboedew-Kanal*

Kurztrip nach St. Petersburg

Die vorgeschlagene Stadtbesichtigung deckt möglichst viele Facetten in möglichst kurzer Zeit ab. Gutes Schuhwerk und etwas Durchhaltevermögen sollte man mitbringen – es lohnt sich.

Stadtspaziergang 1. Tag: im Herzen Petersburgs

Morgens

Dieser Spaziergang startet am **Dostojewskij-Denkmal** in der Bol. Moskowskaja Ul. [G7] an der Ecke zum Kusnetschnij Per. (Metrostation Wladimirskaja). Wer sich jetzt schon ein Museum ansehen möchte, kann **Dostojewskijs ehemaliger Wohnung** ❷❼ oder dem **Arktis- und Antarktismuseum** ❷❽ einen Besuch abstatten. Wieder zurück am Denkmal wird der Kusnetschnij Per. überquert, die **Wladimirkirche** passiert – Dostojewskij war hier häufiger Kirchgänger – und die Straßenseite gewechselt. Am Wladimirskij Pr. biegt man links in den Grafskij Per. und gelangt zur **Ul. Rubinschtejna**, einer eleganten Bar- und Restaurantstraße. Wer noch nicht gefrühstückt hat, kann dies hier tun, z. B. im Fartuk (s. S. 75). Der Rubinschtejna folgt man rechts und erreicht bald den legendären **Newskij Prospekt.** Dort hält man sich links und lässt sich im Menschenstrom zur **Anitschkow-Brücke** ❶❾ treiben, wegen der vier dürftig beschürzten Rossebändigerskulpturen und der sich vor ihnen aufbäumenden Pferde im Volksmund derb „16-Eier-Brücke" genannt.

Man quert die **Fontanka** und biegt auf der anderen Flussseite links in die Nab. Reki Fontanki, der man ein

gutes Stück bis zur nächsten Brücke, der unverwechselbaren **Lomonosow-Brücke** mit ihren vier dorischen Pavillonen folgt. Am vor der Brücke gelegenen Lomonosow-Platz geht es rechterhand in die **Rossi-Straße** ㉕. Der atemberaubende klassizistische Straßenzug führt zum **Ostrowskij-Platz** ㉔, über den es am **Katharinendenkmal** vorbei zurück zum Newskij Prospekt geht, der hier auch gleich zur anderen Straßenseite überquert werden kann. Im Menschengewimmel geht es nun links den Newskij Prospekt hinab, vorbei an einigen der prächtigsten Petersburger Jugendstilbauten: dem **Jelissejew-Feinkostladen** ⑰ und dem **Singer-Haus** ⑭, gleich hinter dem **Griboedow-Kanal**. Bevor man den Kanal über die **Kasaner Brücke** passiert, sollte man einen Blick auf die exotische Silhouette der **Bluterlöserkirche** ⑮ werfen, die rechts am Kanalende sichtbar wird. Der architektonische Gegenentwurf zur Blutkirche steht gegenüber auf der anderen Seite des Newskij Prospekt: die **Kasaner Kathedrale** ㉑. Nun schnell weiter, am Singer-Haus vorbei, den Newskij Prospekt hinab. Mittlerweile dürften auch stramme Läufer das Bedürfnis nach einer kurzen Rast verspüren.

Mittags

Eingekehrt wird im **Marketplace** (s. S. 73), einem SB-Restaurant mit offener Küche, direkt neben der lutherischen **Petrikirche** ⑬. Wieder gestärkt, wirft man auch gleich einen Blick in den Sakralbau, der heute wieder das Herz der deutschen Gemeinde Petersburgs ist. Noch immer auf dem Newskij, wird dann die **Grüne Brücke** über die **Mojka** gequert und kurz darauf rechts in die Bol. Morskaja Ul. abgebogen. Durch den gewaltigen Torbogen des **Generalstabs** am Ende der Straße tritt man auf den **Schlossplatz** ❶. Der erste Blick auf den **Winterpalast** ❷ dürfte einer der schönsten Eindrücke dieser Reise bleiben. Der gewaltige Platz wird überquert, der Winterpalast linksseitig passiert und kurz danach die stark befahrene Dworzowaja Nab. Nun steht man auf der **Schlossbrücke** und das berühmte Newa-Panorama entfaltet sich vor den Augen: Links auf der anderen Flussseite liegt die **Wassilij-Insel** (s. S. 47) mit der **Strelka** ㊱ und der **Kunstkammer** ㊲, rechts die **Petersburger Sei-**

⌂ *Entspannung vom Spaziergang: Blick auf die Admiralitätsseite*

te (s. S. 41) und die **Peter-Paul-Fes-tung** ❸❶, aus der die Goldene Nadel der **Peter-Paul-Kathedrale** (s. S. 42) gen Himmel ragt. Wer noch gut zu Fuß ist, kann nun die Schlossbrücke über-queren und auf der **Strelka** eine kleine Verschnaufpause einlegen.

Wer gleich weiter möchte, wen-det sich vor der Schlossbrücke nach links und folgt im Rücken der **Adml-ralität** ❸ dem Newa-Ufer, bis der Ad-miraltejskaja Nab. zum **Senatsplatz** hin gequert werden kann. Hier wacht der **Eherne Reiter** ❹, das berühm-teste aller Denkmäler für Stadtgrün-der Peter I. Auch die mächtige golde-ne Kuppel der **Isaakskathedrale** ❺ ist schon zu sehen, die als nächstes angesteuert wird. Je nach Wetterla-

ge steigt man nun entweder zur Ko-lonnade hinauf und genießt den Aus-blick oder stattet dem Inneren des im-posanten Baus einen Besuch ab. Vor der Kathedrale endet der Spaziergang dann auf dem **Isaaksplatz** ❻.

Abends

Je nach Stimmung, Appetit und Standort des Hotels wählt man aus den in diesem Reiseführer gelisteten Möglichkeiten ein nahegelegenes Restaurant und eine Kneipe oder Bar, um den Tag ausklingen zu las-sen. Wer gleich nach Ende des Spa-ziergangs einkehren möchte, dem sei das **Teplo** (s. S. 74) in der Nähe des Isaaksplatzes ❻ wärmstens empfohlen.

☐ *Eine der schönsten Petersburger Brücken – die Löwenbrücke [D7]*

Routenverlauf im Stadtplan
Die hier beschriebenen Spaziergänge sind mit farbigen Linien im Stadtplan eingezeichnet.

Stadtspaziergang 2. Tag: Wasserspiele und russische Meister

Morgens

Gegen 9.30 Uhr steht man am Löwenpier hinter der Admiralität ❸, um ein Ticket für den „Meteor" (s. S. 58) nach Peterhof ❹❽ zu erstehen.

Rasant fliegt das Tragflügelboot über die **Kleine Newa** hinaus auf den **Finnischen Meerbusen** und zum „Russischen Versailles". Hier genießt man die Zeit im **Unteren Park**, wo die Wasserspiele und das Meerespanorama ausgiebig bestaunt werden. Auch dem Speisehaus, der Eremitage, mit seiner zaristischen Version des „Tischlein-deck-dich" wird ein Besuch abgestattet. Wem es nicht zu viel wird, der kann sich zudem den **Großen Palast** ansehen. Um kostbare Zeit zu sparen, wird auch auf dem Wasserweg nach Petersburg zurückgekehrt, wo der „Meteor" wieder an der Admiralität verlassen wird.

Mittags

Auf der Dwortsowaja Nab. hält man sich links, passiert den **Winterpalast** ❷ und biegt vor der Eremitage-Brücke rechts in die malerische Gasse am Winterkanal ein. An der Nab. Reki Mojki angekommen, geht es nach rechts, dann quert man die erste Brücke auf die andere Seite, hält sich weiter rechts und erreicht bald das vegetarische Restaurant **Troitzkij Most** (s. S. 77). Hier gönnt man sich den wohlverdienten Lunch.

Gesättigt geht es weiter. Rechts der Nab. Reki Mojki folgend gelangt man zum Konjuschennyj Per., in den man rechts abbiegt und über den Griboedow-Kanal zur **Bluterlöserkirche** ❶❺

gelangt, hinter der sich der Eingang in den **Michaelsgarten** befindet. Im Garten steuert man geradewegs auf das **Russische Museum** ❶❻ zu und gelangt über den Hintereingang in das wundervolle Museum, in dem die nächsten zwei bis drei Stunden verbracht werden können.

Abends

Fasziniert von all den Eindrücken verlässt man das Museum auf der Vorderseite. Nun ist die Zeit für ein **georgisches Abendessen** gekommen. Immer links die Inschenernaja Ul. entlang geht es über die Fontanka direkt zur Ul. Belinskogo, wo man sich im **Lagidse** (s. S. 75) gehörig den Bauch vollschlagen kann.

Stadtspaziergang 3. Tag: Finale. Eremitage, Sommergarten und mehr

Morgens

Der Morgen sollte mit einem ausgiebigen Frühstück begonnen werden, denn dann gibt es erst mal nichts zu essen: Die erste Hälfte des Tages gehört nämlich der **Eremitage** ❷. Gleich um 10.30 Uhr, wenn das Museum öffnet, sollte man dort sein. Dann bleibt nämlich genug Zeit für eine ausgiebige Besichtigung, für die als absolutes Minimum drei Stunden eingeplant werden sollten. Nicht verpassen sollte man Leonardos „Madonna Benois" (Raum 214) und Rembrandts „Rückkehr des verlorenen Sohnes" (Raum 254). Wieder im Erdgeschoss, genießt man im Café eine Stärkung und schaut sich in den Museumsshops nach dem einen oder anderen Erinnerungsstück um. Wieder auf dem Schlossplatz ❶, geht man links den Palast entlang,

Das gibt es nur in St. Petersburg

> *Die Goldenen Nadeln:* Wie gold-glänzende Nadeln durchstechen sie den Himmel, die Turmspitzen der Admiralität ❸ und der Peter-Paul-Kathedrale (s. S. 42), eine die andere zitierend, beide Ausdruck der himmelhohen Ambitionen der Stadt. Weithin sichtbar, sind sie bis heute die markantesten Orientierungspunkte auf der Petersburger und der Admiralitätseite.

> *Weiße Nächte:* Die Weißen Nächte sind Legende und Mythos zugleich. Wenn von Ende Mai bis Mitte Juli in der nördlichsten Millionenstadt der Welt das Tageslicht nicht mehr weichen möchte, sich die Grenzen zwischen Tag und Nacht in einem silber- und purpur-durchhauchten Schimmer aufheben, herrscht jene magisch-feierliche Atmosphäre, die es wirklich nur an der Newa gibt.

> *Literaturmuseen:* Puschkin, Gogol und Dostojewskij sind nur die bekanntesten der vielen wundervollen Literaten, die in Petersburg lebten und über die Stadt schrieben. Als „Petersburger Text" fand ihre künstlerische Auseinandersetzung mit der russischen Kapitale Eingang in die Literaturwissenschaft. Die einstigen Schriftstellerwohnungen sind heute liebevoll eingerichtete Museen – die Dichte an Literaturmuseen dürfte einmalig sein.

> *Piterskij Rock:* In den 1980er-Jahren war Leningrad Geburtsstadt des russischen Rock. Bands wie DDT, Akwarium, Kino oder AukzYon sind in der gesamten ehemaligen Sowjetunion legendär. Ihre Musik, die verschiedenste musikalische Einflüsse verarbeitete, forderte nicht nur in der herrschenden Unterhaltungsmusik auf radikale Weise den Status quo heraus. All die Straßenmusiker, die heute mit ihren E-Gitarren den Newskij Prospekt rocken, stehen symbolisch in der Nachfolge dieser Bands. Akwarium, DDT, Alisa und AukzYon geben bis heute manchmal Konzerte in der Stadt.

> *Denkmal für einen Wodka trinkenden Zeisig:* 11 cm misst der bronzene Zeisig, der beim Michaelsschloss ⓬ am Mojka-Ufer sitzt. Die winzige Skulptur erinnert an ein Petersburger Trinklied: „Zeisig, wo warst du nur? An der Fontanka, trank Wodka pur …" Der Zeisig im Lied steht freilich für die trinkfesten Studenten der einstigen Kaiserlichen Juristischen Fakultät, wegen ihrer gelb-grünen Schuluniformen „Zeisige" genannt.

106sp Abb.: as © jjavarman

◁ Während der Weißen Nächte erstrahlt die Stadt in einem ganz besonderen Licht bis die mächtigen **Atlanten** erreicht sind, die den Portikus der Neuen Eremitage stemmen. Es wäre ein Jammer, sie nicht aus der Nähe gesehen zu haben.

Mittags

Nun folgt man immer der noblen Millionaja Ul. und passiert den **Marmorpalais** ❽, vor dem im Hof das „Nilpferd", Trubezkojs sensationelle Reiterstatue Alexanders III., Wache hält. Weiter geht es zum **Marsfeld** ❾, in dessen Mitte die erste Ewige Flamme der Sowjetunion entzündet wurde. Sie brennt auch heute noch. Am Dworzowaja Nab. überquert man den **Schwanenkanal** [F5] und steht nun am Eingang des **Sommergartens** ❿. Das wundersame **Krylow-Denkmal** und „Amor und Psyche" entgehen nicht der Aufmerksamkeit. Quer durch den Sommergarten gelangt man am zweiten Ausgang, mit bestem Blick auf die Nordfassade des **Michaelsschlosses** ⓬, auf die Nab. Reki Fontanki. Links wird die Fontanka gequert und in der Ul. Pestelja im **Botanika**, Petersburgs erstem vegetarischen Restaurant, zu Mittag gespeist (s. S. 77). Wer will, kann zuvor einen kleinen Abstecher machen und dem **Tschischik** ⓫ an der Ingenieursbrücke eine Münze an den Kopf werfen. Wem dies gelingt, dem wird sicher schon bald ein Wunsch in Erfüllung gehen …

Zu Beginn der zweiten Hälfte des Nachmittags fährt man mit der Metro von der Station Newskij Pr. zur **Peter-Paul-Festung** ㉛. Wer meint, bereits genug historisch-kulturellen Input erfahren zu haben, kann sich alternativ dem Shopping widmen: der **Gostinyj Dwor** ㉓ und die **Passasch** sind hierfür die ersten Adressen. Wer die erste Option wählt, der

kann sein Abendessen im gemütlichen **Tscherdak** (s. S. 74) unweit der Festung einnehmen. Wer auf dem Newskij unterwegs ist, dem sei zum Abschluss der Reise für zünftiges russisches Essen das **Gosti** (s. S. 74) nahegelegt.

Abends

Den letzten Abend in der Stadt kann man klassisch – im **Mariinskij** ㊶ oder in der **Philharmonie** (s. S. 82) – oder rockig ausklingen lassen: Im **Kamtschatka**, dem **G.A. Blues Club** (s. S. 80) oder in der **Fish Fabrique** (s. S. 80) spielt eigentlich fast immer eine Band …

Schlossplatz und Umgebung

❶ Schlossplatz (Дворцовая площад) ★ ★ ★ [E6]

Der Schlossplatz mit seinem atemberaubenden architektonischen Ensemble aus Winterpalast/Eremitage ❷ und Generalstab ist Petersburgs repräsentativster und geschichtsträchtigster Ort. Nirgends sind Glanz und Größe der einstigen Zaren-Hauptstadt eindrücklicher erfahrbar als hier.

Die monumentale Platzanlage – mit einer Fläche von etwa 80.000 m² mehr als dreimal größer als der Rote Platz in Moskau – ist das Hauptwerk des italienischen Architekten Carlo Rossi, dessen imperialer Klassizismus Petersburgs Gesicht im 19. Jh. entscheidend prägte. Als Kontra-

☑ *Blick auf das nächtliche Generalstabsgebäude mit dem imposanten Pferdegespann*

punkt zum bereits bestehenden Winterpalast entwarf Rossi 1819 das kolossale Halbrund des **Generalstabsgebäudes** an der Südseite des Platzes. Seine Flügel sind durch einen von einem bronzenen Pferdegespann bekrönten Triumphbogen verbunden. Seit einigen Jahren beherbergt der **Ostflügel des Generalstabs** die **Sammlung Moderner Kunst der Eremitage ❷**. Als Ausstellungsort der Manifesta 10, die 2014 in Petersburg zu Gast war, wurde er spektakulär renoviert.

In der Platzmitte erinnert die 47 m hohe **Alexandersäule** unübersehbar an den Sieg im „Vaterländischen Krieg" 1812. Die 600 Tonnen schwere Siegessäule, ein Monolith aus rotem Granit, wurde 1832 aufgestellt. Der kreuztragende Engel auf ihrer Spitze hat die Gesichtszüge Alexanders I., in dessen Herrschaftszeit der epochale Triumph über Napoleon I. fiel.

Am 22. Januar 1905, dem sogenannten Petersburger „Blutsonntag"

(s. S. 98), spielte sich am Schlossplatz ein Ereignis ab, das die Romanow-Dynastie in ihren Grundfesten erschütterte. Regierungstruppen schossen auf einen friedlichen, zarentreuen Demonstrationszug, der Nikolaus II. im Winterpalast lediglich eine Bittschrift überbringen wollte. Das Massaker zerstörte den ohnehin schon angekratzten Mythos vom „guten Zaren" und bereitete den Boden für die kommenden revolutionären Umwälzungen.

❯ Metro Admiraltejskaja

❷ Winterpalast/ Eremitage (Зимний дворец/ Эрмитаж) ★★★ [E5]

Der Winterpalast war von 1732 bis 1917 die offizielle Residenz der russischen Zaren. Rastrelli, der unerreichte Meister des Petersburger Barock, schuf den Palast, der auf äußerst eindrucksvolle Weise das imperiale Selbstverständnis der Romanows spiegelt. Die mintgrüne Fassadenfront erstreckt sich über 250 m, im Inneren erwartet ein Labyrinth von 1500 Sälen und 117 Treppenaufgängen den Besucher. Seit 1917 ist der Palast staatliches Museum – mitsamt den Kunstschätzen, die die Zaren seit Katharina II. begeistert angesammelt hatten. Das im Palast angesiedelte Eremitage-Museum ist mit seiner heute über 3 Mio. Gegenstände zählenden Sammlung eines der weltweit bedeutendsten Kunstmuseen.

Der Palast

Rastrelli erbaute den **Winterpalast** von 1754 bis 1762 für Zarin Elisabeth I. Es war bereits der vierte Palastbau an dieser Stelle.

Er sollte alle vorigen als geradezu bescheidene Absteigen erscheinen lassen. In den folgenden knapp 100 Jahren wurde Rastrellis Hauptpalast um vier Anbauten ergänzt: Die klassizistische **Kleine Eremitage**, die 1764–1775 gebaut wurde, entwarf de la Mothe für Katharina II., die sich einen privaten Rückzugsort vom riesigen Winterpalast wünschte. Sie nannte den Anbau *Eremitage* (franz. für „Einsiedelei"). Hier hängte sie auch ihre ersten Bilder auf, die sie 1764 von einem Berliner Kunsthändler erworben hatte. Von einer wahren Sammelleidenschaft besessen, unterhielt die Zarin bald in ganz Europa ein Netz von Agenten, die Kunstwerke für sie ankauften – bis zu ihrem Tod kamen fast 4000 Gemälde sowie weitere Kunstgegenstände zusammen, Grundstock der heutigen Sammlung.

Die stetig steigende Bilderflut war auch der Grund für den Bau der **Großen Eremitage**, die Georg Veldten 1787 zur Unterbringung der Neuerwerbungen ergänzte. Sie ist über eine Galeriebrücke mit dem ebenfalls 1787 fertiggestellten **Eremitage-Theater** verbunden. Das von Quarenghi geschaffene Schauspielhaus diente als hauseigene Bühne der Zaren. Letzter Anbau war die 1852 eröffnete **Neue Eremitage**, entworfen vom bayrischen Hofarchitekten Leo von Klenze. Hier wurde die zaristische Sammlung erstmals einer – adeligen – Öffentlichkeit zugänglich gemacht. Das Gebäude wurde vor die Alte Eremitage gesetzt, die dazu in Teilen abgerissen wurde. Als einziger Anbau weist die Neue Eremitage nicht auf die Newa. Berühmt ist ihr von **zehn Atlanten** gestemmter Portikus.

Das Museum

Der Besuch des **Eremitage-Museums** ist für viele *das* Highlight ihrer Petersburg-Reise. Aufgrund der ge-

107 sp Abb.: as © BRIAN_KINNEY

waltigen Größe des Museums sollten dafür mindestens 3 bis 4 Stunden veranschlagt werden. Die 65.000 Exponate umfassende Dauerausstellung verteilt sich auf etwa 350 Räume und drei Stockwerke in Winterpalast, Kleiner, Großer und Neuer Eremitage und dem Generalstabsgebäude. Gezeigt wird quasi das gesamte künstlerische Schaffen der Menschheitsgeschichte: altsteinzeitliche Artefakte, antike Skulpturen, skythische, ägyptische, islamische, asiatische etc. Kunst, die Alten Meister der europäischen Malerei... Die **Sammlung moderner**

Der Winterpalast zählt zu den schönsten Gebäuden der Stadt

Kunst ab dem 19. Jh. (Monet, Gaugin, Matisse, Picasso, Kandinsky usw.) ist 2014 in den Ostflügel des zur „Manifesta 10" spektakulär renovierten Generalstabs umgezogen (s. S. 14).

Zur Orientierung ein knapper Überblick: Im wenig besuchten **Erdgeschoss**, das den Charme eines sowjetischen Museums versprüht, finden sich die prähistorischen Kulturen, Objekte der Skythen und Altai-Stämme und die Antikensammlung. Umso überwältigender ist der **1. Stock**, in dem Palastprunk und eine Überfülle an Gemälden die Sinne nahezu überfordern. Zu sehen sind in unglaublich dichter Hängung herausragende Werke der europäischen Kunst des 13. bis 19. Jh.: Die italienischen Meister (Leonardo, Raffael, Tizian, Caravaggio ...), die Spanier El Greco, Goya und Velazquez, sehr umfangreich die flämische und niederländische Schule (allein 22 Gemälde von Rubens und 20 Gemälde Rembrandts, darunter die „Rückkehr des verlorenen Sohnes") und vieles mehr. Im **Leonardo-Saal** (Nr. 214) hängt eines der großen Juwelen des Museums, Leonardos Madonna Benois.

Bei all der Kunst sollte man sich einen wachen Sinn für den historischen Ort und die überwältigende Pracht des einstigen Zarenpalasts bewahren. Schlicht gewaltig ist die **Jordantreppe**, der repräsentative barocke Hauptaufgang, über den man in den 1. Stock gelangt. Im exquisiten **Pavillonsaal** (Nr. 204) findet sich die berühmte mechanische **Pfauen-Uhr**, eine Arbeit des britischen Goldschmieds James Cox, die Katharina II. 1781 erwarb. Ein Prunkstück unter all den prachtvollen Sälen ist der **Malachitsaal** (Nr. 304) – seine Säulen und Kamine sind mit dem wundervollen grünen Mineral verkleidet. Im benachbarten **Weißen Speisesaal** tagte 1917 die liberale Übergangsregierung Kerenskijs vor der Einnahme des Palasts durch die Bolschewiki in der schicksalhaften Nacht des 7. November (alte russische Zeitrechnung: 25. Oktober).

Im 2. Stock dominieren die **orientalischen Sammlungen**. Die hier einst gezeigten Meisterwerke der modernen europäischen Malerei sind mittlerweile im gegenüberliegenden Generalstabsgebäude zu sehen: Zu den großen Highlights zählen hier sicher Matisses Werke „Tanz" und „Musik" – beides Auftragswerke für den bedeutenden russischen Kunstmäzen Sergej Schtschukin. Aus dessen nach 1917 verstaatlichter Sammlung stammen auch viele andere der hier zu sehenden Gemälde, etwa die zahllosen Picassos.

EXTRATIPP | Clever durch die Eremitage

› Damit man wirklich sieht, was man sehen möchte, sollte man sich vorab einen **Besuchsplan** erstellen. Eine Online-Übersicht über interessante Gemälde gibt z. B. die Website www.hermitagemuseum.org/wps/portal/hermitage/explore/highlights. Den Museumsplan gibt es am Eingang – mitnehmen!

› Wie Theseus im Labyrinth des Minotaurus bräuchte man eigentlich einen Faden, um den Überblick über die bereits gelaufenen Wege zu behalten. Wer sich verlaufen hat oder mehr über die Kunstwerke erfahren will, sollte die **Museumsmitarbeiterinnen** fragen, die in jedem Raum sitzen. Sie sprechen meist etwas Englisch.

› **Individuelle Entdeckungen** machen: Das Herausragende an der Eremitage ist, dass es zahllose interessante Werke weniger bekannter Maler zu sehen gibt. Also: nicht nur auf die bekannten Meister konzentrieren, sondern sich „treiben lassen".

› Wer in der Hauptsaison kommt, kann seine Eintrittskarte im Generalstab (s. S. 14) kaufen, wo die Schlangen meist kürzer sind – oder auf www.hermitageshop.org/tickets ein **Online-Ticket** kaufen. Das Ticket druckt man aus, den Strichcode scannt man an den Drehkreuzen. Es gibt einen separaten Eingang für Inhaber von Online-Tickets in der Kleinen Eremitage. Von Mitte Sept. bis Ende April wartet man dagegen an der Kasse selten länger als 15 Min.

› Im Erdgeschoss gibt es gute **Souvenirläden** und ein **Café**.

> Dwortsowaja Pl. 2, Eingang Generalstab: Dwortsowaja Pl. 6/8, Metro Admiraltejskaja, www.hermitagemuseum.org, Di., Do., Sa./So. 10.30–18, Mi., Fr. 10.30–21 Uhr, geschlossen: Mo. und am 1.1. und 9.5., Eintritt: 700 Rub inkl. Generalstab, Kinder, Jugendliche und Studenten frei, dritter Do. des Monats frei, Online-Ticket 17,95/23,95 US$ (für einen bzw. zwei Tage)

> **Achtung:** Die Schatzkammer kostet einen gesonderten Eintritt von je 350 Rub für das Goldene Zimmer und das Diamantzimmer (Zugang zu diesen Räumen nur im Rahmen einer Führung, Zugang begrenzt, keine Online-Tickets). Besonders das Goldene Zimmer mit seiner fantastischen Sammlung skythischer Goldschmiedekunst lohnt eine Extrainvestition. Die Schatzkammer ist Di.–Sa. nur bis 16 bzw. So. nur bis 15 Uhr geöffnet!

❸ Admiralität
(Адмиралтейство) ★★   [E6]

Die alte Werft mit der charakteristischen Goldenen Nadel als Turmspitze ist eines der Wahrzeichen Petersburgs. 72 m ragt die Nadel in die Höhe und ist als Fokuspunkt der Newskij-Perspektive vielerorts im Stadtzentrum sichtbar.

Wie kein zweites Gebäude symbolisiert die Admiralität die maritimen Ambitionen Peters I. Sein Wunsch nach einem Ostseehafen und einer mächtigen Ostseeflotte spielte schließlich die wichtigste Rolle bei der Entscheidung, die neue Hauptstadt ausgerechnet im sumpfigen Newa-Delta aus dem Boden stampfen zu lassen. Ab 1704 wurde die Admiralitätswerft an ihrem heutigen Standpunkt erbaut. Zwei Jahre später liefen die ersten Schiffe vom Stapel. 1715 arbeiteten hier bereits bis zu 10.000 Arbeiter. Als sich Zarin Anna

1737 für eine Verlagerung des Stadtzentrums auf die Admiralitätsseite entschied – Peter hatte dafür noch die Wassilij-Insel vorgesehen – wurde die Werft ins Zentrum der städtischen Perspektive gerückt. Als zentrale Achsen gehen seitdem der Wosnesenskij Pr., die Gorochowaja Ul. und der Newskij Pr. strahlenförmig vom Admiralitätsgebäude aus.

Ihr heutiges Aussehen verdankt die Werft Andrejan Sacharow. Er schuf den monumentalen, U-förmigen Bau im Stil des Empire-Klassizismus, dessen der Stadt zugewandte Fassade sich über 400 m erstreckt. Am **Haupttor,** bekrönt mit der berühmten Goldenen Nadel, fallen die prächtigen Reliefs und Skulpturen ins Auge. Beiderseits des Tores sind Nymphen gruppiert, die eine Erdkugel tragen. Das 22 m lange **Hochrelief** darüber zeigt Meeresgott Neptun, der Peter I. als Symbol für dessen Herrschaft über das Meer einen Dreizack überreicht. Auf der goldenen Nadelspitze dreht sich als Wetterfahne ein kleines Segelschiff, liebevoll *Korablik* („Schiffchen") genannt. Seit 2012 ist die Admiralität Hauptquartier der russischen Flotte, Touristen haben keinen Zutritt.

> Admiraltejskij Pr. 1, Metro: Admiraltejskaja

❹ Eherner Reiter
(Медный всадник) ★★★   [D6]

Das Reiterstandbild Peters des Großen auf dem Senatsplatz inspirierte Puschkin 1833 zu seinem Meisterwerk „Der eherne Reiter". Spätestens mit diesem Gedicht wurde das Standbild zum zentralen Symbol für die Ambivalenz des übermächtigen Zaren und seiner Stadtgründung.

027sp Abb.: blj

Katharina II. gab das **Denkmal für den Stadtgründer** 1766 in Auftrag. Der französische Bildhauer Etienne-Maurice Falconet arbeitete zwölf Jahre daran und gestaltete es in wahrlich aufsehenerregender Art und Weise. Mit herrischer Geste sitzt Peter im Sattel eines sich aufbäumenden Pferdes, das mit den Hinterhufen eine Schlange (Symbol für die Feinde des Zaren) zermalmt. Ross und Reiter thronen auf einer mächtigen, aus einem einzigen Granitfels gehauenen Welle. Katharina versah den Sockel mit der Widmung *„Peter dem Ersten – Katharina die Zweite – 1782"* (auf Lateinisch und Russisch). Die Zarin setzte sich so selbstbewusst in die direkte Nachfolge Peters und verewigte nicht zuletzt auch gleich ihren eigenen Namen. Die Enthüllungsfeier 1782, im Beisein Katharinas und Tausender Petersburger,

war Spektakel und Machtdemonstration in einem.

Gute 50 Jahre später schrieb **Puschkin** das Poem **„Der eherne Reiter".** Im Gedicht erwacht das Standbild zum Leben und treibt einen kleinen Beamten, der es zuvor beschimpft hat, in den Wahnsinn und den Tod. Die zentralen Motive der späteren Petersburgliteratur – Zarenallmacht, individuelle Ohnmacht, Hochwasser, Wahnsinn, Scheinwirklichkeit und Spuk – führte Puschkin mit diesem wegweisenden Werk in die russische Literatur ein.

Auf der Westseite des Platzes erstreckt sich ein klassizistisches Monumentalwerk Carlo Rossis – die durch einen Triumphbogen verbundenen, symmetrischen Gebäude des **Senats und des Synods,** einst Sitz der höchsten weltlichen (Senat) und geistlichen (Synod) Institutionen des Zarenreichs. Heute residiert hier u. a. das russische Verfassungsgericht. Am 26.12.1825 wurde der Senatsplatz zur dramatischen Bühne des **Dekabristenaufstandes** (s. S. 97), einer antizaristischen Erhebung.

❯ Metro: Admiraltejskaja

⌂ *„Der Zwingherr mit dem erznen Haupte"* (Puschkin): *Peters Reiterstandbild*

❺ Isaakskathedrale (Исаакиевский собор) ★★★ [E6]

Die mit Abstand größte Kathedrale der Stadt, einst die größte Russlands, erinnert mit ihrer kolossalen Kuppel an den römischen Petersdom. Alles an ihr ist gewaltig: die Maße (bis zu 14.000 Menschen finden im Innern Platz), die Erlesenheit und schiere Menge der verbauten Materialien (Gold, Malachit, Lapislazuli, Marmor ...) und natürlich die Baukosten (mit 23 Mio. Silberrubeln war der Bau sechsmal teurer als der Winterpalast ❷).

Die **erste Isaakskirche** war noch ein **bescheidener Holzbau** mit geteertem Dach. Peter I. ließ sie 1710 errichten und benannte sie nach dem Heiligen Isaak von Dalmatien – sein Geburtstag fiel auf den kirchlichen Feiertag des Heiligen. In diesem anspruchslosen Ambiente heiratete Peter 1712 seine zweite Frau Katharina. Die heutige Kathedrale ist der dritte steinerne Nachfolgebau dieser Holzkirche. Eindrucksvoll dokumentiert sie die Entwicklung Petersburgs zur allmächtigen Imperiale. Statt eines Teerdaches ragt nun eine **goldene Kuppel** über 100 m hoch in den Stadthimmel.

Für ihren Bau ließ Alexander I., unzufrieden mit der damaligen Kirche, 1809 einen Wettbewerb ausschreiben. Den Zaren überzeugte ein Monumentalentwurf im klassizistischen Empirestil des jungen französischen Architekten **Auguste Montferrand.** 40 Jahre, von 1818 bis 1858, zogen sich die technisch höchst anspruchsvollen Bauarbeiten. Allein zur Fundamentierung mussten auf dem sumpfigen Gelände 11.000 geteerte Kiefernstämme im Boden versenkt werden. Um dem Bau zusätzlich Halt zu geben, wurde er mit vier gewaltigen **Portiken** umgeben. Sie bestimmen heute neben der goldenen Kuppel den visuellen Eindruck der Kathedrale.

Im Innern verschlagen die Größe des Kirchenraumes und die prunkvolle Ausstattung dem Besucher fast den Atem. Die riesige **Ikonostase** ist mit zwölf korinthischen Bronzesäulen geschmückt, von denen zwei mit Lapislazuli, die übrigen mit Malachit verkleidet sind. In ihrer Mitte glänzt das Zarentor, der Zugang zum Altarraum. Dort befindet sich das berühmte **Buntglasfenster** des Münchner Malers Heinrich von Hess. Es zeigt

100sp Abb.: as © Aliaksei

◁ *Die goldene Kuppel der Isaakskathedrale bei Sonnenuntergang*

▷ *Atemberaubend: das Innere der Isaakskathedrale*

den auferstandenen Jesus und rückt bei geöffnetem Altarraum wie von Zauberhand in die Mitte der Ikonostase. Die Ausmalung der über 800 m² großen Kuppel – sie zeigt Maria im Kreise der Apostel und Evangelisten – stammt von Karl Brjullow. Von der Kuppelmitte hängt heute wieder eine **versilberte Bronzetaube**, Symbol des Heiligen Geistes. Die Sowjets, die die Kirche 1931 schlossen und in ein Museum des Atheismus umwandelten, hatten hier, durchaus originell, ein 93 m langes Foucaultsches Pendel herabbaumeln lassen – zum Beweis der Erdrotation. Interessante Ausstellungsstücke sind die Modelle der Vorgängerkirchen und **Montferrands Büste**, gefertigt aus allen 43 Mineralien, die beim Bau der Kathedrale Verwendung fanden.

Der Gouverneur beschloss vor wenigen Jahren, das Gebäude wieder an die Russisch-Orthodoxe Kirche zurückzugeben. Wiederholt gab es Demonstrationen gegen die geplante Überga-

be, die von einer Mehrheit der Bevölkerung abgelehnt wird. 2019 gab die Kirche bekannt, dass eine Übernahme nicht auf der Tagesordnung stehe. Wie es mit der Isaakskathedrale weitergeht, bleibt daher unklar.

❯ Isaakiewskaja Pl. 1, Metro Admiraltejskaja, http://eng.cathedral.ru, Do.–Di. 10.30–18 Uhr, Abendbesuch 18–22.30 Uhr (nur von Ende April bis 30.9.), Kolonnade 18–22.30 Uhr (1.5.–31.10.), in den Weißen Nächten länger, Eintritt: 350 Rub, Kolonnade: 200 Rub, Kombiticket 550 Rub, Abendbesuch 400 Rub (jeweils für Kathedrale und Kolonade)

EXTRATIPP

Himmlische Aussicht

Nicht verpassen sollte man den Aufstieg auf die in 43 m Höhe angelegte Kolonnade an der riesigen Kuppel: 262 Stufen gilt es zu erklimmen, dann liegen einem Winterpalast **❷**, Admiralität **❸**, Newa und Isaaksplatz **❻** zu Füßen. Ein fantastischer Ausblick!

⑥ Isaaksplatz (Исаакиевская площадь) ★★ [E6]

Die Platzmitte beansprucht ein **berühmtes Reiterstandbild**. Es zeigt Nikolaus I. in militärischer Pose, angetan mit der Uniform der Gardekavallerie – also so, wie ihn seine Umwelt sah, als „Gendarmen Europas". Geprägt durch die traumatische Erfahrung des Dekabristenaufstandes am 26.12.1825 – es war Nikolaus' erster Tag als neuer Zar – unterdrückte er oppositionelle Strömungen im Land fortan mit harter Hand.

Das Denkmal wurde von Peter Klodt von Jürgensburg geschaffen. Ihm gelang das Kunststück, ein Reiterstandbild zu konstruieren, das – weltweites Novum – **nur zwei Stützpunkte** benötigte. Die gesamte Statik ruht auf den Hinterbeinen des Pferdes.

An der Ostseite des Platzes liegen nebeneinander zwei der ehrwürdigsten Petersburger Hotels: das **Astoria** (s. S. 123) und das **Angleterre**. Das edle Astoria öffnete seine Pforten 1912. Es gilt als wichtiges architektonisches Zeugnis der „Petersburger Moderne". Entworfen wurde es von Fjodor Lidwal, der hier Jugendstil und neoklassizistische Strenge in einen harmonischen Einklang bringt. Zu den vielen weltberühmten Gästen des Hotels zählte **Michail Bulgakow**, der im Raum 412 an seinem Roman **„Meister und Margarita"** schrieb. Auch der amerikanische Journalist **John Reed**, der große Chronist der Oktoberrevolution, wohnte hier. Die Nazis planten übrigens, im Bankettsaal des Hotels ihre Siegesfeierlichkeiten nach der Einnahme Leningrads abzuhalten – dazu kam es glücklicherweise nicht.

Die **Blaue Brücke** quert die Mojka im südlichen Bereich des Platzes. Wegen ihrer enormen Breite ist sie nicht sofort als Brücke erkennbar. Sie wirkt wie eine ebenerdige Fortsetzung des Isaaksplatzes (bzw. wie ein großer Parkplatz). Erst aus der Nähe lässt sich das blaue Brückengeländer ausmachen. Auf der anderen Mojka-Seite rundet das 1844 fertiggestellte, klassizistische **Marienpalais** das Panorama ab. Es war nach der Februarrevolution 1917 Sitz der liberalen provisorischen Regierung. Heute ist hier das Petersburger Stadtparlament zu Hause.

Den besten Überblick über den imposanten Platz hat man übrigens aus der Vogelperspektive: von der Kolonnade der am Nordende gelegenen Isaakskathedrale ⑤.

❯ Metro Admiraltejskaja

O3Osp Abb.: blj

◁ *„Gendarm Europas" - Nikolaus' Reiterstandbild auf dem Isaaksplatz*

Östlich des Schlossplatzes

7 Puschkin-Museum (Музей-квартира А. С. Пушкина) ★★ [E5]

Der von den Russen glühend verehrte Nationaldichter Aleksandr Puschkin bezog diese komfortable Wohnung unweit des Schlossplatzes **1** *im September 1836. Nur wenige Monate war es ihm vergönnt, hier zu leben: Am 10. Februar 1837 verstarb er auf dem Diwan seines Arbeitszimmers an den Folgen eines Duells.*

Schon zu Lebzeiten wurde Puschkins literarisches Genie allseits bewundert. Seine Meisterwerke „Boris Godunow", „Eugen Onegin" und das düstere Petersburg-Poem „Der eherne Reiter" (s. S. 18), die 1831, 1833 bzw. 1837 veröffentlicht wurden, sicherten ihm unvergänglichen Ruhm. Heute ist der Dichter in Form von Statuen, nach ihm benannten Straßen, Bibliotheken, Museen etc. selbst im letzten Winkel Russlands allgegenwärtig. Trotz seines Ruhmes eckte Puschkin zeitlebens bei der Obrigkeit an. Politisch stand er den **Dekabristen** nahe, mit vielen der Verschwörer verband ihn eine enge Freundschaft. Mehrfach wurde er zwangsversetzt und permanent kontrolliert und zensiert.

Die geräumige Wohnung an der Mojka bewohnte Puschkin mit seiner Frau Natalja – einer legendären Schönheit –, ihren vier kleinen Kindern und zwei ihrer Schwestern.

Seit 1925 ist das Haus ein **Museum**. Die Einrichtung wurde originalgetreu mit zeitgenössischen Möbeln rekonstruiert, als Grundlage dienten Erinnerungen und Skizzen von Puschkins Freunden. Es sind zudem viele Gegenstände zu sehen, die dem Dichter oder der Familie gehörten. Der eindrucksvollste Raum ist Puschkins Arbeitszimmer mit seiner riesigen, 4500 Bände zählenden Bibliothek und dem Sofa, auf dem der Dichter verstarb. Auch Puschkins Totenmaske wird im Museum verwahrt.

❯ Nab. Reki Mojki 12, Metro: Newskij Pr., www.museumpushkin.ru, 10.30–18 Uhr, geschl.: Di. und letzter Fr. des Monats, Eintritt: 150 Rub + obligatorischer Audioguide 190 Rub, erm 60 + 190 Rub, bis 16 Jahre frei + 190 Rub

8 Marmorpalais (Мраморный дворец) ★★ [F5]

Der Name ist Programm: Zwölf verschiedene Marmorsorten in 32 Farbschattierungen wurden in diesem klassizistischen Meisterwerk verbaut. Sein edles Baumaterial bezog Architekt Antonio Rinaldi vor allem aus den kurz zuvor entdeckten Vorkommen am Ladoga- und dem karelischen Onegasee, aber auch aus dem Ural, Sibirien und Griechenland.

Das Zusammenspiel der blau-grauen Farbtöne kreiert bereits im Hauptaufgang des Palasts eine äußerst beeindruckende Atmosphäre. Schlicht umwerfend ist der große **Marmorsaal**. Fertiggestellt wurde das Palais 1785. Eigentlich sollte hier Grigorij Orlow residieren. Er hatte Katharina II. bei der Palastrevolte gegen ihren Ehemann unterstützt, was sie ihm mit dieser „kleinen" Aufmerksamkeit vergalt. Doch der Graf verstarb kurz vor der Fertigstellung des Palasts. Bis zur Revolution 1917 nutzten ihn Mitglieder der Zarenfamilie. 1937 wurde hier ein Leninmuseum eingerichtet – das prächtige Interieur litt sehr unter den damit verbundenen „Umgestaltungen".

Heute beherbergt das Palais zwei herausragende Dauerausstellungen: Das **Ludwig-Museum im Russischen Museum** ist eine exquisite Ausstellung internationaler Avantgarde-Kunst, benannt nach ihren Stiftern, dem bekannten deutschen Sammlerehepaar Ludwig. 1995 schenkten die Ludwigs die hochkarätige Sammlung dem Russischen Museum.

Zu sehen sind u. a. Werke Picassos, Warhols, Koons', Beuys' und Lichtensteins. Die **Sammlung der Brüder Rschewskie** ist seit 1998 im Besitz des Museums und zeigt Juwelen der russischen Kunst des späten 19./frühen 20. Jh. – darunter Werke von Aiwasowskij, Nesterow und Schischkin.

Das radikale **Reiterstandbild Zar Alexanders III.**, das seit 1994 vor dem Palast steht, schuf Pawel Trubezkoj. Als das Denkmal 1907 auf dem Snamenskaja-Platz (heute Platz des Aufstands **30**) aufgestellt wurde, führte die „Karikatur eines Zaren" zu einem Skandal. Trubezkoj kommentierte: „Ich habe lediglich ein Tier auf einem anderen dargestellt." Für die im März 1917 auf dem Platz demonstrierenden Petrograder zeigte das Standbild schlicht einen „Idioten auf einem Nilpferd".

❯ Millionaja Ul. 5/1, Metro: Newskij Pr., Gostinyj Dwor, www.rusmuseum.ru, Mo., Mi., Fr.–So. 10–18, Do. 13–21 Uhr, Eintritt: 500 Rub, erm. 250 Rub

▷ *Für Peters Zeitgenossen durchaus schockierend: die freizügigen antiken Skulpturen im Sommergarten*

❾ Marsfeld (Марсово поле) ⋆ 　　　[F5]

Seine militärische Vergangenheit merkt man dem Marsfeld nicht mehr an. Wenn die ersten Sonnenstrahlen das Ende der dunklen Jahreszeit verkünden, verwandelt es sich in eine große Liegewiese.

Dabei war das Feld einst Petersburgs **zentraler Ort für Truppeninspektionen** und Militärparaden. Peter der Große feierte hier seinen Sieg über die Schweden, der vom preußischen Drill besessene Paul I. ließ exerzieren und die *Crème* der Gesellschaft wohnte der alljährlichen Maiparade auf eigens errichteten Zuschauertribünen bei – und zahlte hohe Summen für einen Sitzplatz.

Seinen heutigen Namen erhielt das Feld im frühen 19. Jh., vermutlich nach dem 1801 errichteten **Denkmal für Generalissimus Aleksandr Suworow**. Es zeigt den genialen Strategen – ohne jede Ähnlichkeit zum tatsächlichen Suworow – als jugendlichen Kriegsgott Mars. Zuvor hieß es schlicht „Große Wiese" oder „Zarinnenwiese".

Eine wichtige symbolische Umdeutung erlebte das Feld 1917, als in seiner Mitte die Gefallenen der Februarrevolution beigesetzt wurden. Bald vereinnahmten die Bolschewiki den Ort. Bis 1919 entstand um das Massengrab eine der **wichtigsten sowjetischen Gedenkstätten** – das Suworow-Denkmal wurde hierfür vor die Troizkij-Brücke versetzt. 1957 wurde hier die erste **„Ewige Flamme"** der Sowjetunion entzündet. Sie brennt bis heute, ihr Feuer speiste die Flammen zahlloser anderer Gedenkstätten im Land.

❯ Metro: Newskij Pr., Gostinyj Dwor

⑩ Sommergarten (Летний сад) ★★★ [F5]

Die älteste Parkanlage der Stadt wurde von Peter I. höchstpersönlich entworfen. Der Zar überwachte auch den Bau und pflanzte eigenhändig die ersten Bäume.

Während seiner Reisen durch Westeuropa lernte Peter die höfische Gartenarchitektur kennen und lieben. Die Anlage eines Parks im streng geometrischen „französischen Stil" wurde in *St. Piter Burch* also gleich in Angriff genommen. Schon 1704 begannen die Arbeiten. Peter verfolgte mit seinem für Russland komplett neuartigen Park ausdrücklich ein pädagogisches Ziel. Der Besuch des Sommergartens sollte die russischen Adligen quasi „europäisieren". Die allegorischen, mit Erklärungen versehenen Skulpturen etwa – aus Italien importiert und in großer Zahl aufgestellt – dienten vor allem dazu, den Besuchern die **römisch-griechische Mythologie** nahezubringen. Diese (dazu meist nackten!) Statuen waren eine durchaus schockierende Sensation: Die russisch-orthodoxe Kirche hatte bis dato die Herstellung von Skulpturen untersagt. Der Horizonterweiterung dienen sollten auch **exotische Tiere**, ein **Riesenglobus** und der „**Riese" Bourgeois**, die Peter hier zur Schau stellte – Letztere befinden sich heute in der Kunstkammer ㊲ (der Riese als Skelett).

Der Sommergarten war auch die ideale Bühne, um dem Adel „europäische Umgangsformen" beizubringen: Bei den zahllosen höfischen Empfängen waren hier auch Frauen erlaubt und die Geladenen konnten sogleich den Paartanz üben. Seit 1712 wohnte Peter im Park. Jeden Sommer bezog er mit seiner Frau Katharina den von Domenico Trezzini am Zusammenfluss von Newa und Fontanka erbauten **Sommerpalast**. Die bescheidene Residenz ist im „holländischen" Stil gehalten – Peter liebte alles Holländische. Die Innenausstattung wurde weitgehend sehr liebevoll rekonstruiert. Vor wenigen Jahren wurde der Park nach aufwendiger Restauration wieder eröffnet. Die ursprüngliche Anlage aus Peters Zeiten – durch Hochwasser und Umgestaltungen

108sp Abb.: as © romanevgenev

Nicht übersehen: die Krylow-Statue und das Eisengitter

Das wundersame **Denkmal für den Fabeldichter Iwan Krylow** etwas links vom Haupteingang des Sommergartens stammt von Peter Klodt von Jürgensburg. Es passt stilistisch zwar nicht gerade zu den Antikenfiguren in der Umgebung, die Tiergestalten zu Krylows Füßen sind aber unerreicht in ihrer Lebendigkeit und Detailfülle, sodass kein Besucher dieses Meisterstück übersehen sollte.

Besondere Berühmtheit erlangte das den Sommergarten zur Newa hin begrenzende **Eisengitter**, das **Georg Veldten**, der Hofarchitekt Katharinas der Großen und Schöpfer der Alten Eremitage, schuf. Eingefasst von Granitsäulen, die mit Vasen bekrönt sind, besticht es durch seine filigrane Eleganz. Es geht die Legende, dass ein in Petersburg vor Anker gegangener englischer Millionär gleich wieder nach England zurücksegelte, als er dieses Gitter erblickte – er habe nun alles Nötige gesehen und etwas Wundervolleres würde ihm ohnehin nie wieder vor Augen kommen.

über die Jahrhunderte weitgehend verschwunden – wurde in Teilen wiederhergestellt, etwa durch die Anlage neuer Brunnen. Die verbliebenen Originalskulpturen sind nun im Michaelsschloss **12** zu bewundern. Im Sommergarten begrüßen den Besucher jetzt strahlend weiße Kopien, immerhin aus echtem Marmor.
> Nab. Kutusowa 2, Metro: Gostinyj Dwor, https://igardens.ru, Mai–Sept. 10–22, Okt.–März 10–20 Uhr, geschl.: Di. und im April, Sommerpalast: 300 Rub, 10–18 Uhr, in den Sommermonaten bis 20, Do. 13–21 Uhr.

11 Tschischik-Pyschik (Чижик-Пыжик) ⭐ [F5]

An der Ingenieursbrücke (Inschenernij Most) lehnt sich meist eine Menschentraube über die Uferbrüstung der Mojka. Mit viel Hallo werden Münzen geworfen.

Der Grund für das Treiben sitzt seit 1994 auf einem Podest an der Flusseinfassung: die 11 cm winzige Bronzestatue eines **Zeisigs** (russ. *tschischik*). Trifft man sie mit einer Münze am Kopf, sollen Wünsche in Erfüllung gehen. Frisch Verheiratete seilen gar Wodkagläschen hinab: Wer mit Tschischik anstößt, ohne das Glas zu zertrümmern, dem ist eine glückliche Ehe sicher. Der neumodische Brauch fußt auf der Vorliebe des Zeisigs für Hochprozentiges. Tschischik ist nämlich der Held eines Petersburger Trinkslieds: *„Zeisig, wo warst du nur? An der Fontanka, trank Wodka pur. Erst ein Gläschen, dann zwei, nun hab ich im Kopf die Duselei."* Das Lied spielt auf die trinkfesten Studenten der Kaiserlichen Juristischen Fakultät an, die wegen ihrer gelb-grünen Schuluniformen „Zeisige" genannt wurden – und es besonders gern sangen.
> Nab. Reki Fontanki (an der Ingenieursbrücke), Metro: Gostinyj Dwor. Derzeit wird die Brücke restauriert, weshalb ein Blick auf den Zeisig nur von der anderen Uferseite aus möglich ist.

12 Michaelsschloss (Михайловский замок) ⭐ [F5]

Nur vier Jahre dauerte der Bau des Michaelsschlosses (1787–1801). Das seltsame Gebäude, dessen vier historisierende Fassaden alle ungleich gestaltet sind und auf verschiedene architektonische Epochen verweisen, sollte vor allem eine Funktion erfüllen:

das Leben des Hausherrn, Zar Pauls I., schützen. Wassergräben und Zugbrücken sollten Feinde abhalten und Erzengel Michael, nach dem Paul sein Schloss benannte, himmlischen Schutz beisteuern.

Der Aufwand erwies sich als vergebens: Nur 40 Tage nach seinem Umzug aus dem Winterpalast ❷ wurde **Paul hier ermordet.** Zuvor hatte er alles getan, um den Adel gegen sich aufzubringen. Radikal brach er mit der Politik seiner Mutter Katharina II., begrenzte u. a. die bäuerliche Fronarbeit und befremdete zudem die Zeitgenossen mit seinem verschrobenen Faible für preußischen Drill und alles Katholische. Als ihn eine Verschwörergruppe, der auch sein Sohn Alexander angehörte, in einer Märznacht 1801 zur Abdankung zwingen wollte, lehnte Paul ab und wurde erwürgt. Unmittelbar darauf wurde **Alexander** im Schlosshof als neuem Zaren gehuldigt. Dort erinnert heute eine Statue an den ermordeten Paul. Alexander zog sofort zurück in den Winterpalast. Das leerstehende Schloss wurde zwei Jahrzehnte später Sitz einer elitären Ingenieursschule mit militärtechnischer Ausrichtung. Von 1838 bis 1843 studierte hier **Dostojewskij** – eine unglückliche Zeit für den literaturbegeisterten jungen Mann, der ein Sonderling unter seinen reichen, karriereorientierten Mitstudenten blieb.

Die Dauerausstellung umfasst eine **Skulpturensammlung** und die Porträtgalerie „Gesichter Russlands". Vor dem Haupteingang ließ Paul 1800 eine **Reiterstatue für Peter den Großen** aufstellen und mit der Inschrift „Прадеду Правнук" („Dem Urgroßvater der Urenkel") versehen, eine eigenwillige Anspielung auf die Widmung, die seine ungeliebte Mutter auf den Ehernen Reiter ❹ setzte.

❯ Sadowaja Ul. 2, Metro: Gostinyj Dwor, www.rusmuseum.ru, 10–18 Uhr, Do. 13–21 Uhr, Eintritt: 400 Rub

Newskij Prospekt: Nordseite

⓭ Petrikirche (Петрикирхе) ★ [F6]

Petersburgs deutsche Gemeinde war einst einflussreich und groß. Sie erlebte ihre Blüte vor Beginn des Ersten Weltkriegs, als etwa 43.000 Deutsche und deutschstämmige Russen in der Stadt lebten. Ihr geistiges und kulturelles Zentrum war seit 1838 die Petrikirche.

Der repräsentative klassizistische Bau, der etwas zurückgesetzt vom Newskij Prospekt steht, weist Elemente einer römischen Basilika auf. Stalin ließ die Kirche 1937 schließen und die Pastoren erschießen. Seit 1962 diente das Gebäude als Schwimmbad – samt Sprungturm, Umkleidekabinen und Zuschauertribünen! Die Zweckentfremdung ist bis heute unübersehbar. Das Schwimmbecken ist lediglich mit einem neuen Boden abgedeckt, auf dem sich Altar und Bänke befinden. Ein Abriss hätte die Statik des Baus gefährdet. Auch die Zuschauerränge sind noch zu sehen: Man steigt sie hinauf, gleich wenn man die Kirche betritt. Seit 1993 gehört das Gebäude wieder der lutherischen Gemeinde. Sie hat heute etwa 400 Mitglieder, darunter viele **Russlanddeutsche**, die nach 1990 aus Kasachstan und anderen Vertreibungsgebieten nach Petersburg kamen. Gottesdienste werden zwei-

Blockade-Gedenktafel

Der fortwährende deutsche Beschuss im Zweiten Weltkrieg führte zu schweren Zerstörungen. Am Haus Nr. 14 des Newskij Prospekts steht warnend: *Bürger! Bei Artilleriebeschuss ist diese Straßenseite besonders gefährlich.* Diese Hinweise fanden sich an vielen Häusern entlang des Prospekts. Nach dem Krieg ließ Stalin sie entfernen, 1957 wurde dieser Hinweis wieder angebracht.

sprachig gehalten (auf Russisch und Deutsch). Regelmäßig finden klassische Konzerte statt (s. Website), seit Dezember 2018 unterstützt von einer neuen Orgel. Vor der Kirche steht seit 1999 auch eine **Goethe-Büste** (kyrillisch „Gete"). Sie stammt von Lewon Lasarew und wurde auf Anregung des deutschen Generalkonsuls realisiert.

❯ Newskij Pr. 22–24, Metro: Newskij Pr., www.petrikirche.ru, tägl. 9–21 Uhr, Gottesdienste: So. 10.30 Uhr, an religiösen Feiertagen auch abends (s. Website)

032sp Ab.z.: blj

⓮ Singer-Haus (Дом компании „Зингер") ★★ [F6]

Der Jugendstilbau gegenüber der Kasaner Kathedrale ㉑ war einst Hauptsitz der Nähmaschinenfabrik Singer. Die US-amerikanische Firma war damals der größte Nähmaschinenhersteller der Welt und ihre Maschinen waren auch im Russischen Reich äußerst begehrt.

Das 1904 fertiggestellte Gebäude ist spektakulär: Seine sechs Stockwerke werden von einer Dachkuppel aus Stahl und Glas, auf der eine Gruppe Nymphen einen gläsernen Globus hält, gekrönt. Konservative Zeitgenossen mäkelten, dass dieser Globus die „Große Perspektive" am Newskij Prospekt beeinträchtige, da er von der Goldenen Nadel der Admiralität ❸ ablenke. Eindrucksvoll sind auch die drei Skulpturenpaare entlang der Fassade und die glasdurchsetzte Fassadenfront. Diese schuf Architekt Pawel Sjusor mithilfe moderner Stahlkonstruktion – das Singer-Haus war der erste Bau in Petersburg, der über ein Stahlskelett verfügte. Nach der Revolution 1917 musste Singer das Gebäude aufgeben. 1919 siedelten sich hier Verlage an, später eine Buchhandlung, die selbst während der Blockade geöffnet blieb. Heute ist das **Dom Knigi** (Haus des Buches) die größte Buchhandlung der Stadt. Unter der Glaskuppel residiert der russische Facebook-Klon, das soziale Netzwerk vk.com (ehemals Vkontakte.ru).

❯ **Dom Knigi,** Newskij Pr. 28, Metro Newskij Pr., www.spbdk.ru, geöffnet: tägl. 9–24 Uhr

◁ *Jugendstilikone: das Singer-Haus*

⓯ Bluterlöserkirche (Храм Спаса-на-крови) ★★★ [F5]

Die „russischste" Petersburger Kirche wirkt im architektonisch streng an europäischen Vorbildern orientierten Stadtzentrum geradezu exotisch. Ihre bunten, verspielten Zwiebeltürmchen entsprechen aber wohl exakt dem Bild, das jeder westliche Besucher von einer orthodoxen Kirche hat.

Die Kirche wurde haargenau dort erbaut, wo Zar **Alexander II.** am 1.3.1881 einem **Bombenattentat** der linksorientierten Terroristengruppe Narodnaja Wolja („Volkswille") zum Opfer fiel. Bereits am Folgetag entschied Alexanders Sohn und Nachfolger, Alexander III., am Tatort eine Gedächtniskirche im „russischen Stil" für seinen Vater errichten zu lassen. Die Entscheidung für eine „russisch" aussehende Kirche war kein Zufall. In der sich Ende des 19. Jh. politisch radikal verändernden Umwelt ließ sich der autokratische Herrschaftsanspruch mit Verweis auf die „moskowitische Tradition" besser legitimieren.

Architekt Alfred Parland, ein Lutheraner baltendeutscher Herkunft, gewann den ausgeschriebenen Wettbewerb zum Bau der Kirche. Er nahm sich die Moskauer Basilius-Kathedrale zum Vorbild für das 1907 fertiggestellte Bauwerk. Im Innern blendet den Besucher ein **strahlendes Farbenmeer aus Mosaiken**, die mehr als 400 m² Fläche bedecken. An der Ornamentierung wirkten viele berühmte Maler mit, darunter Wasnetsow, Nesterow und Rjabuschkin – der zeitgenössische Einfluss des Jugendstils ist auf viele Ikonen unübersehbar. Die Entwürfe der Künstler wurden von der Mosaikwerkstatt Wladimir Frolows realisiert. Die Konzeption als Gedächtniskirche für Alexander II. kommt vielfach zum Ausdruck: An der Außenfassade erinnern 20 rote Granittafeln an Leben und militärische Erfolge des Zaren. Im Kircheninneren markiert ein Baldachin aus prächtigen Quarzsteinen die Stelle des Attentats. Darunter ist das alte, einst vom Zarenblut getränkte Straßenpflaster bewahrt. Dies erklärt auch den populären Name „Bluterlöserkirche" – korrekt heißt die Kirche Auferstehungskathedrale. Außer für zaristische Gedenkgottesdienste wurde die Kirche nie für reguläre Gottesdienste genutzt. Heute ist hier das „Museum für Mosaikkunst" zu Hause.

Neben der Blutkirche beginnt, eingefasst von einem wundervollen Jugendstilgitter, der **Michaelsgarten**, der sich bis zum Michaelsschloss ⓬ auf der anderen Gartenseite erstreckt.

❯ Nab. Kan. Griboedowa 2b, Metro: Newskij Pr., Gostinyj Dwor, www.cathedral. ru, Do.–Di. 10.30–18 Uhr, geschl.: Mi., Eintritt: 350 Rub, vom 1.5. bis 30.9. für 400 Rub auch Abendeinlass von 18 bis 22.30 Uhr

❯ Michaelsgarten, https://igardens. ru/gardens-of-russian-museum/mik hailovsky-garden, Mai–Sept. 10–22, Okt.–März 10–20 Uhr, geschl.: April, Eintritt frei

⓰ Russisches Museum (Русский музей) ★★★ [F6]

Ein absolutes Muss für jeden Kunstliebhaber: Von Ikonen aus der Werkstatt Andrej Rubljows bis zum Schwarzen Quadrat Malewitschs zeigt dieses Museum die Entwicklung, Vielfalt und Schönheit der im Westen oft wenig bekannten russischen Malerei. Weltweit verfügt lediglich die Moskauer Tretjakow-Ga-

117sp Abb.: as ©borisb17

lerie über eine ähnlich hochwertige und umfangreiche Sammlung russischer Kunst.

Untergebracht ist die 315.000 Exponate zählende Sammlung in den Räumen des hochherrschaftlichen, klassizistischen Michaelspalais, das Carlo Rossi 1819–1825 für einen Bruder Zar Alexanders I. erbaute. Die Museumssammlung zog 1898 ein. Größter Stolz ist die Kollektion russischer Avantgarde, untergebracht im Benois-Flügel.

Zur Einstimmung auf den Besuch seien einige Highlights kurz vorgestellt: Karl Brjullows Meisterwerk „**Der letzte Tag von Pompeji**" ist ein Monumentalgemälde, das dem Maler europaweiten Ruhm einbrachte. Im gleichen Saal kann die Meisterschaft des armenischstämmigen Marinemalers Iwan Ajwasowskij bewundert werden. Unerreicht seine Virtuosität bei der Darstellung der Lichteffekte und Wellenbewegung des Wassers oder des Wechselspiels von Himmel und Meer. Geradezu fühlbar die Drama-

tik der Gemälde „**Die neunte Woge**" und „**Die Sintflut**", in denen Schiffbrüchige im tobenden Meer ums Überleben kämpfen. Umfangreich ausgestellt ist Ilja Repin. Der Realist gilt als größter russischer Maler des 19. Jh. Zu sehen sind auch seine vielleicht berühmtesten Werke, das sozialkritische „**Die Wolgatreidler**" und das herrlich lebendige „**Die Saporoger Kosaken schreiben dem türkischen Sultan einen Brief**", das für die ukrainische Nationalidentität von herausragender Bedeutung ist. Ein unvergleichlich poetischer Zauber wohnt Archip Kuindschis „**Mondnacht am Dnepr**" inne. Von Oktober 2019 bis März 2020 gibt es eine große Repin-Sonderausstellung, die sich über 20 Säle erstreckt. Anschließend werden

⌃ *Beeindruckend von außen und innen: das Russische Museum*

⌗ *Im Russischen Museum*

die Gemälde leider einige Zeit nicht zu sehen sein, da sie in Paris und Helsiniki ausgestellt werden.

Seine drastischen, radikal realistischen Schlachtengemälde brachten Wassilij Wereschtschagin europaweite Aufmerksamkeit und Anerkennung ein, aber auch viele Anfeindungen. Die pazifistische Aussage der Gemälde entsprach nicht gerade dem Zeitgeist. Zu sehen ist das **„Schlachtfeld nahe Schipka"**. Wereschtschagin war Augenzeuge des Gemetzels im Russisch-Osmanischen Krieg (1877–1878).

Außergewöhnlich sind die allegorisch-mystischen Werke der Symbolisten Wiktor Wasnetsow, Michail Wrubel und Michail Nesterow: Elemente der Ikonenmalerei und des Jugendstils fließen ineinander, die Themen sind oft Märchen und Heldenepen der russischen Geschichte entnommen. Als Kirchenmaler arbeiteten die drei Künstler auch gemeinsam. Wasnetsow etwa zeichnete die Ikonen für die Ikonostase der Bluterlöserkirche ⓯.

Berühmt für seine Porträts ist Walentin Serow. Großartig und sehr modern das **Bildnis der Tänzerin Ida Rubinstein,** Petersburgs skandalträchtiger Ikone der *Belle Epoque.* Weltberühmt ist das **„Schwarze Qua-**

Das Russische Museum

Neben dem Hauptsitz im Michaelspalais gehören dem Russischen Museum die Zweigstellen Marmorpalais ⑧, Michaelsschloss ⑫ und Stroganow-Palais ⑳ an. Es gibt eine empfehlenswerte Kombikarte für 1000 Rub, die alle vier Museen abdeckt und drei Tage gültig ist (ein einen Tag gültiges Ticket für zwei Ausstellungen nach Wahl ist für 750 Rub erhältlich). Neben den Dauerausstellungen finden immer wieder Wechselausstellungen in den einzelnen Gebäuden statt. Die Website des Museums gibt Auskunft darüber, was gerade gezeigt wird.

drat" Kasimir Malewitschs, ein Meilenstein moderner Malere. Neben weiteren Arbeiten des gebürtigen Kiewers (etwa das programmatische Werk „Suprematismus") finden sich im selben Saal auch Gemälde der im Westen vielleicht bekanntesten russischen Künstler – **Wassilij Kandinskij** und **Marc Chagall.**

❯ Inschenernaja Ul. 4, Metro: Newskij Pr., Gostinyj Dwor, www.rusmuseum.ru, Mo., Mi., Fr.–So. 10–18, Do. 13–21 Uhr, geschl.: Di., Eintritt: 500 Rub

109sp Abb.: mb

⑰ Jelissejew-Feinkostladen (Елисеевский магазин) ★★★ [F6]

Das grandiose Jugendstildekor, ein eigener Hauspianist (der allerdings oft von seinem elektronischen Kollegen vertreten wird) und das malerische Arrangement erlesener Delikatessen machen den Besuch des Jelissejew zur Zeitreise in die goldenen Jahre der „Belle Epoque". Petersburgs bis heute führender Gourmettempel gilt wohl zu Recht als schönstes Lebensmittelgeschäft der Welt.

Der **Aufstieg der Familie Jelissejew** ist legendär. Bei einer weihnachtlichen Gesellschaft im Moskauer Haus des Grafen Scheremetjew kredenzt der Hausgärtner Erdbeeren – mitten im Winter! Der Graf ist so begeistert, dass er dem Gärtner, einem gewissen Pjotr Jelissejew, die Freiheit und obendrein die unerhörte Summe von 100 Rubeln schenkt. Mit diesem Startkapital kommt Pjotr 1812 nach Petersburg und eröffnet auf dem Newskij einen Lebensmittelladen. Die nötigen Verträge unterzeichnet der Analphabet mit seinem Daumenabdruck.

Als die dritte Generation der Jelissejews 1902–1907 den Feinkostladen auf dem Newskij erbauen ließ, hatte die Familie bereits eine **millionenschwere Dynastie** geschaffen. Das erlesene Sortiment war russlandweit eine Sensation und der Laden galt als die erste Adresse für die verwöhnte Elite der Stadt. Auch architektonisch setzte das Gebäude – fast zeitgleich mit dem Singer-Haus ⑭ errichtet – Standards. Architekt Gawriil Baranowskij, mit einer der Jelissejew-Töchter verheiratet und quasi Hausarchitekt der Familie, schuf ein **Meisterwerk des Jugendstils**. Die zum Newskij Prospekt gewandte Fassade dominiert ein riesiger Rundbogen mit Buntglasfenstern, der wie ein einziges großes Schaufenster erscheint. Allegorische Bronzeskulpturen – Industrie, Handel, Kunst und Wissenschaft – prangen an der Fassade.

Als „Gastronom Nr. 1" war das Geschäft auch zu Sowjetzeiten geöffnet. 2012 wurde der Laden nach aufwendiger Renovierung wiedereröffnet. Neben den Frischetheken für Käse, Fleisch, Kaviar, Backwaren etc. gibt es im Laden auch ein Café.

❭ Newskij Pr. 56, Metro: Gostinyj Dwor, http://kupetzeliseevs.ru, geöffnet: tägl. 10–23 Uhr

◁ *Ein Paradies für Gourmets: der Jelissejew-Feinkostladen*

Ein Stopp im Gourmettempel
Um die Atmosphäre des Jelissejew richtig zu genießen, sollte man sich an den um die Palme gruppierten Bistrotischen mindestens einen Kwas (s. S. 72) gönnen. Die Bedienungen sind ausgesprochen höflich und die Preise noch akzeptabel (Kwas 200 Rub, Kuchen ab 220 Rub). Gäste erwerben auch die Berechtigung, im Laden nach Herzenslust zu fotografieren. Achtung: Die VIP-Restaurants im ehemaligen Warenlager im Keller und im ersten Stock sind richtig teuer!

⑱ Fabergé-Museum (Музей Фаберже) ★★★ [G6]

2013 öffneten sich die Tore der Privatsammlung des Multimilliardärs Wiktor Wekselberg. Neben ihrem Herzstück – den neun für die Romanows gefertigten Fabergé-Eiern – sind viele andere Preziosen aus Fabergés legendärer Werkstatt zu bestaunen: Schmuck, Zigarettenetuis, Uhren. Auch viele Arbeiten anderer russischer Goldschmiede aus der Zeit Fabergés werden gezeigt. Eine Ikonensammlung und hochkarätige Gemälde (Renoir, Aiwasowskij) runden die Ausstellung ab.

Ostern 1885 beauftragte Alexander III. den Juwelier Karl Fabergé, ein Osterei als Geschenk für seine Gattin zu fertigen. Fabergé kreierte das **Hennen-Ei** (zu sehen im Museum). Das Ei aus Emaille gleicht einem gewöhnlichen Hühnerei. Doch beim Öffnen kommt ein Eidotter aus purem Gold zum Vorschein, in dem sich wiederum eine goldene Miniatur-Henne versteckt. Das Ei verzückte die Zarengattin derart, dass das Verschenken der Fabergé-Eier in der Zarenfamilie zur liebgewonnenen Tradition wurde. Nicht nur zu Ostern, auch zu Geburtstagen oder besonderen Anlässen wurden Fabergés Kreationen fortan verschenkt. Fabergé, nun Kaiserlicher Hofjuwelier, und seine Werkstatt fertigten bis 1916 **50 Eier für die Romanows**. Sie wurden zwar immer aufwendiger und technisch raffinierter, doch das Prinzip blieb stets gleich: Alle Eier lassen sich öffnen und verbergen eine Überraschung.

Die **Wekselberg-Sammlung** ist die zweitgrößte Kollektion kaiserlicher Fabergé-Eier weltweit. Nur die Rüstkammer des Kremls besitzt eines mehr. Das teuerste Fabergé-Ei ist aber in Petersburg zu sehen. Auf über 24 Mio. Dollar wird der Wert des **Krönungs-Eis** von 1897 taxiert. Nikolaus II. schenkte es seiner Frau anlässlich seiner Thronbesteigung. Als Überraschung enthält es eine juwelenbesetzte, goldene Miniatur der Krönungskutsche Katharinas II. – detailgetreu bis hin zur winzigen, aufklappbaren Stiege. Wekselberg erwarb die neun Fabergé-Eier – und viele der übrigen Kunstwerke – 2004 von der amerikanischen Forbes-Familie. Sie stammen aus dem Besitz des Verlegertycoons Malcom Forbes, seines Zeichens eifriger Sammler russischer Kunst. Dass die imperialen Fabergé-Eier überhaupt in private Hände gelangten, ist historisch begründet. Nach der Revolution 1917 wurden viele der Romanow-Kunstschätze von den Bolschewiki ins Ausland verkauft und über die ganze Welt verstreut. Es ist Wekselbergs Initiative zu verdanken, dass diese Preziosen nach Petersburg zurückgekehrt sind – auch wenn sein Sammeleifer sicher nicht nur rein philanthropischen Motiven entspringt. Die 4000 Objekte zählende Sammlung residiert standesgemäß

116sp Abb.: as © yulenochekk

im prächtig renovierten Schuwalow-Palais an der Fontanka.

❯ Nab. Reki Fontanki 21, Metro: Gostinyj Dwor, www.fabergemuseum.ru, Eintritt: 450 Rub (inkl. Tour 700 Rub, oft auf Englisch, gelegentlich auch auf Deutsch, siehe Website), Audioguide 250 Rub, tägl. 10–20.45 Uhr, Tickets können nur am Tag der Besichtigung gekauft werden! Der geführte Rundgang ist sehr empfehlenswert.

⑲ Anitschkow-Brücke (Аничков мост) ★★ [G6]

Die Anitschkow-Brücke, über die der Newskij die Fontanka quert, ist eines der meistfotografierten Wahrzeichen Petersburgs.

Ihren Ruhm verdankt sie dem Skulpturenzyklus „Bändigung der Pferde", der auf der Brücke platziert ist. Vier Bronzeskulpturen zeigen die verschiedenen Phasen der Zähmung eines wilden Pferdes. Vom dramatischen Beginn – verzweifelt schlägt das Pferd aus – bis zum erhabenen Ende: Friedlich steht die Kreatur neben ihrem Bezwinger. Aufgestellt wurden die Skulpturen 1849/1850, geschaffen hat sie der deutschbaltische Bildhauer Peter Klodt. Der Lieblingsskulpteur von Nikolaus I. schuf auch dessen Reiterdenkmal am Isaaksplatz ⑥.

Zwei identische Rossebändiger finden sich übrigens im Heinrich-von-Kleist-Park in Berlin, sie kamen als Geschenk von Nikolaus an Friedrich Wilhelm IV. in die deutsche Hauptstadt. Das ungewöhnliche Motiv des Brückengeländers wiederum – es zeigt Tritonen, Mischwesen zwischen Mensch, Pferd und Delfin – stammt ursprünglich aus Berlin. Dort zieren ähnliche, von Karl Schinkel entworfene Tritonen die Schlossbrücke über die Spree. Die Brücke trägt den Namen Michail Anitschkows, unter dessen Leitung 1715 hier die erste Brücke über die Fontanka gebaut wurde.

Die Anitschkow-Brücke ist immer voller Leben und Ausgangspunkt zahlloser **Bootstouren.** Auch der Blick entlang der Fontanka ist wunderbar. Besonders das prächtige **Beloselskij-Belosjorskij-Palais** fällt ins Auge. Der Familiensitz der Beloselskijs wirkt mit seiner historisierenden Barockfassade fast wie eine Kopie des 100 Jahre älteren Stroganow-Palais ⑳. Zu Sowjetzeiten befand sich hier der Sitz des Leningrader Regionalkomitees der KPdSU.

❯ Metro: Gostinyj Dwor

Newskij Prospekt: Südseite

❷⓿ Stroganow-Palais (Строгановский дворец) ★★ [E6]

Der rosafarbene Barockpalast war einer der ersten Adelspaläste, der am Newskij errichtet wurde. Auftraggeber Sergej Stroganow, einer der reichsten Männer Russlands seiner Zeit, konnte es sich leisten, mit Rastrelli den Hofarchitekten persönlich für den Bau seines Familiensitzes zu engagieren.

Ihren unerhörten Reichtum machten die Stroganows – über Generationen mit genialem Unternehmergeist versehen – mit dem Salzhandel. Später waren sie federführend bei der kolonialen Erschließung Sibiriens, ausgestattet mit eigenen Truppen und einem Handelsmonopol. Hinweis auf die Familiengeschäfte geben die beiden auf ihren Hinterbeinen stehenden Zobel, die mit ihren Vorderpfoten das **Familienwappen im Hausgiebel** halten.

Das kostbarste Pelztier auf russischem Boden war eines jener begehrten Güter, dessen Handel die Stroganows monopolisierten. Das Palais wurde relativ schnell fertiggestellt (Bauzeit: 1752–1754). Manche vermuten, dass der Baumeister sein Werk auf ungewöhnliche Weise signierte. Unter den aufwendig ornamentierten Fenstereinfassungen findet sich stets dasselbe Porträt eines Mannes im Profil. Viele Historiker meinen, es zeige Rastrelli (andere sagen, der Auftraggeber wäre hier dargestellt).

◁ *Nördliches Venedig: Blick auf die Anitschkow-Brücke* ❶❾

Im Inneren verdient besonders der **Große Saal** Beachtung: Er blieb als einziger in seiner ursprünglichen barocken Pracht erhalten. Die übrigen Säle wurden Ende des 18. Jh. im klassizistischen Stil umgestaltet. Als Architekt verdiente sich dabei ein ehemaliger Leibeigener der Familie, Andrej Woronichin, erste Sporen. Die Stroganows waren auch herausragende Kunstsammler und Mäzene. Im Palais ist neben den feudal eingerichteten Sälen vor allem die eindrucksvolle **Mineraliensammlung** erwähnenswert.

❯ Newskij Pr. 17, Metro: Newskij Pr., www.rusmuseum.ru, tägl. 10–18 Uhr, Do. 13–21 Uhr, geschl.: Di., Eintritt: 500 Rub, Studenten und Schüler 250 Rub

❷❶ Kasaner Kathedrale (Казанский кафедральный собор) ★★★ [F6]

Gogol-Lesern dürfte die Kasaner Kathedrale vertraut sein, denn sie ist Schauplatz des groteskesten Moments der russischen Literatur: Hier trifft Major Kowalew auf seine entlaufene Nase, die, in die Uniform eines Staatsrates gekleidet, andächtig betet.

Zar Paul I. war nach einem Rombesuch derartig begeistert vom Petersdom, dass er ein ähnliches Bauwerk auch in „seiner" Stadt haben wollte. Und das architektonische Vorbild der 1801 bis 1811 errichteten Kathedrale ist wirklich unverkennbar. Wie zwei sich öffnende Arme weist das charakteristische Kolonnadenhalbrund auf den Newskij, überragt von einer 80 m hohen Kuppel. Bei Zeitgenossen sorgte diese Ähnlichkeit für heftige Kritik – ein katholischer Dom sei ein schlechtes Vorbild für orthodoxe Sakralarchitektur. Realisiert wurde der eindrucksvolle Bau von Andrej Woronichin, ehemals Leibeigener der Stroganows. Ein Abbild seines Lebenswerks ziert den Grabstein des Architekten auf dem Lazarusfriedhof (s. S. 53).

Benannt ist die Kathedrale nach der **Ikone der Gottesmutter von Kasan.** Die „Kasanskaja" gilt als heiligste Ikone der russischen Orthodoxie und Beschützerin Russlands. Das angeblich wundertätige, aus dem 16. Jh. stammende Original ist seit seinem Raub aus dem Kasaner Kloster 1904 zwar verschollen, in der Kathedrale befindet sich aber eine im höchsten Maße verehrte Kopie. Sie ist im linken Teil der Ikonostase lokalisiert, erkennbar an der Menschenschlange davor. Geduldig warten die Gläubigen, um einen Moment Zwiesprache mit der „Kasanskaja" zu halten.

Von der Ikone erflehte auch Generalfeldmarschall **Michail Kutusow** Beistand, bevor er die russische Armee zum Sieg im „Vaterländischen Krieg" führte. Kein Wunder, dass die Kathedrale nach 1812 zum zentralen Gedenkort für den Sieg über Napole-on wurde. Kutusow wurde hier auch beigesetzt. Neben seiner Grabstätte sind eroberte französische Standarten und die Schlüssel einiger zurück-eroberter Städte verwahrt. Die Kirche ist die Mutterkathedrale der Petersburger Eparchie.

❯ Kasanskaja Pl. 2, Metro: Newskij Pr., www.kazansky-spb.ru, tägl. 7.30–20 Uhr, Gottesdienste: tägl. 7.30, 10 und 18 Uhr, Führungen 11.30–18 Uhr, Eintritt frei

㉒ Bankbrücke (Банковский мост) ★ [F6]

Die kleine Bankbrücke mit ihren vier Greifen-Statuen ist die Lieblingsbrücke vieler Petersburger. Sie überspannt den Griboedow-Kanal unweit der Kasaner Kathedrale ㉑.

Als sie 1826 fertiggestellt wurde, war die Fußgängerbrücke eine der ersten Kettenbrücken weltweit: eine Pionierleistung des aus Mannheim stammenden Baumeisters Wilhelm von Traitteur. Benannt ist das Brücklein nach der ehemaligen **Assignatenbank,** auf die es zuläuft. Das von Quarenghi entworfene klassizistische

Gebäude beherbergt heute die Staatliche Universität für Wirtschaft und Finanzen. Einst wurde hier das erste, nicht durch Edelmetall gedeckte russische Papiergeld ausgegeben. Katharina II. wollte so das durch Kriege und eine stetig wachsende Beamtenschaft steigende Staatsdefizit in den Griff bekommen. Die Nähe zur Bank erklärt auch die vier Greifen auf der Brücke. In der griechischen Mythologie gelten diese Fabelwesen – halb Löwe, halb Adler – als Hüter des Goldes. Wer die vergoldeten Schwingen der Greife berührt, dem ist angeblich gewaltiger Reichtum gewiss.

❯ Metro: Newskij Pr.

㉓ Gostinyj Dwor (Гостиный двор) ★★ [F6]

Seit seiner Fertigstellung 1785 ist der „Große Handelshof" Petersburgs größtes Warenhaus. Das riesige klassizistische Gebäude nimmt einen ganzen Straßenblock ein. Wer es umrunden möchte, muss mehr als 1 km zurücklegen. Auch bei Regen ist das trockenen Fußes möglich, denn das Bauwerk wird von einem fast endlos wirkenden Arkadengang umlaufen.

Realisiert wurde der Bau vom französischen Architekten Jean-Baptiste Vallin de la Mothe, damals neuer Stern am Petersburger Architekturhimmel. Ein barocker Entwurf Rastrellis war zuvor von der Petersburger Kaufmannschaft als zu kostspielig abgelehnt worden. Die Errichtung des Gostinyj Dwor war **ein Meilenstein für die Entwicklung des Newskij** zur nun zunehmend auch konsumorientierten Flaniermeile. Im Erdgeschoss verkauften Einzelhändler ihre Waren in den zur Straße hin geöffneten kleinen Geschäften, im Inneren hatten Großhändler ihren Platz. Das darüber gelegene Stockwerk diente hauptsächlich als Warenlager. Als Musterbau war der Gostinyj Dwor Vorbild für zahllose Handelshö-

⌃ *Einkaufsparadies Gostinyj Dwor*

⌅ *Gewollte Ähnlichkeit: Die Kasaner Kathedrale ㉑ erinnert an den Petersdom.*

fe, die im 19. Jh. überall im Zaren-
reich gebaut wurden. Auch in Westeuropa wurde das moderne Konzept
aufgegriffen. Ein Bummel durch das
riesige Warenhaus ist ein Muss –
nicht nur für Shoppingfans. Von Souvenirs bis zum sündhaft teuren Pelz-
mantel: Hier gibt es nichts, was es
nicht gibt.

> Newskij Pr. 35, Metro: Gostinyj Dwor,
> www.bgd.ru, tägl. 10–22 Uhr

㉔ Ostrowskij-Platz (Площадь Островского) ★ [F6]

*Der Platz und das ihn umgebende
architektonische Ensemble ist größtenteils Carlo Rossis Werk. Rossi war
federführend beim klassizistischen
Um- und Weiterbau der Stadt in den
ersten Jahrzehnten des 19. Jh.*

Der Platz wird vom **Aleksandrinskij-
Theater** (s. S. 81) dominiert, das
1832 seine Pforten öffnete. Es war
das erste Theater Russlands, das
sich eines festen Ensembles rühmen
konnte. Zahlreiche großartige Stücke
erlebten hier ihre Premiere, so Go-
gols „Revisor" und Tschechows „Drei
Schwestern".

In der kleinen Parkanlage vor dem
Theater fällt das 1873 enthüllte **Ka-
tharinen-Denkmal** ins Auge. Es zeigt
Katharina II. im Kreise ihrer Favoriten,
darunter Generalissmus Aleksandr
Suworow, der für Katharina die osma-
nisch-russischen Kriege gewann und
Grigorij Potjomkin, Katharinas erster
Kopf bei der Kolonisierung der dank
Suworow gewonnenen Gebiete an der
heute ukrainischen Schwarzmeerküste. Die einzige Frau des Ensembles ist
Ekaterina Daschkowa, einst Leiterin
der Akademie der Wissenschaften.In
der **Nationalbibliothek** an der Westseite des Platzes blätterte einst Lenin
häufig in den Büchern.

> Metro: Gostinyj Dwor, Eintritt in die
> **Bibliothek** nur mit Mitgliedsausweis
> möglich.

㉕ Rossi-Straße (Улица зодчего Росси) ★★ [F7]

*Die Rossi-Straße ist Petersburgs unge-
wöhnlichster Straßenzug. Carlo Rossi
gab hier dem antiken Ideal perfekter
Harmonie architektonische Form.*

Rossi plante die Straße unter Verwendung eines strikt eingehaltenen
Proportionssystems: Ihre Breite misst
22 m und ist damit identisch mit der
Höhe der Gebäude zu beiden Stra-
ßenseiten. Die Straßenlänge wiederum ist das Produkt dieses Ausgangs-
wertes mal 10 – sie beträgt exakt
220 m. Absolut identisch sind auch
die mit ionischen Säulenpaaren ge-
gliederten Fassadenfronten. Bei aller visueller Eindrücklichkeit mag die
perfekt konzipierte Anlage manchen
monoton und in ihrer durchgeplanten
Strenge gar beklemmend erscheinen. Errichtet wurde der Straßenzug
von 1828 bis 1834 als Verbindung
zweier ebenfalls von Rossi gestalte-
ter Plätze: des **Ostrowskij-**㉔ und des
Lomonosow-Platzes [F7]. Seit 1836
hat in der Rossi-Straße Nr. 2 die weltberühmte **Waganowa-Ballettakademie** (http://vaganovaacademy.ru) ihren Sitz. Namensgeberin ist Agrippina
Waganowa, deren „Waganowa-Me-
thode" bis heute weltweit Standard in
der klassischen Ballettausbildung ist.
Stellvertretend für die lange Liste herausragender Absolventen sei hier nur
Rudolf Nurejew genannt, der durch
seine Flucht in den Westen, Freund-
schaften mit Andy Warhol und Fred-
die Mercury und seinen tragischen
AIDS-Tod auch außerhalb der Ballett-
welt für Aufsehen sorgte.

> Metro: Gostinyj Dwor

Newskij Prospekt: östlich der Fontanka

㉖ Kusnetschnyj-Markt (Кузнечный рынок) ★ [G7]

Mariniertes Gemüse, Trockenpilze, Tworog (Quark) und Smetana (Schmand), Gewürze, Nüsse, Honig, Trockenfrüchte, Obst und Gemüse, Fleisch, Innereien, Räucherfisch ...

In der kleinen Markthalle aus den 1920er-Jahren findet sich die ganze Vielfalt russisch-kaukasisch-zentralasiatischer Leckereien, perfekt auf den weiß gefliesten Verkaufstheken arrangiert, frisch und in bester Qualität. Gerne bieten die Händler Kosthäppchen an, oft ungefragt. Wer einkaufen möchte, sollte sich zuvor nach dem Preis erkundigen und ruhig etwas feilschen. Dies gilt aber ausdrücklich nicht für Einkäufe bei den *Babuschkas*, die vor der Markthalle in kleinen Mengen Erzeugnisse aus ihren Gärten feilbieten. **Achtung:** Der Markt bietet zweifellos schöne Fotomotive. Vor dem Fotografieren aber immer fragen!

❯ Kusnetschnyj Per. 3, Metro: Wladimirskaja, Mo.–Sa. 8–20, So. 8–19 Uhr

㉗ Dostojewskij-Museum (Музей Ф. М. Достоевского) ★★ [G7]

Dostojewskij bezog die schlichte Wohnung unweit der Wladimir-Kirche im Oktober 1878. Er wohnte hier bis zu seinem Tod 1881 mit seiner Frau und früheren Stenografin Anna Snitkina und den beiden gemeinsamen Kindern. In dem kleinen Arbeitszimmer der Wohnung entstand der letzte seiner „großen fünf" Romane, „Die Brüder Karamasow".

Erst im Jahr 1971 wurde Dostojewskijs letzte Petersburger Wohnung zum Museum: Beleg dafür, wie schwer sich die Sowjets mit dem genialen Autor – bzw. seinen **religiösen und philosophischen Ansichten** – taten. Lenin etwa machte aus seiner Dostojewskij-Abneigung nie einen Hehl. Die Wohnungseinrichtung wurde, wie diejenige des Puschkin-Museums ❼, nach zeitgenössischen Erinnerungen (vor allem seiner Frau Anna) rekonstruiert, wobei der Gegensatz zwischen dem luxuriösen Domizil Puschkins und Dostojewskijs bescheidener Bleibe größer kaum sein könnte. Zu sehen sind u. a. **persönliche Gegenstände des Autors**, wie z. B. sein Spazierstock und sein Hut. In den Zimmern geben englische Informationstexte einen Einblick in Dostojewskijs alltägliches Leben und die Beziehung zu seiner Familie.

Neben der ehemaligen Wohnung informiert eine umfangreiche literarische Ausstellung über Dostojewskijs Werk – mit dem deutschen Audioguide kann man sich gut zurechtfinden.

❯ Kusnetschnyj Per. 5/2, Metro: Wladimirskaja, www.md.spb.ru, 11–18, Mi. 13–20 Uhr, geschl.: Mo. und an Feiertagen, Eintritt: 250 Rub, Audioguide: 250 Rub

㉘ Arktis- und Antarktismuseum (Музей Арктики и Антарктики) ★ [G7]

Ausgestopfte Polartiere, herrliche Wandmalereien arktischer Landschaften, Dioramen von Forschungsstationen, ein von der Decke hängendes Propellerflugzeug – nicht nur für Kinder ist der Besuch dieses charmanten Museums ein Erlebnis.

Seit Ende der 1930er-Jahre beherbergt die einstige Nikolauskirche diese ungewöhnliche Ausstellung, ein

Indiz dafür, welch hohen Stellenwert die wissenschaftliche Erschließung und Ausbeutung der Polargebiete für die Sowjetunion besaß. Heute ist das Museum die weltweit größte Sammlung, die sich thematisch mit der Erforschung und der Fauna der Polarregionen befasst.

Das Erdgeschoss ist der Arktis gewidmet, das Obergeschoss unter der ehemaligen Kirchenkuppel der Antarktis.

❯ Ul. Marata 24a, Metro: Waldimirskaja, www.polarmuseum.ru, 10–18, geschl.: Mo. und letzter Fr. des Monats im Feb., Mai, Aug. und Nov., Eintritt: 300 Rub

29 Künstlerhaus Puschkinskaja 10 (Арт-центр „Пушкинская–10") ★★ [H7]

Tacheles auf Petersburgisch: Seit der baufällige, 300 Wohnungen zählende Hauskomplex 1989 von einer Künstlergruppe besetzt wurde, schlägt hier das subversive Herz der alternativen Künstlerszene. Die Gruppe trotzte allen Räumungsversuchen und rang der Stadtverwaltung das Zugeständnis ab, auf einem Drittel der Fläche bleiben zu dürfen.

Wer den Durchgang vom Ligowskij Prospekt passiert hat, den begrüßen auf dem ersten Hinterhof eine Büste Puschkins, Wandreliefs der Beatles und mit Graffiti übersäte Mauern. Auf dem zweiten Hinterhof weist eine Infotafel (auch auf Englisch) den Weg durch das Labyrinth aus Museen, Studios und Galerien. Da sind das hervorragende **Museum der Nonkonformistischen Kunst** (geöffnet: 16–20, Sa./So. 12–20 Uhr), ein privates Beatles-Museum (offizieller Name „**Tempel der Liebe, des Friedens und der Musik**"), das „Basa", ein Laden mit Equipment für DJs und vieles mehr

– vor allem Galerien und Studios. Auf dem ersten Hof hat das alternative Lokal **Fish Fabrique** (So.–Do. 12–3, Fr./Sa. 12–5 Uhr, westliche Küche, viele Craft-Biere) sein Zuhause gefunden, nachdem er lange Zeit in einer der Wohnungen im Haus untergebracht war.

❯ Ligowskij Pr. 53 (im Hof), Metro: Pl. Wosstanija, www.p-10.ru

30 Moskauer Bahnhof/Platz des Aufstands (Московский вокзал/Площадь Восстания) ★ [H7]

Der Bahnhof am Newskij Prospekt wurde am Knick in der Großen Perspektive, auf halber Strecke zwischen Admiralität ❸ und Newskij-Kloster ❹❸, errichtet.

Das Gebäude mit Uhrturm und Neorenaissance-Fassade erinnert kaum an einen Bahnhof – Architekt Konstantin Thon maskierte die Funktion des Gebäudes geschickt. Eingeweiht wurde der Bahnhof 1851, seitdem beginnt hier die wichtigste Eisenbahnlinie Russlands, die 650 km lange Strecke Petersburg-Moskau. Auf dem verkehrsumtosten **Bahnhofsvorplatz** versammelten sich während der Februarrevolution 1917 die Petersburger zu großen Protestkundgebungen.

Nach einem Blutbad kam es hier schließlich zur Verbrüderung zwischen Soldaten, Kosaken und Demonstranten. Nach 1917 vereinnahmten die Bolschewiki den Ort, obwohl er während der Oktoberrevolution keine große Rolle spielte. Die barocke Snamenskaja-Kirche wurde abgerissen. Exakt an ihrer Stelle wurde später die „stalinklassizistische" **Metrostation** errichtet, die Elemente des verschwundenen Sakralbaus zitiert.

Auch das Reiterdenkmal Alexanders III., das einst vor dem Bahnhof stand und von den Februarrevolutionären noch als Rednertribüne genutzt wurde, wurde entfernt. Heute steht es vor dem Marmorpalais ❽. Seit 1985 erinnert ein **riesiger Obelisk** in der Platzmitte an den Sieg über Nazi-Deutschland. Vom klassizistischen Hotel Oktjabrskaja (s. S. 124) prangt die Inschrift „Heldenstadt Leningrad" (Город-Герои Ленинград).

❯ Metro: Pl. Wosstanija

Wiege der Stadt: die Petersburger Seite

㉛ Peter-Paul-Festung (Петропавловская крепость) ★★★ [E4]

Die Festung auf der kleinen Haseninsel ist Petersburgs Geburtsort. Einst sollte sie die geplante Stadt vor möglichen schwedischen Angriffen schützen. Heute ist die weitläufige Anlage ein Ruhepol im städtischen Treiben. Mit den ersten Sonnenstrahlen des Jahres bevölkern Sonnenanbeter und Schwimmer die Strände vor den dicken Mauern.

Die Bauarbeiten begannen am 27. Mai 1703 auf dem Höhepunkt des Großen Nordischen Krieges. Das erste Provisorium aus Erdwällen und Holz wurde bis 1740 durch einen mächtigen Steinbau in Form eines mit Bastionen geschützten Sechsecks ersetzt. In kriegerische Handlungen war die Festung nie verwickelt. Stattdessen wurde sie bald zum Gefängnis umfunktioniert. Der erste einer langen Reihe hier internierter politischer Gefangener war Peters widerspenstiger Sohn Aleksej, der

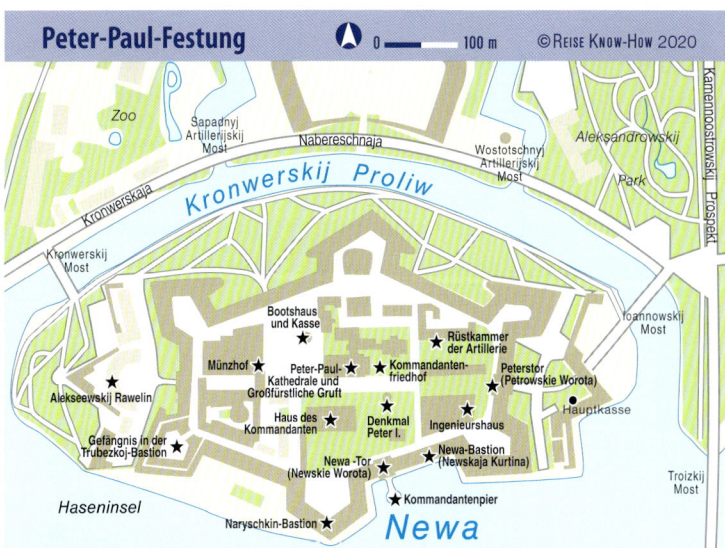

1718 innerhalb der Festungsmauern starb. Ab den 1780er-Jahren wurden die Häftlinge in der **Trubezkoj-Bastion** eingekerkert. Auch die Dekabristen, Dostojewskij, Gorkij, Bakunin, Trozkij oder Lenins später hingerichteter Bruder, Aleksandr Uljanow, saßen hier ein. Letzte Gefangene waren die Minister der liberalen Übergangsregierung Kerenskij. Heute ist der Kerker ein sehenswertes Museum.

Wer die Haseninsel über die **Ioannowskij-Brücke** betritt, sollte links nach der kleinen **Hasenstatue** Ausschau halten, die auf einem Holzpfahl im Wasser thront. Der Legende nach soll hier einst ein von Fluten eingeschlossener Hase durch einen Sprung in Peters Boot sein Leben gerettet haben. Die Pegelstände der Newa sind auf dem Pfahl markiert und erinnern an die stete Bedrohung der Stadt durch das Wasser.

Der Haupteingang der Festung ist das wuchtige **Peterstor von 1718**. Es wird von einem zweiköpfigen Adler geziert, dem russischen Staatswappen.

Kurz dahinter stößt man auf eine äußerst ungewöhnliche Skulptur.

Die **Statue Peters I.** mit ihrem massigen Körper, ihrem winzigen Kopf und den dürren Fingern, die Spinnenbeinen gleichen, sorgte für heftige Kritik, als sie 1991 aufgestellt wurde. Die Darstellung des Zaren sei respektlos, ebenso die implizite Anspielung auf den russischen Staat (kleiner Kopf, lange Finger). Ihr Schöpfer, Michail Schemjakin, in der Sowjetunion zwangspsychatrisiert und später exiliert, orientierte sich bei der Gestaltung des Zarenkopfes an Peters Totenmaske, die im Russischen Museum **16** zu sehen ist. Mittlerweile haben sich die Russen mit der Skulptur ausgesöhnt, der Fotoshoot mit dem Zaren ist für viele Besucher obligatorisch.

Herausragende Sehenswürdigkeit der Anlage ist die **Peter-Paul-Kathedrale**, deren 122 m hoher Glockenturm wie derjenige der Admiralität **3** seinen Abschluss in einer spitzen, goldenen Nadel findet. Die Kathedrale – ein Werk Domenico Trezzinis – wurde 1733 geweiht. Wie von Peter gewünscht, brach sie radikal mit der Tradition orthodoxer Sakralbauten. Ihr erhaben-prächtiges Inneres ist die **Ruhestätte fast aller Zaren**, von Peter I. bis zu Nikolaus II. Alle Sarkophage sind aus weißem Marmor, mit Ausnahme derer Alexanders II. und sei-

⌄ *Die Peter-Paul-Festung mit der gleichnamigen Kathedrale*

ner Frau, die in einem schwarzen und roten Sarkophag ruhen. Die sterblichen Überreste von Nikolaus II. und seiner Familie wurden hier erst nach ihrer Exhumierung in Jekaterinburg – dort wurde die Zarenfamilie durch die Bolschewiki erschossen – 1998 feierlich beigesetzt. Gegenüber der Kathedrale liegt der **Münzhof**, einst staatliche Münze. Heute werden hier Gedenkmünzen aus Edelmetall geprägt, für die man schon mal einige 10.000 Rubel hinblättern kann.

Numismatisch Interessierte sollten auf jeden Fall den Blick in das rechts neben der Prägestätte in der Festungsmauer lokalisierte Münzgeschäft nicht verpassen. Unbedingt sehenswert sind auch das **Newa-Tor und der Kommandantenlandesteg** im südlichen Festungsteil. Hier war der wasserseitige Eingang zur Festung, heute landen hier Ausflugsboote.

Auf dem Festungsgelände befinden sich noch weitere, teils recht interessante Museen mit Dauer- oder Wechselausstellungen, darunter ein Museum für Raumfahrt und Raketentechnologie. Ausführliche Infos und Übersichtspläne erhält man an der **Hauptkasse**, die, von der Ioannowskij-Brücke kommend, gleich links hinter dem ersten Eingangstor lokalisiert ist.

❯ Petropawlowskaja Krepost, Metro: Gorkowskaja, www.spbmuseum.ru, Festungsgelände tägl. 6–21 Uhr, Kathedrale: 10–18, Di. 10–17, So. 11–18 Uhr, Trubezkoj-Bastion 10–18, Di. 10–17 Uhr, geschl.: Mi. Im Herbst/Winter sind die Schließzeiten i. d. R eine Stunde früher. **Achtung:** Der Glockenturm kann vom 1.10. bis 30.4. nur geführt bestiegen werden, für die Reservierung siehe Website. Eintritt: Festungsgelände frei, Kombi-Ticket für Kathedrale/Trubezkoj-Bastion und diverse Museen 750 Rub (zwei Tage gültig), Preise für Einzeltickets s. Website.

Uhrzeit per Kanonenschuss

Täglich um Punkt 12 Uhr wird von der Naryschkin-Bastion aus zwei Geschützen gefeuert. Früher wurde den Petersburgern so einmal täglich per Kanonenschuss die genaue Uhrzeit „angezeigt".

Der Solowezki-Gedenkstein

Der Gedenkstein am Troizkaja Pl. [F4], der Verkehrsinsel gleich hinter der Troizkij-Brücke, erinnert an die Opfer des stalinistischen Terrors und wurde von der Menschenrechtsorganisation Memorial errichtet. Der wuchtige Findling stammt von den Solowki-Inseln im Weißen Meer. Das dort 1923 in Betrieb genommene „Lager Besonderer Bestimmung" wurde zur Modelleinrichtung für das gesamte Gulagsystem. Wegen seiner grauenhaften Haftbedingungen und der zahllosen Morde ist es zum **zentralen Symbol des bolschewistischen Terrors** geworden. Eine der vier Inschriften auf dem Granitsockel ist eine Zeile aus Anna Achmatowas *Requiem*: „Ich möchte alle beim Namen nennen ...". Der Gedenkstein wurde bereits mehrfach geschändet.

32 Große Moschee (Соборная мечеть) ★ [E4]

Bei ihrer Eröffnung 1913 war sie die größte Moschee Europas. Dies ist sie nicht mehr, aber die Maße beeindrucken noch immer. 49 m ragen die Minarette in die Höhe und die prachtvolle türkisblaue Kuppel dominiert die „Skyline" auf der Petersburger Seite.

Das russische Architektenteam um Aleksandr Gogen orientierte sich beim Bau am Tamerlan-Mausoleum im usbekischen Samarkand, der

Grabstätte des seinerzeit mächtigsten muslimischen Herrschers, Timur Lenk. Eingangsportale und Kuppel der Moschee sind mit **prächtig ausgestalteten, handbemalten Kacheln** geschmückt. 1913 lebten nur etwa 8000 Muslime in Petersburg, heute ist die moslemische Gemeinde nach manchen Schätzungen auf bis zu 800.000 Menschen gewachsen, darunter viele Arbeitsmigranten. Die Moschee ist ein stark besuchtes Gebetshaus, kann aber den vielen Gläubigen kaum Platz bieten. Eine zweite Moschee wurde 2009 im Primorskij-Distrikt errichtet, der Bau weiterer Moscheen wird nach Gemeindeangaben von der Stadtverwaltung behindert. Besichtigt werden kann die Moschee außerhalb der Freitagsgebete, Eingang über den Hof an der Rückseite, Frauen benötigen Kopfbedeckung, unbedingt Schuhe ausziehen!
❯ Kronwerkskij Pr. 7, Metro: Gorkowskaja, http://dum-spb.ru, tägl. 10–17 Uhr, geschl.: während des Freitagsgebets

rung kam es zu gewalttätigen Protesten und Anschlägen radikaler orthodoxer Kräfte, die den Film als „Sakrileg" erachten.

Die Villa wurde 1904–1906 von Aleksandr Gogen erbaut. Sie ist ein herausragendes Beispiel des **Petersburger Jugendstils**, berühmt vor allem wegen ihres asymmetrischen Grundrisses, der verschieden dimensionierte Einzelstrukturen zu einem eleganten Ganzen verbindet. 1917 wurde die Villa von den Bolschewiki in Besitz genommen, Lenin bezog hier ein Arbeitszimmer. Von dessen Balkon adressierte er seine erste Rede nach der Rückkehr aus dem Exil an das auf dem Kronwerkskij Prospekt versammelte Volk. Zur Sowjetzeit beherbergte das Haus ein Revolutionsmuseum, seit 1991 das **Museum der politischen Geschichte Russlands.**
❯ Ul. Kujbyschewa 4, Metro: Gorkowskaja, www.polithistory.ru, 10–18, Mi./Fr. 10–20 Uhr, geschl.: Do. und letzter Mo. des Monats, Eintritt: 250 Rub

33 Villa Kschesinskaja (Особняк Кшесинской) ★★ [E4]

Die Villa der Tänzerin Malilda Kschesinskaja hat eine bewegte Geschichte: Die skandalumwitterte Ballerina feierte hier rauschende Empfänge, bis sie im Zuge der Februarrevolution 1917 nach Frankreich emigrieren musste.

Kschesinskaja war die erste Geliebte des späteren Zaren Nikolaus II. und – obgleich talentiert – wohl vor allem dank seines Einflusses ab 1896 **Primaballerina am Mariinskij-Theater** 41 . Die Affäre zwischen der Ballerina und dem mittlerweile heiliggesprochenen Zaren wurde 2017 von Alexej Utschitel unter dem Titel „Matilda" verfilmt – bereits vor der Urauffüh-

34 Wohnhaus Peters I. (Домик Петра I) ★★ [F4]

Peters erster Petersburger „Palast" ist das älteste Bauwerk der Stadt. Die gerade einmal 65 m² messende Holzblockhütte wurde innerhalb dreier Tage im Mai 1703 errichtet. Peter residierte hier einige Wochen, um die beginnenden Bauarbeiten an seiner neuen Kapitale zu überwachen und dabei selbst Hand anzulegen.

Dass das Häuschen erhalten blieb, ist Katharina II. zu verdanken, die es 1784 mit einem steinernen Pavillon überbauen ließ, um so das Holz vor dem Verfall zu bewahren. Peter hatte den Erhalt des Häuschens für die Nachwelt selbst angeordnet – es sollte den Aufstieg der Stadt aus dem

Der Panzerkreuzer Aurora (Крейсер „Аврора")

Jedes sowjetische Kind kannte sie in- und auswendig: die Geschichte der Aurora. Der Panzerkreuzer ist das legendäre Symbol der „Großen Sozialistischen Oktoberrevolution".

*Dabei war die Rolle der Aurora während des bolschewistischen Putsches recht bescheiden. Aus der Bugkanone feuerte das an der Blagoweschtschenskij-Brücke vor Anker liegende Schiff am späten Abend des 7. November 1917 (25. Oktober nach julianischem Kalender) einen Platzpatronenschuss ab - das Signal für die Bolschewiki zur Einnahme des Winterpalasts ❷. Dorthin hatte sich die liberale Übergangsregierung Kerenskij zurückgezogen. Die Einnahme des Palasts durch die Revolutionäre war ein Kinderspiel. Widerstandslos ließen sich die Minister verhaften, Kerenskij selbst hatte Petersburg bereits verlassen. Die Petrograder bekamen von der „Großen Oktoberrevolution" kaum etwas mit - erst die **sowjetische Propaganda** schuf den Mythos der dramatischen „Erstürmung" des Winterpalasts. Die Folgen der bolschewistischen Machtübernahme wa-*

ren freilich von einer historischen Tragweite, die in der Geschichte der Menschheit ihresgleichen sucht.Die Aurora lief 1900 von der Petersburger Admiralitätswerft vom Stapel. Im Russisch-Japanischen Krieg 1904/1905 nahm sie an einem Seegefecht im Pazifik teil, später diente sie u. a. als Schulschiff. Während des Ersten Weltkrieges wurde sie zu Reparaturarbeiten nach Petrograd verlegt, hier lief die Besatzung während der Februarrevolution zu den Aufständischen über.

Der 126,70 m messende Panzerkreuzer liegt seit 1948 am Kai vor der Nachimow-Marineschule vor Anker. Er kann begangen werden, auch die Besichtigung der Unterkünfte und des Maschinenraums sind möglich. 2014 wurde die Aurora zur Generalsanierung in eine Kronstädter Werft gebracht, 2016 kehrte sie in neuem Glanz zu ihrem Ankerplatz zurück.

★1 *[F4]* ***Panzerkreuzer Aurora,*** *Petrogradskaja Nab., Metro: Gorkowskaja, www.navalmuseum.ru, Mi.-So. 11-18 Uhr (Kasse schließt 17.15 Uhr), Eintritt: 600 Rub*

040sp Abb.: blj

Nichts dokumentieren und auch als Zeugnis seiner Bescheidenheit dienen. Tatsächlich vermittelt das Häuschen einen recht guten Eindruck, wie unprätentiös der „Tatmensch" Peter mitunter gewesen sein muss. Besucher können durch die Fenster ins Innere des Häuschens blicken. Eingerichtet ist es mit damals gebräuchlichen **Möbeln.** Zu sehen sind auch eine von Peters Pfeifen und ein Stuhl sowie ein Ruderboot, die der Zar wohl selbst tischlerte.

Die Bootsanlegestelle an der Newa vor dem Häuschen bewachen die seltsamen **Schi-Tsa,** die mythischen Skulpturen zweier „Froschlöwen".

❯ Petrowskaja Nab. 6, Metro: Gorkowskaja, www.rusmuseum.ru, geöffnet: 10–18, Do. 13–21 Uhr, geschl.: Di., Eintritt: 300 Rub., erm. 150 Rub

㉟ Kamennoostrowskij Prospekt (Каменноостровский проспект) ★★ [E3]

Die Prachtstraße der Petersburger Seite war als „Champs Elysées" geplant. Um 1900 war sie die schickste Adresse der Stadt und Experimentierfeld für die angesehensten Architekten jener Zeit. Der kurze Bummel zum Österreichischen Platz [E3] ist für alle Architekturinteressierten ein Muss.

Gleich zu Beginn der Straße steht ein architektonisches Juwel: das 1904 fertiggestellte **Lidwal-Haus** (Nr.1–3). Der schwedischstämmige Architekt Fjodor Lidwal schuf hier den Musterbau eines neuen Stils – der **„Petersburger Moderne",** in der Elemente des Jugendstils mit einer modernen Interpretation klassizistischer Elemente verschmelzen. Das Wohnhaus umschließt einen Ehrenhof, die Fassaden sind wunderbar, aber doch dezent, mit Blumen- und Tiermotiven dekoriert.

Leider ist der Hof nicht mehr zugänglich, aber von der Straße lassen sich doch einige Details erkennen: die im Giebel flatternde Eule etwa oder die gusseisernen Balkongitter – Spinnennetze, in deren Mitte eine riesige Spinne sitzt. Lidwal bezog eine der komfortablen Wohnungen, bis ihn die Revolution 1917 zur Flucht nach Schweden zwang. Auf der gegenüberliegenden Straßenseite, in der Nr. 10, befand sich einst der legendäre Vergnügungspark „Aquarium", 1896 Schauplatz der ersten Kinovorführung Russlands, heute Sitz der nicht minder legendären **Lenfilm-Studios** (www.lenfilm.ru). In dem Gebäude arbeitete u.a. **Sergej Eisenstein.** Wo der Prospekt die Ul. Mira schneidet, beeindruckt der **Österreichische Platz** durch sein prächtiges Jugendstil-Ensemble. Einen Abstecher lohnen auch das von der Architektenfamilie Benois erbaute **neoklassische Haus** (Nr. 26–28), in dem u.a. Schostakowitsch wohnte, und das atemberaubende, neogotische **Rosensteinhaus** (Nr. 35), auch „Haus mit den Türmen" genannt.

❯ Metro: Gorkowskaja

▱ *Blick auf die Wassilij-Insel mit der Kunstkammer*

041sp Abb.: blj

Petersburgs Archiv: die Wassilij-Insel

⑯ Strelka (Стрелка) ★ ★ ★ [E5]

An ihrem östlichsten Zipfel, wo sich die Newa in die Große und Kleine Newa teilt, ragt die Wassilij-Insel wie eine Pfeilspitze („Strelka") in die Fluten. Wohl nirgends entfaltet sich das Panorama eindrucksvoller als hier.

Das wissen auch die Petersburger: Die kleine Parkanlage auf der Strelka ist einer der beliebtesten Treffpunkte der Stadt. Hobbytänzer, Biker und Liebespaare tummeln sich hier, während Scharen von Anglern, vom Trubel ungerührt, ihrer Tätigkeit nachgehen. Offiziell heißt der Platz Börsenplatz, nach dem tempelartigen **Börsengebäude** von 1810. Architekt Thomas de Thoman platzierte das Gebäude genial in einer Sichtachse mit dem auf der gegenüberliegenden Uferseite gelegenen Winterpalast ❷ und der Peter-Paul-Festung ㉛ auf der Petersburger Seite. Er flankierte das monumentale klassizistische Gebäude mit den berühmten **Rostrasäulen** aus rotem Granit, eines *der* Wahrzeichen Petersburgs. Die beiden mit Schiffsschnäbeln (lat. „rostrum") geschmückten Säulen ragen 32 m in die Höhe und dienten im 19. Jh.

als Leuchttürme. An Feiertagen werden sie heute mit Gas befeuert und leuchten dann weithin sichtbar wie zwei Riesenfackeln. Die Börse wurde von den Bolschewiki geschlossen und diente lange als Sitz des Marinemuseums. 2014 wurde das Gebäude der Eremitage ❷ übergeben, die hier ein Heraldikmuseum plant. Das Ensemble ist auch auf dem 50-Rubel-Schein abgebildet.

❯ Metro: Admiraltejskaja, dann zu Fuß über die Schlossbrücke

㊲ Kunstkammer (Кунсткамера) ★ ★ [D5]

Die Kunstkammer war Russlands erstes Museum überhaupt. Sie geht zurück auf die Raritätensammlung Peters des Großen, die – soviel sei verraten – nichts für zarte Gemüter ist.

Der Zar hatte den Grundstock der Sammlung bei seiner Reise durch Westeuropa einem Amsterdamer Anatom abgekauft. Die Sammlung beinhaltete **deformierte menschliche und tierische Embryonen** und Ähnliches. Wieder daheim, machte Peter sich sofort daran, seine Sammlung zu vergrößern. Er gab gar einen Er-

lass heraus, dass alle im Reich gefundenen Abnormalitäten umgehend an ihn abzugeben seien. Ab 1718 machte Peter seine „Kunstkammer" – die damals gängige Bezeichnung für vormuseale Privatsammlungen – der Öffentlichkeit zugänglich, denn der Zar verstand sich schließlich auch als großer Pädagoge. Seine abergläubischen Untertanen sollten die ausgestellten Deformationen als bloße medizinische Defekte erkennen – und nicht als Werk böser Geister. Der Eintritt war frei, die Herren wurden zudem mit einem kostenfreien Glas Wodka, die Damen mit Tee und Zuckergebäck geködert.

Peters Raritätensammlung ist heute noch zu bestaunen: Zu allerlei grauenhaften Launen der Natur gesellen sich ausgestopfte Fische, naturwissenschaftliche Instrumente, Zähne, die der von der Zahnmedizin begeisterte Zar eigenhändig zog, das Skelett des 2,27 m großen „Riesen" Bourgeois, den Peter kaufte und nach Petersburg brachte, damit er dort hünenhafte Soldaten für seine Armee zeuge, usw.

Ursprünglich zeigte Peter seine Sammlung im Sommergarten ❿, 1724 zog sie in den prächtigen blauweißen Barockpalast, der bis heute der markanteste Blickfang auf der Wassilij-Insel ist. Neben Peters Sammlung beherbergt die Kunstkammer eine großartige, leider sehr verstaubt präsentierte **Völkerkundesammlung** und eine Ausstellung über den russischen Wissenschaftstitanen **Michail Lomonosow**. Das **Observatorium** und der grandiose, begehbare **Gottorfer Riesenglobus** (1650–1664 gebaut), ein nicht ganz freiwilliges Geschenk des dänischen Königs Friedrich IV. an Peter, können nur im Rahmen von Führungen besichtigt werden.

❯ Uniwersitetskaja Nab. 3, Eingang Tamoschenyi Per., Metro: Admiraltejskaja, Trolleybusse 1, 7, 10 und 11, www.kunstkamera.ru, Di.–So. 11–18 Uhr, geschl.: Mo. und letzter Di. des Monats, 1.1, 9.5. und 31.12., Eintritt: 300 Rub, Kinder 100 Rub., Sept.–April 3. Do im Monat frei, englische Führung zum Riesenglobus für Gruppen bis vier Personen 3700 Rub (vorab buchen unter +78123281412)

㊳ Menschikow-Palais (Меншиковский дворец) ★★ [D6]

Die Mutter aller Petersburger Adelspaläste: 1710 bis 1727 für Aleksandr Menschikow erbaut, setzte das unerhört prunkvolle Anwesen und erste steinerne Haus der Stadt den Maßstab für alle späteren Petersburger Prachtbauten.

Menschikow war seit seiner Jugend ein treuer Freund Peters des Großen. Der Zar übertrug seinem fleißigsten und fähigsten Kopf später das Amt des **Generalgouverneurs von Petersburg**. In dieser Funktion überwachte Menschikow den Bau der neugegründeten Hauptstadt – und arbeitete dabei auch reichlich in die eigene Tasche. Sein gewaltiger, dreistöckiger Barockpalast wurde vom Hamburger Architekten Gottfried Schädel vollendet. Menschikow übertraf mit der prunkvollen Ausstattung seiner Gemächer diejenigen des Zaren bei Weitem. Daher nutzte Peter den Palast des Freundes für diplomatische Empfänge und rauschende Feierlichkeiten – Menschikows und nicht Peters Domizil war das Zentrum des gesellschaftlichen Lebens in der jungen Stadt.

Im Palais können die prachtvollen Innenräume besichtigt werden: Wie der Zar selbst, hatte Menschikow ein Faible für alles Holländische: Viele der Säle sind mit handbemalten Delfter Kacheln ausgestattet. Über 30.000 Stück sollen im Palast verbaut worden sein.

> Uniwersitetskaja Nab. 15, Metro: Wasile-ostrowskaja, Trolleybusse 1, 10 und 11, www.hermitage.ru, 10.30–18 Uhr, Mi., Fr. 10.30–21 Uhr, geschl.: Mo., 1.1., 9.5., Eintritt: 300 Rub

㊴ Sphinxen-Anleger (Пристань со сфинксами) ★[D6]

Der Universitätskai vor dem Gebäude der Akademie der Künste ist die bekannteste Bootsanlegestelle Petersburgs. Zwei etwa 3500 Jahre alte Sphinxe aus rosa Granit wachen majestätisch über eine zur Newa hinabführende Freitreppe. Architekt Konstantin Thon entwarf die Kaianlage eigens für diese Skulpturen, deren Pracht hier beeindruckend zur Geltung kommt.

Die Sphinxe stammen aus der altägyptischen **Königsstadt Theben**, wo sie einst die Grabstätte des Amenhotep III. schmückten. Nikolaus I. ließ sie 1832 ankaufen und nach Petersburg bringen – die beginnenden Ausgrabungen im Tal der Könige führten im 19. Jh. zu einer regelrechten „Ägyptomanie" in Europa. Wer aufmerksam durch Petersburg streift, wird zahlreiche ägyptisch inspirierte Motive finden (Karyatiden, Obelisken, die ägyptische Brücke von 1826 usw.).

Um die Sphinxe dauerhaft vor dem unwirtlichen Petersburger Klima zu bewahren, gibt es Überlegungen, sie in die Eremitage ❷ zu verbringen. Vorläufig überblicken sie aber noch, unendlich weise, den mächtigen Strom der Newa.

> Uniwersitetskaja Nab. 1, Metro: Wasileostrowskaja, Trolleybus: 1, 10

Im Theaterviertel

㊵ Jusupow-Palais (Дворец Юсуповых) ★★★ [D7]

Selbst wer schon einige Petersburger Adelspaläste besucht hat – und strahlenden Luxus sozusagen bereits gewohnt ist – wird erschlagen sein angesichts der unglaublichen Pracht, die sich im Inneren des Jusupow-Palais offenbart. Bekannt ist der Palast aber vor allem als der Ort, an dem Rasputin ermordet wurde.

Die sagenhaft reichen Jusupows erwarben den äußerlich eher schmucklos erscheinenden klassizistischen Palast 1830. Zahllose Um- und Anbauten gaben dem Anwesen seine heutige Gestalt. Die mitunter **riesigen Säle** präsentieren sich als eine grandiose Reise durch verschiedene Architekturepochen.

Absolute Highlights sind das **hauseigene Palast-Theater im Rokoko-Stil** (mit königlicher Loge, falls die Zarenfamilie zu Gast war) und der **maurische Saal** – der einem Märchen aus Tausendundeiner Nacht gleicht. Im Keller des Palastes ermordeten der dandyhafte Hausherr Felix Jusupow und einige Gleichgesinnte am 30. Dezember 1916 den sibirischen Wanderprediger **Grigorij Rasputin**. Ihrer Meinung nach gefährdete Rasputins Einfluss auf die Zarenfamilie die Stabilität des Reiches. Der Mord verlief, so behaupteten jedenfalls die Mörder, nicht nach Plan: Rasputin überlebte das mit Zyankali vergiftete Gebäck, mehrere Pistolenschüsse und Schläge auf den Kopf, bevor er in einen Teppich gewickelt in einem Eisloch in der Mojka versenkt wurde. Vermutlich wurde Rasputin aber schlicht und einfach zu Tode gefoltert. Am Tatort im Keller erinnert die **Rasputin-Ausstellung** an die Mordtat. Zu sehen sind auch Rasputin als Wachsfigur und vor ihm auf dem Tisch der vergiftete Kuchen. (Bitte nicht naschen!) Für den Mord musste sich Jusupow übrigens nie verantworten.

❯ Nab. Reki Mojki 94, Metro: Sadowaja, Admiraltejskaja. Dann etwa je 20 Min. zu Fuß, www.yusupov-palace.ru, tägl. 11–17 Uhr. **Achtung:** Individualtouristen können die Rasputin-Ausstellung nur Fr. bis Mo. von 17 bis 18.30 Uhr besichtigen, Eintritt: 700 Rub (inkl. englischsprachigem Audioguide), Rasputin-Ausstellung: 350 Rub

④ Mariinskij-Theater (Мариинский театр) ★★ [D7]

Der hochzeitstortenähnliche Bau ist Heimat des weltberühmten Balletttheaters, dessen Tradition bis in die frühe Gründungszeit der Stadt zurückreicht.

Die glänzende Geschichte des Petersburger **Balletts** begründete Zarin Anna, die 1738 die Hochschule für Tanz und Ballett ins Leben rief, die als Waganowa-Ballettakademie in der Rossi-Straße ㉕ fortbesteht. Bis heute reüssieren die besten Absolventen der gestrengen Schule später am Mariinskij, viele wurden hier zu Weltstars. Das Mariinskij wiederum ist eine **Gründung Katharinas II.**,

die 1783 den Bau eines kaiserlichen Ballett- und Operntheaters anordnete. Das heutige Gebäude stammt aus dem Jahr 1860. Sein prächtiges **Auditorium** mit Aleksandr Golowins berühmtem Bühnenvorhang wurde Ende des 19. Jh. noch einmal generalüberholt. Das Mariinskij verspricht Ballettgenuss an einem historischen Ort: Nahezu alle berühmten russischen Opern- und Ballettstücke wurden hier uraufgeführt, so Tschaikowskijs „Dornröschen" (1890) und „Nussknacker" (1892). Seit 2013 verfügt das Mariinskij über eine zweite Spielstätte in direkter Nachbarschaft, das **Mariinskij II**, das nach zehnjähriger Bauzeit seine Pforten öffnete. Künstlerischer Leiter am Mariiniskij ist Walerij Gergijew, der seit 2015 auch Chefdirigent bei den Münchner Philharmonikern ist.

Gleich gegenüber dem Theater befindet sich das kaum minder berühmte **Petersburger Konservatorium**, zu dessen ersten Absolventen 1865 Tschaikowskij gehörte. Flankiert wird das Gebäude von den Statuen Nikolai Rimskij-Korsakows, Komponist und Professor am Konservatorium, und Michail Glinkas, Begründer der klassischen russischen Musik.

❯ Teatralnaja Pl. 1, Metro: Sadowaja, Admiraltejska, dann gut 15 Min. zu Fuß, alternativ Bus 3, 27 vom Newskij Pr. direkt zum Teatralnaja Pl., www.mari insky.ru, geöffnet: Kassen im Foyer tägl. 11–19 Uhr (geschlossen Mitte Aug.–Mitte Sept.), Mariinskij II: Ul. Dekabristow 34, Ticketkassen geöffnet tägl. 11–19 Uhr (geschlossen 14–15 Uhr und Anfang–Mitte Aug.). Für weitere Verkaufsstellen siehe www.mariinsky.ru/en/visit/buy.

❯ **Konservatorium:** Teatralnaja Pl. 3, www. conservatory.ru, Konzerte finden im Großen Saal und im Glasunow-Saal statt, Tickets an allen Theaterkassen.

042sp Abb.: blj

42 Nikolaus-Marine-Kathedrale (Никольский морской собор) ★ [D8]

Die türkis-weiße Kathedrale mit den fünf goldenen Kuppeln gleicht eher einem Barockpalast als einer Kirche. Auch nach der Oktoberrevolution 1917 war sie nicht geschlossen – als eines von wenigen Petersburger Gotteshäusern entging sie dem Schicksal der Plünderung und Zweckentfremdung. Ab 1941 wurde die Kathedrale Hauptkirche der Petersburger Eparchie und blieb dies bis zu deren Umzug in die Kasaner Kathedrale 21 1999.

Einst diente die Kathedrale den Marineregimentern der Stadt als Bethaus – der heilige Nikolaus von Myra gilt als Schutzpatron der Seefahrer. Sie verfügt – typisch für viele russische Kirchen – über eine niedrigdüstere, aber beheizbare Unterkirche und eine (unbeheizbare) Oberkirche, wo im Sommer die Gottesdienste abgehalten wurden. Da die Bolschewiki die Kirche weitgehend verschonten, konnte die Innenausstattung im Original bewahrt werden, auch die imposante, vergoldete Barock-Ikonostase in der Oberkirche.

Bis heute ist der enge Bezug zur Flotte erhalten: In der Oberkirche findet sich u. a. eine Gedenktafel für die Besatzung der 1989 in der Barentssee havarierten Komsomolez. Auch der Gedenkgottesdienst für die Opfer der Kursk fand 2000 hier statt. Geweiht wurde die Kirche 1760. Architekt Sawwa Tschewakinskij war – wie unschwer zu erkennen – ein Schüler Rastrellis. Er schuf auch den abseits am Krjukow-Kanal stehenden Glockenturm, der wie die Kirche selbst ein herausragendes Beispiel reinsten Rastrelli-Barocks ist.

❯ Nikolskaja pl. 1, Metro: Sadowaja, www.nikolskiysobor.ru, tägl. 6.30–19.30 Uhr, Gottesdienste: tägl. 7, 10 und 18 Uhr

Entdeckungen außerhalb des Zentrums

43 Aleksandr-Newskij-Kloster (Александро-Невская лавра) ★★★ [I7]

Das Kloster am östlichen Ende des Newskij Prospekts ist das älteste der Stadt. Als eines von nur zwei russischen Klöstern trägt es den Ehrentitel „Lawra". Die orthodoxe Kirche bezeichnet so ein Männerkloster höchsten Ranges. Zum 300-jährigen Jubiläum 2010 spendierte Gazprom der Klosteranlage ein Facelift – seitdem erstrahlt sie in neuer Pracht.

◁ *Jeder Ballettfreund kennt es: das Mariinskij-Theater*

Das Kloster

1710, kurz nach seinem epochalen Sieg über die Schweden bei Poltawa, befahl Peter I. den Bau des Klosters, das Petersburg auch zum geistlichen Zentrum des Reiches machen sollte. Er benannte es symbolisch nach einem anderen Schwedenbesieger: dem **Nowgoroder Fürsten Aleksandr Jaroslawitsch** (1220–1263). Dieser schlug 1240 die Schweden an der Newa, was ihm den Beinamen **Newskij** („von der Newa") und, nach seinem Ableben, die Heiligsprechung einbrachte. Peter ließ Newskijs Gebeine 1724 feierlich von Wladimir ins neue Kloster überführen. Heute wird Newskij als Nationalheiliger verehrt.

Eine **Reiterstatue** von Newskij begrüßt die Besucher auf dem Platz vor dem Haupttor. Von hier führt ein von Friedhofsmauern eingefasster Weg zu der auf einer kleinen Insel gelegenen Klosteranlage. Sie wurde nach Entwürfen Domenico Trezzinis im Laufe des 18. Jh. erbaut. Heute zählen zehn Kirchen, drei Friedhöfe, die Mönchszellen, eine geistliche Akademie und die Metropolitenresidenz zum Komplex. Bedeutendste Sehenswürdigkeit ist die klassizistische **Dreifaltigkeitskathedrale.** Der gelbe Bau mit zwei Glockentürmen wurde 1790 geweiht. Untypisch das Innere: Statt einer Ikonostase führt ein prächtiges, von Ölgemälden (u. a. Kopien von Rubens und van Dyck) gerahmtes Zarentor in den Altarraum. Im rechten Seitenschiff prangt der silberne **Reliquienschrein mit den Gebeinen Newskijs.** Das Kloster beherbergt auch die älteste Steinkirche Petersburgs, die barocke, rot-weiße **Mariä-Verkündigungskathedrale** von 1715, Begräbnisstätte für Mitglieder der Za-

renfamilie. Auch Generalissimus Suworow – genialer Stratege der russisch-osmanischen Kriege – wurde hier beigesetzt.

Die Friedhöfe

Hinter den Mauern, die den Weg zum Kloster flankieren, liegen Petersburgs berühmteste Friedhöfe: rechts der **Tichwiner Friedhof,** links der **Lazarusfriedhof.** Auf dem Tichwiner Friedhof wurden ab 1823 die großen Künstler der Stadt beerdigt. Viele der genialsten Petersburger Geister fanden in den mit Büsten oder Skulpturen geschmückten Gräbern ihre letzte Ruhe. So auch Dostojewskij, dessen Epitaph derselbe Christus-Ausspruch ziert, den er seinen „Brüdern Karamasow" voranstellte: „Wahrlich, ich sage euch: Wenn das Weizenkorn nicht in die Erde fällt und erstirbt, bleibt es allein; wenn es aber erstirbt, bringt es viel Frucht." (Johannes, 12, 24).

◁ *Die Dreifaltigkeitskathedrale*

Unweit des großen Autors sind – dicht beieinander – die Komponisten Rubinstein, Tschaikowskij, Rimskij-Korsakow, Musorgskij und Glinka bestattet.

Die auf dem Friedhof gelegene Tichwiner Kirche ist heute **Ausstellungshalle des Städtischen Skulpturenmuseums,** das sich mit der Pflege und Restaurierung öffentlicher Petersburger Denkmäler befasst. Die sehenswerte Sammlung im ersten Stock zeigt Originalmodelle aller herausragenden Denkmäler der Stadt und Modelle solcher, die aktuell noch in Planung begriffen sind.

Anders als der übersichtliche Tichwiner Friedhof ist der **Lazarusfriedhof** ein schaurig-schönes Durcheinander von Grabstellen. Hier wurden einst die bedeutendsten Bürger der Stadt beigesetzt, darunter die Gelehrten Euler und Lomonosow und zahlreiche herausragende Baumeister (u. a. Carlo Rossi, Quarenghi). Auch Puschkins Frau Natalja liegt hier begraben.

› Nab. Reki Monastyrki, Metro: Pl. Aleksandra Newskogo, www.lavra.spb.ru (Kloster), www.gmgs.ru (Skulpturenmuseum), **Öffnungszeiten:** Kloster tägl. 5.30–23 Uhr, Dreifaltigkeitskathedrale: 5.45–20 Uhr, Abendgottesdienst tägl. ab 17 Uhr, Lazarusfriedhof: Fr.–Di. 10–16 Uhr, Tichwiner Friedhof: Fr.–Mi. 9.30–20, Do. 9.30–18 Uhr, Skulpturenmuseum: Fr.–Mi. 10–16 Uhr, **Eintritt:** Kloster: frei, Verkündigungskathedrale: 150 Rub, Friedhöfe: 300 Rub (Ticket gilt für beide Friedhöfe), Skulpturenmuseum: 150 Rub. **Achtung:** Lagepläne für die Friedhöfe gibt es an der Kasse. Vor allem für den Lazarusfriedhof ist dieser zum Auffinden der Grabstellen essenziell. Der beste Plan findet sich hier aber auf dem Friedhof selbst, am Eingang links gegenüber dem Kassenhäuschen das Treppchen hoch.

🟥 **Taurischer Garten (Таврический сад)** ★ [H5]

Angelegt wurde die große, hübsche Gartenanlage von 1783 bis 1789 im romantischen Stil. Um eine „sanft geschwungene" englische Parklandschaft zu imitieren, wurden Hügel aufgeschüttet, den Mittelpunkt bildet ein künstlicher See.

Der Park umgibt das zeitgleich errichtete, klassizistische **Taurische Palais,** das Katharina II. ihrem Vertrauten Grigorij Potjomkin schenkte. Potjomkin war Katharinas „Mastermind" bei der Erschließung Neurusslands, der Gebiete, die heute an der ukrainischen Schwarzmeerküste liegen. Für seine Verdienste erhielt er den Ehrentitel „Fürst von Taurien" (Taurien ist der antike Name dieser Region), von dem sich der Name des Gartens und des Palasts ableiten.

Das Palais, eine der größten Palastanlagen Petersburgs, wurde nach Potjomkins Tod auch von Katharina selbst bewohnt. Ab 1906 hatte die **Duma hier ihren Sitz.** Nach der Februarrevolution stand der Palast im Mittelpunkt des politischen Konflikts, kurzfristig hielten hier sowohl die liberale Übergangsregierung als auch der Petrograder Sowjet ihre Sitzungen ab. Erstere zog später ins Marienpalais, letzterer ins Smolnyj-Institut 🟥 um. Direkt nach seiner Rückkehr aus dem Exil stellte Lenin hier am 17.4.1917 seine „Aprilthesen" vor. „Alle Macht den Sowjets" und ein „Ende des Krieges" waren die zentralen Forderungen.

› Potjomkinskaja Ul. 2, Metro: Tschernyschewskaja, geöffnet: tägl. 7–23 (im Winter kürzer), geführte Touren durch das Taurische Palais Mo.–Fr. 10–16 Uhr (nur nach Voranmeldung unter http://parlament-history.ru/tours und nach Vorlage des Reisepasses)

45 Smolnyj-Kloster (Смольный монастырь) ★★★ [I4]

Rastrelli schuf mit dem Smolnyj sein wohl künstlerisch vollkommenstes Werk. Die Klosteranlage, die sich um die glanzvolle, himmelblau-weiße Auferstehungskathedrale gruppiert, gilt als das Juwel des russischen Barock. Selbst Quarenghi, der komplett andere architektonische Ansichten vertrat, entfuhr der begeisterte Ausruf „Ecco una chiesa!" („Was für eine Kirche!"), als er die Kathedrale erstmals sah.

Den Auftrag zum Bau des Klosters erhielt Rastrelli 1748 von Elisabeth I. – die gläubige Zarin plante ihre letzten Tage in einem Kloster zu beschließen. Als Standort für ihren Alterssitz wählte sie das in einer Newa-Schleife gelegene Gelände eines einstigen Teerhofes. Rastrelli komponierte eine geschlossene **Anlage in Form eines griechischen Kreuzes.** Die Wohngebäude der 120 Nonnen, die der Zarin Gesellschaft leisten sollten, umschließen effektvoll die in der Mitte platzierte Kathedrale. Rastrelli plante sie ursprünglich einkuppelig, im „römischen Stil". Doch Elisabeth bestand auf der traditionellen orthodoxen Fünfkuppelbauweise und wies Rastrelli an, sich an der Kremlarchitektur zu orientieren. So präsentiert sich der himmelwärts strebende, fast 94 m hohe Bau in vollendeter barocker Formensprache, aber mit den typischen fünf Kuppeln.

Als Elisabeth 1762 unerwartet starb, kamen die Arbeiten am Smolnyj ins Stocken. Der neuen Zarin, **Katharina II.**, missfiel Rastrellis Barock – sie bevorzugte den modernen Klassizismus. Rastrelli spielte keine Rolle mehr am Hof und konnte seine Pläne, im Smolnyj einen gigantischen, 140 m hohen Glockenturm zu erbauen, nie verwirklichen. Selbst die Kathedrale wurde nur als Rohbau fertig. Erst 1832 bis 1835 beendete **Wasilij Stasow** die Arbeiten am Gotteshaus.

Katharina gab der Anlage auch eine neue Bestimmung. Auf ihr Geheiß nahm dort 1764 eine **„Bildungsanstalt für adelige Mädchen"** den Lehrbetrieb auf – die erste Bildungseinrichtung für Frauen in Russland. Der strenge Unterricht sollte die *Smoljanki* genannten Mädchen zu „Hofdamen" ausbilden. Später erhielten diese ihren eigenen Bau in direkter Nachbarschaft. Das **Smolnyj-Institut** wurde von Quarenghi im klassizistischen Stil entworfen und von 1806 bis 1808 errichtet. 1917 wurde von hier aus Weltgeschichte geschrieben: Die Bolschewiki richteten ihr Hauptquartier in der inzwischen geschlossenen Mädchenschule ein. Lenin und seine Frau bezogen ein Zimmer im Westflügel, die prächtige Aula diente als Sitzungssaal.

Die Kathedrale, von den Bolschewiki geplündert und 1931 geschlossen, dient heute auch als Konzertsaal, der berühmte Smolnyj-Kammerchor tritt regelmäßig auf. Auch ohne Konzert lohnt die Besichtigung, die modernen goldenen Ikonen bilden einen herrlichen Kontrast zum schneeweißen Innern. Die Klostergebäude beherbergen die sozialwissenschaftlichen Fakultäten der Universität St. Petersburg, Touristen haben keinen Zutritt. Im Smolnyj-Institut residieren heute der Gouverneur und die Stadtregierungen, die Besichtigung mit geführten Touren ist aber möglich.

› Pl. Rastrelli, Metro: Tschernyschewskaja, von hier Busse 22 oder Trolleybus 15. Alternativ Metro Pl. Wosstanija, von hier Bus 22 oder Trolleybus 5, Eintritt: 210 Rub, Glockenturm: 110 Rub, **Achtung:** Das Besteigen des Glockenturms ist (theoretisch) nur Gruppen gestattet, Do.–Di. 10.30–18 Uhr, geschl.: Mi.

46 Piskarjowskoe-Gedenk-friedhof (Пискарёвское мемориальное кладбище) ★★

Die bedeutendste Erinnerungsstätte für die Opfer der Leningrader Blockade erschüttert und bewegt. In den endlosen Gräberfeldern ruhen 420.000 zivile Opfer, die während der fast 900-tägigen Blockade verhungerten oder erfroren, und 70.000 Rotarmisten, die bei der Verteidigung der Stadt fielen.

Die meisten Toten wurden anonym bestattet. Auf einem Stein ist die Jahreszahl vermerkt, in der das Gräberfeld angelegt wurde. Hammer und Sichel verweisen auf zivile Gräber, ein Stern auf Rotarmisten. Nach Kriegsende wurde der Friedhof als Gedenkstätte gestaltet, die am 9. Mai 1960 eröffnet wurde. Zwei **Gedenkhallen** am Eingang beherbergen eine Dauerausstellung, die die grauenhaften Lebensbedingungen in der belagerten Stadt dokumentiert. Dahinter führt eine 450 m lange Allee vorbei an der „Ewigen Flamme" und zwischen den Gräberfeldern hindurch zur **Bronzestatue der trauernden Mutter Heimat.** Aus Lautsprechern ertönt klassische Musik. Die Granitwand hinter dem Monument trägt ein Gedicht der Schriftstellerin Olga Bergholz, die als „Stimme der Blockade" ihren Leidensgenossen über das Radio Mut zusprach. Es endet mit den Worten „All ihre edlen Namen können wir nicht aufzählen. Es sind ihrer so viele unter dem ewigen Schutze des Granits. Doch Du, der Du diesen Steinen lauschst, sollst wissen - Niemand ist vergessen ... und nichts ist vergessen".

❱ Nepokorennych Pr. 72, Metro: Pl. Muschestwa, dann Bus 123 oder 138, www.pmemorial.ru, tägl. 9–18 Uhr, im Sommer bis 21 Uhr

47 Blockade-Denkmal (Монумент героическим защитникам Ленинграда) ★

Das „Denkmal für die heroischen Verteidiger Leningrads", so der offizielle Name, ist ein gutes Beispiel für die monumentale Helden-Gedenkarchitektur der Breschnew-Zeit. Für Reisende, die vom Pulkowo-Flughafen (s. S. 106) kommend in Richtung Zentrum das Denkmal passieren, ist die imposante Anlage oft der erste visuelle Eindruck, den diese von Sankt Petersburg gewinnen.

Der im Jahr 1975 eingeweihte Gedenkkomplex liegt auf dem **Platz des Sieges,** einer Verkehrsinsel am Moskowskij Prospekt. Ein gewaltiger Granitring – durchstoßen von einem 48 m hohen Obelisken – symbolisiert den Durchbruch der deutschen Blockade. Überlebensgroße Skulpturen eines Arbeiters und eines Rotarmisten sowie verschiedene Skulpturengruppen (Scharfschützen, Matrosen, Piloten und weitere) sind vor dem Ring platziert worden. In seinem Inneren erklingt die berühmte „**Leningrader Sinfonie**" und eine Skulptur zeigt die eigentlichen Blockadeopfer – die Bewohner Leningrads. Hier befindet sich auch der Eingang zur unterirdischen, beinahe sakralen Gedenkhalle: Zwei riesige Wandmosaiken stellen das Leid der belagerten Stadt und die erlösende Befreiung dar. In Schaukästen ruhen **Erinnerungsstücke aus der Blockadezeit,** unter anderem eine Violine Schostakowitschs.

❱ Pl. Pobedy, Metro: Moskowskaja, www.spbmuseum.ru, Eintritt: 250 Rub, bis 7 Jahre frei, 11–18, Di. 11–17 Uhr, geschl.: Mi.

Ausflugsziele: Zarenpaläste vor den Toren der Stadt

48 Peterhof
(Петергоф) ★★★ [Karte S. 56]

*Peterhof – das „russische Versailles"
– ist die älteste der außerhalb Petersburgs gelegenen Zarenresidenzen
und eine der größten Touristenattrak-
tionen des Landes. Die von Peter I.
teils selbst entworfene, von weitläufigen Parks umgebene Palastanlage
an der Ostseeküste ist vor allem wegen ihrer Brunnen und Wasserspiele
weltberühmt.*

Bei der Konzeption seiner Sommerresidenz sprühte Peter vor Ideen. Ein
besonderes Anliegen war ihm, den
Palast mit herrlichen Brunnenanla-
gen zu umgeben, die gewissermaßen
**symbolisch für seine Herrschaft über
das nasse Element** stehen sollten. Die
Kontrolle des Wassers war schließlich
nirgends wichtiger als in Petersburg
mit seiner prekären, stets durch Über-

flutung bedrohten Ostseelage. Bei aller Pracht und Schönheit sollte man
nicht vergessen, dass Peterhof **im
Zweiten Weltkrieg massiv zerstört**
wurde. Was der Besucher heute bestaunen darf, ist in weiten Teilen das
Ergebnis eines aufwendigen, langwie-
rigen und liebevollen Wiederaufbaus.

Unterer Park

Herzstück und Hauptsehenswürdig-
keit Peterhofs sind nicht der Große Palast (obgleich eindrucksvoll), sondern
die technisch hochkomplexen Brunnen, allen voran die **Große Kaskade.**
Die auf eine Idee Peters zurückgehen-
de Anlage dominiert die dem Meer
zugewandte Palastseite im **Unteren
Park.** Sie umfasst zwei Grotten, 64
verschiedene Fontänen und über 200
vergoldete Bronzestatuen und –skulpturen. In einem betörenden Schau-
spiel sprudelt das Wasser über zwei

Peterhof

0   1cm = 150 m   300 m

Zur Landungs-
stelle der „Meteor"

Monplaisir-
Palast

Eremitage

Marly-
Palast

Morskaja Alleja

Menagerbrunnen
und Triton-
Glocken-Brunnen

Löwen-
Kaskade

Eva-
brunnen

Unterer

Park

Adams-
brunnen

Marlinskaja Ul.

Pyramiden-
brunnen

Marly-Kaskade
oder
Goldener Berg

Ul. Morskowo Desanta

Große Kaskade und
Samson-Brunnen

Orangerie und
Tritonbrunnen

Nikolskaja   Alleja

Großer
Palast

Drachenkaskade oder
Schachbrettkaskade

Oberer

Aleksandruskoje Schosse

Neptun-
brunnen

Krassnyj
Prud

Park

Lichardowskaja Ul.

Peter-Paul-
Kathedrale

St.-Petersburgskij   Prospekt

Kaskadentreppen abwärts in ein großes, halbrundes Brunnenbassin, von wo es durch den wie mit einem Lineal gezogenen **Meereskanal** schnurgerade in die Ostsee abfließt. Die im Brunnenbassin platzierte Skulptur „Samson bezwingt den Löwen" versprüht den höchsten Wasserstrahl des Parks. Sie symbolisiert den russischen Sieg über Schweden im Großen Nordischen Krieg – der Löwe ist das schwedische Wappentier.

Der 400 m lange Meereskanal teilt den zu Füßen des Palasts gelegenen Unteren Park in eine westliche und eine östliche Hälfte. Im **westlichen Teil** liegt der **Marly-Palast**, ein barockes Herrenhaus, das Peter als ruhiges Refugium schätzte. Auch die kleine **Eremitage** befindet sich hier, ein nobles Speisehaus. Ihre Attraktion ist der **außergewöhnliche Esstisch**, der mithilfe eines komplexen Mechanismus aus der Küche im Erdgeschoss durch die Decke in den Speisesaal im ersten Stock hinaufgezogen werden konnte. So konnten die Zaren oben mit bestem Ostseeblick speisen, ohne vom Erscheinen ihrer Diener gestört zu werden. Wünschte man Nachschub, klingelte man ein Glöckchen und die leere Tafel fuhr wie von Zauberhand wieder in die Küche hinab, wo sie neu eingedeckt und danach wieder hinaufgezogen wurde. Unabhängig davon konnte jeder Gast der Tafel seinen Teller einzeln in die Küche herab- und wieder hinauffahren lassen!

Im **östlichen Teil** liegt der hübsche **Monplaisir-Palast** am Meer, dessen Architektur entfernt an den niederländischen Kolonialstil erinnert und der vermutlich von Peter selbst entworfen wurde. Daneben gibt es zahllose Brunnen und einige Scherzbrunnen zu bestaunen, die sich vor allem bei Kindern höchster Beliebtheit erfreuen. Besonders berühmt ist die unweit des Großen Palasts gelegene **Schachberg- oder Drachenkaskade**, deren Wasser von drei prächtigen Drachen auf schachbrettartig schwarz-weiß gemusterte Steinterrassen gespien wird.

Großer Palast und Oberer Park

Die Arbeiten am **Großen Palast** begannen 1714. Neun Jahre später war der Bau, erhaben auf einem Hügelkamm über dem Meer gelegen, weitgehend fertig. Der Originalpalast war weitaus schlichter als der heutige. Die nachfolgenden Zaren ließen es sich nicht nehmen, den Bau nach ihren architektonischen Vorlieben aus- und umzubauen. Die namhaftesten Baumeister ihrer Zeit – Rastrelli, de la Mothe und Veldten – wirkten bei den barocken und später klassizistischen Umbauten mit. Im Innern erwarten den Besucher Schwindel er-

© REISE KNOW-HOW 2020

Park
Aleksandrija

★ Cottage

regende Prunksäle wie der **Ball-** oder der **Thronsaal**. Aber auch einige ungewöhnlich dekorierte, kleinere Säle sind sehenswert, etwa der **Çeşme-Saal** (vollgehängt mit Ölgemälden, die den russischen Sieg in der Seeschlacht bei Çeşme 1770 feiern) oder die **Chinesischen Lobbys**. Aus der Zeit Peters blieb lediglich das eher schlichte **Eichenkabinett** erhalten, Peters Arbeits- und Empfangszimmer.

Auf der dem Meer abgewandten Palastseite erstreckt sich der streng achsensymmetrisch angelegte **Obere Park**, dessen Zentrum der **Neptunbrunnen** bildet. Paul I. kaufte die ursprünglich für den Nürnberger Hauptmarkt entworfenen Barockskulpturen und ließ sie in der Mitte der gewaltigen klassizistischen Brunnenanlage aufstellen.

❯ Raswodanaja Ul. 2, www.peterhofmuseum.ru, geöffnet: Unterer Park: tägl. 9–20 Uhr, Springbrunnen: 10/11–18 Uhr, Großer Palast: für Individualtouristen zweimal tägl. einige Stunden, saisonal variieren die Zeiten, siehe Website, geschl.: Mo. und letzter Di. des Monats; Oberer Park: tägl. 9–20 Uhr. In der Herbst-/Wintersaison schließen die Parks eine Stunde früher! Eintritt: Unterer Park: 900 Rub, Großer Palast: 1000 Rub, Oberer Park: frei, für die weiteren Museen/Paläste siehe Website.

Praktische Infos zum Besuch

❯ Peterhof ist sicher der interessanteste Tagesausflug für Petersburgbesucher. Die Wasserspiele waren 2019 vom 27. April bis zum 13. Oktober in Betrieb. **Achtung:** Die Betriebszeiten der Brunnen variieren im April/Oktober jährlich um einige Tage. Wer in dieser Zeit Peterhof besuchen möchte, sollte sich vorab beim Museum erkundigen, ob die Brunnen schon/noch sprudeln.

❯ **Anreise:** Am schnellsten und spektakulärsten ist die Anreise mit dem Tragflügelboot „Meteor" (www.peterhof-express.ru). Abfahrt vom Anleger hinter der Eremitage oder vom Anleger hinter dem Ehernen Reiter, Boote fahren in der Saison alle 30 Min. von 10–18 Uhr, einfache Fahrt 850 Rub (online 100 Rub günstiger), Roundtrip 1600 Rub (online 200 Rub günstiger), Roundtrip-Tickets nur im Ticket-Office Admiraltejskaja Nab. 2 erhältlich. Letzte Rückfahrt von Peterhof um 18.30 Uhr. Der rasante Ritt über den Finnischen Meerbusen dauert 35 Min., die Boote legen direkt am Meereskanal am

⌂ Brunnenpracht in Peterhof

Unteren Park an, wo man an den Kassen das Ticket für den Unteren Park kaufen kann. Es gibt eine Reihe alternativer Anreisemöglichkeiten, die das Gelände von der Seite des Oberen Parks erreichen, z. B. mit dem Vorortzug vom Baltischen Bahnhof (Ausstieg in Nowij Petrodworez, dann weiter mit dem Bus oder 20 Min. zu Fuß). Einfacher ist es, von der Metrostation Awtowo die Marschrutka bzw. den Bus (Nr. 300, K–424, K–424-A) zu nehmen.

❯ **Vor Ort** gilt es, die **Tücken des Ticketsystems** zu bewältigen: Zum Palastkomplex gehören vier Parks und 23 (!) Museen. Grundsätzlich kosten alle Paläste/ Museen einen Extraeintritt, Öffnungstage sind aber teils verschieden (s. Website!). Von wesentlicher Bedeutung ist, dass der Zutritt zum Unteren Park nur einmal möglich ist. Wer ihn durch die Drehkreuze wieder verlässt, muss sich danach ein neues Ticket kaufen. Dies ist insofern von Belang, da zur Besichtigung des Oberen Parks der Untere Park verlassen werden muss. Um doppelte Ticketkosten für den Unteren Park zu vermeiden, empfiehlt sich für diejenigen, die den Oberen Park besuchen wollen – was nicht zwingend erforderlich ist, da er weitaus weniger spektakulär als der Untere Park ist –, eine kombinierte Anreise (Boot/Bus). Es bietet sich an, zu picknicken, es gibt aber im Unteren Park auch reichlich Imbissstände und Cafés.

❯ **Achtung:** In der Saison wird es am Wochenende und an Feiertagen sehr voll. Antizyklisch planen ist sinnvoll. Mückenschutz mitnehmen!

49 Zarskoje Selo/Puschkin (Царское село/Пушкин) ★★★

Das 25 km südlich von Petersburg gelegene „Zarendorf", so die Übersetzung, bietet mit dem Katharinen- und Alexanderpalast ein architektonisches Ensemble, das in seinem exzessiven Prunk wohl weltweit unübertroffen ist. Seit 2003 kann im Katharinenpalast die Rekonstruktion des im Zweiten Weltkrieg verschollenen, legendären Bernsteinzimmers bestaunt werden.

Katharinenpalast

Der Katharinenpalast ist das gewaltigste Bauwerk im seit 1918 offiziell Puschkin heißenden Ort – die über 300 m messende barocke Fassadenfront, aufwendig ausgeschmückt mit korinthischen Säulen, Atlanten und goldenen Stuckelementen, **übertrifft in Länge und Prunk selbst den Petersburger Winterpalast**. Rastrelli schuf das epische Bauwerk für Elisabeth I., die damit eine ältere Residenz ihrer Mutter Katharina I. ersetzte, deren Name aber weiterhin als Bezeichnung für den Palast in Gebrauch blieb.

Erbaut wurde der Palast zwischen 1752 und 1756. Katharina II., wie Elisabeth dem Luxus sehr zugetan, liebte die Residenz kaum weniger als ihre Vorgängerin, ließ aber das Interieur teils im von ihr bevorzugten klassizistischen Stil umgestalten. Ausgenommen davon blieb freilich die **Goldene Enfilade** – die von Rastrelli geschaffene Raumflucht, zu deren Highlights der gewaltige **Große Saal** und natürlich das rekonstruierte **Bernsteinzimmer** zählen. Das von Andreas Schlüter ursprünglich für Preußenkönig Friedrich I. entworfene „achte Weltwunder" gelangte im Austausch für Soldaten mit Gardemaß an die Newa. Peter der Große hatte diesen Deal eingefädelt. Rastrelli installierte die honigfarbene Wandverkleidung auf Wunsch Elisabeths im Katharinenpalast. Dort blieb sie, bis

Zarskoje Selo besuchen

Am besten fährt man von der Metrostation Kuptschino (Linie 2) mit der Marschrutka (Fahrtdauer 30 Min.). Marschrutki der Nummer K 342, 286, 545 oder 287 sowie Bus Nr. 186 fahren alle paar Minuten. Sie halten gleich vor dem Palast. Alternativ gibt es den Regionalzug, die Elektritschka. Vom Witebsker Bahnhof fahren ab etwa 6 Uhr morgens ca. dreimal stündlich Züge (s. Museumswebsite). Die Fahrtzeit beträgt ca. 30 Min. Vom Bahnhof in Zarskoje Selo nimmt man Bus 371 oder 382 zum Katharinenpark (Fußweg zum Park ca. 25 Min.).

Achtung: Zwischen Juni und August ist der Katharinenpalast oft überlaufen! In dieser Zeit ist der Zugang für Individualtouristen je nach Besucheraufkommen teils reglementiert (s. Website).

die Deutschen sie 1941 demontierten und nach Königsberg schafften, wo sie in den Kriegswirren 1945 verschwand. 1997 tauchten in Deutschland sensationell eine Kommode und ein Mosaik wieder auf, vermutlich private Beutestücke. Diese beiden Originalteile wurden an Russland zurückgegeben und in den pünktlich zur Petersburger 300-Jahr-Feier wiedereröffneten Saal eingebaut.

Im Anbau am nordöstlichen Palastende wurde 1810 ein **Elite-Lyzeum für adelige Jungen** untergebracht. Puschkin besuchte die Schule von 1811 bis 1817 und unternahm hier seine ersten dichterischen Versuche. Heute ist hier ein kleines Museum eingerichtet, das an die Schulzeit des Nationaldichters erinnert. Der Palast ist vom weitläufigen **Katharinenpark** umgeben. In diesem Meisterwerk der Landschaftsgärtnerei fanden Elemente französischer, englischer und italienischer Gartenarchitektur Eingang.

Alexanderpalast

Unmittelbar nördlich des Katharinenpalasts steht dessen klassizistischer Gegenentwurf. Der 1796 fertiggestellte **Alexanderpalast**, eine exquisite Arbeit Quarenghis, gilt als eines der harmonischsten und gelungensten klassizistischen Bauwerke Russlands. Katharina II. ließ den Palast als Hochzeitsgeschenk für ihren Lieblingsenkel, den späteren Zaren Alexander I., erbauen. Der letzte russische Zar, Nikolaus II., bewohnte den Palast mit seiner Familie in den letzten 13 Jahren seiner Herrschaft. Nach seiner Abdankung 1917 befand sich Nikolaus hier vorübergehend unter Hausarrest, bevor die Zarenfamilie nach Tobolsk und später Jekaterinburg verbannt wurde. Nach ihrer Ermordung richteten die Bolschewiki im Palast vorübergehend ein Museum ein, das der einfachen Bevölkerung den verschwenderischen Lebensstil der Romanows präsentieren sollte. **Gegenwärtig (Ende 2019) ist der Alexanderpalast allerdings wegen Renovierungsarbeiten geschlossen.** Der ihn umgebende prächtige Landschaftspark kann aber dennoch besichtigt werden. Als Besonderheit findet sich hier ein malerisches **Chinesisches Dorf**, bestehend aus zehn kleinen Häuschen im chinesischen Stil.

› Sadowaja Ul. 7, Puschkin, http://tzar.ru/objects/alexandrovsky, Palast: Okt.–April Mo., Mi.–So. 10–16.45, Mai/Sept. 12–17.45, Juni–Aug. 12–18.45, geschl. Di. und Oktober–April letzter Mo. des Monats, Park: tägl. 7–21 Uhr (im Sommer länger), Eintritt Katharinenpalast: 1000 Rub, -park: 120 Rub, Ende Oktober–Ende April und ab 19 Uhr frei. Achtung: Das Eintrittsticket für den Park muss beim Kauf eines Tickets für den Palast vorgezeigt werden. Alexanderpark: tägl. 7–23 Uhr, Eintritt frei.

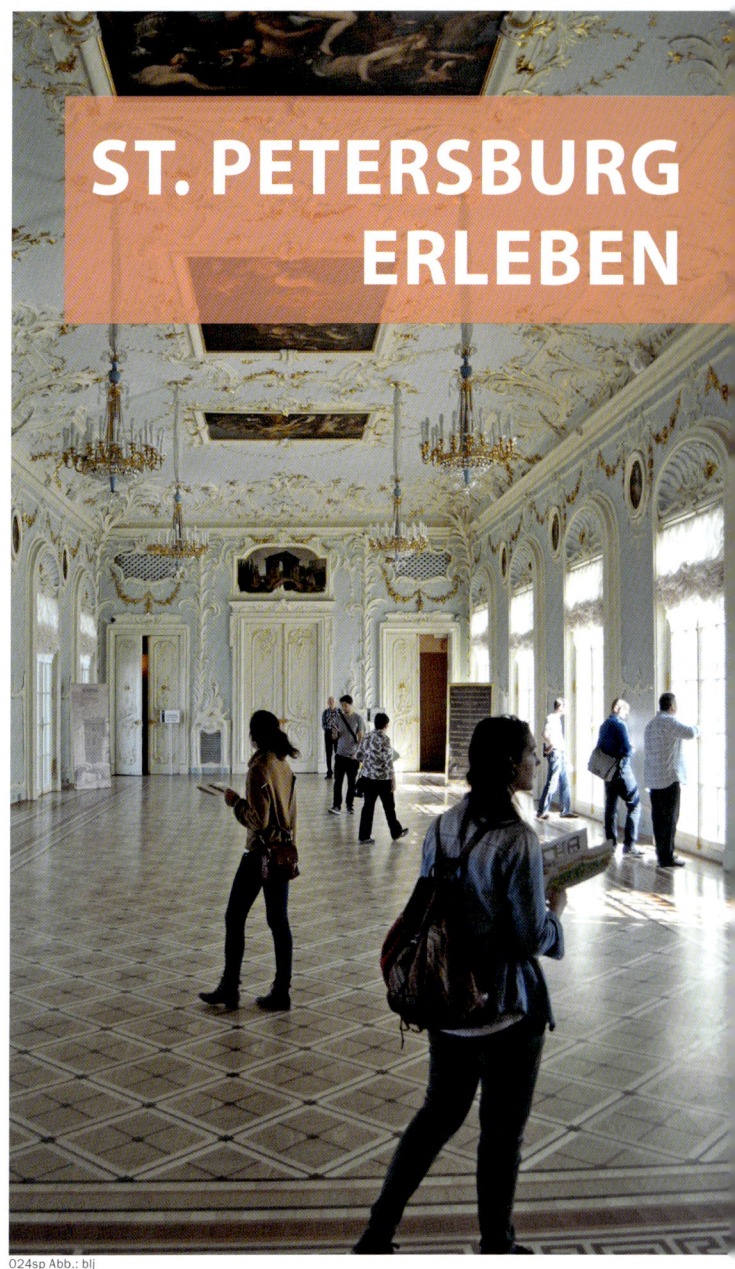

ST. PETERSBURG ERLEBEN

St. Petersburg für Kunst- und Museumsfreunde

Wesentlich für die Identität der Stadt ist, dass sich die Petersburger heute wieder als Bewohner der **kulturellen Hauptstadt** des Landes empfinden. Kein Wunder, bei diesem Erbe! Petersburg ist Standort des ersten russischen Museums, Geburtsort des russischen Balletts und der klassischen russischen Musik, die Stadt der Eremitage ➋, Dostojewskijs, Achmatowas und Mandelstams, Wiege der russischen Rockmusik ... Als wäre das nicht schon genug, existiert auch eine spannende zeitgenössische Kunstszene, die den Vergleich mit der Hauptstadt nicht wirklich zu scheuen braucht. Für kultur- und geschichtsinteressierte Besucher ist Petersburg also ein *El Dorado*. Das einzige Problem dürfte ein logistisches sein: Wie schafft man es, all die höchst sehenswerten Museen und Venues in der doch meist begrenzten Reisezeit zu besuchen?

Museen

Eine Liste aller Petersburger Museen findet sich hier: www.saint-petersburg.com/museums. Es gelten häufig andere Preise für Russen oder Angehörige von Mitgliedsstaaten der Eurasischen Union. Hier sind jeweils die **Preise für Deutsche** angegeben.

Adelspaläste

▥2 [B1] **Elagin-Palais,** Elagin-Insel 4, Metro Krestowskij Ostrow, http://elaginpark.org, **derzeit wegen Renovierung geschlossen.** Der kleine Palast auf der Elagin-Insel, ein Frühwerk Carlo Rossis, ist eine architektonische Perle. Er war

◁ *Vorseite: Wo geht's lang? Im Labyrinth des Winterpalasts* ➋

einst Sommerresidenz Maria Fjodorownas, der kunstbegeisterten Gattin des unglücklichen Zaren Paul I. Im Palast werden Gemälde, in der benachbarten Orangerie Glaskunst ausgestellt.

➍⓿ [D7] **Jusupow-Palais.** Der spektakulärste Adelspalast Petersburgs. In seinem Keller ermordeten Fürst Jusupow und Gleichgesinnte Rasputin, eine Ausstellung erinnert an den Mord (s. S. 63).

➌⓼ [D6] **Menschikow-Palais.** Der erste steinerne Luxuspalast Petersburgs gehörte Peters Weggefährten, Fürst Menschikow. Wie der Zar liebte Menschikow alles Holländische: Viele Säle sind mit handbemalten Delfter Kacheln dekoriert (s. S. 48).

▥3 [G6] **Scheremetjew-Palais,** Nab. Reki Fontanki 34, Metro: Gostinyj Dwor, www.theatremuseum.ru, Palasträume im ersten Stockwerk: Do.–Mo. 11–19, Mi. 13–21 Uhr, geschl.: Di. und letzter Fr. des Monats, Eintritt: 300 Rub, Musikinstrumentenmuseum: Do.–So. 11–19, Mi. 13–21 Uhr, geschl. Mo./Di., Eintritt: 250 Rub. Die Scheremetjews waren eine der reichsten Familien Russlands. Ihr Palast ist eines der ältesten Gebäude der Stadt (Baujahr 1712). Der Hauptteil des feudalen Anwesens an der Fontanka beherbergt das Musikmuseum, eine 3000 Exponate zählende Sammlung verschiedener Instrumente aus aller Welt. Im Weißen Saal finden regelmäßig Konzerte statt.

➊⓿ [F5] **Sommerpalast.** In dem bescheidenen Palast im Sommergarten verlebten Peter I. und seine Frau Katharina die warme Jahreszeit (s. S. 25).

➋⓿ [E6] **Stroganow-Palais.** Der prächtige Barockpalast auf dem Newskij Prospekt war der repräsentative Wohnsitz der einflussreichen Stroganow-Familie (s. S. 35).

Jugendstil – Sankt Petersburg als Labor der Moderne

Von Heike Maria Johenning

Der Petersburger Jugendstil ist ein wenig bekanntes Phänomen, dabei gibt es heute noch fast 1000 von der UNESCO geschützte Jugendstilbauten an der Newa.

Als um 1900 die Bevölkerungszahlen explodierten, kamen die neuen „Wundermaterialien" Stahl, Beton, Glas und Eisen gerade recht. Quasi über Nacht tauchten im klassizistisch-barocken Sankt Petersburg asymmetrische Bauten mit geschwungenen Fassadenelementen auf. Aus westeuropäischen Strömungen entwickelte sich der facettenreiche russische „stil modern".

Das Singer-Haus ⑭, die Villa Kschesinskaja ㉝, das Kaufhaus der Gardegesellschaft und das Feinkostgeschäft Jelissejew ⑰ sind die bekanntesten Bauten aus dieser Zeit. Das schönste Beispiel für Wiener Jugendstil ist der Witebsker Bahnhof mit seinen Majolikafliesen, floralen Reliefs, Buntglasfenstern, Löwenmaskaronen und kolossalen Halbbogenfenstern.

Die räumliche Nähe zu Skandinavien brachte den nordischen Jugendstil mit Natursteinfassaden, Erkern, Türmchen, Giebeln und mehreckigen Fenstern nach Petersburg. Typisch für die Gebäude des in Petersburg geborenen Schweden Fjodor Lidwal sind Granitverkleidungen und die Fassadenfarbe Ocker. Das beispielhafte Haus Melzer steht neben dem Kaufhaus der Gardegesellschaft im Zentrum.

Das prägnanteste Beispiel des aus Nowgorod beeinflussten neorussischen Jugendstils ist die Bluterlöserkirche ⑮ mit ihrer bunten Keramikfassade.

„Geboren wurde der Jugendstil in Westeuropa, zur Ruhe setzte er sich in Russland." (John Ellis Bowlt).

● 5 *[E6]* **Kaufhaus der Gardegesellschaft,** *Bolschaja Konjuschennaja Ul. 21–23*

● 6 *[E6]* **Haus Melzer,** *Bolschaja Konjuschennaja Ul. 19*

● 7 *[F8]* **Witebsker Bahnhof,** *Zagarodnij Prospekt*

Literaturtipp

❭ *Johenning, Heike Maria:* **Architekturführer Sankt Petersburg,** *DOM publishers, Berlin 2014. Dieser umfangreiche und reich bebilderte Stadtführer mit über 300 Gebäuden ist ein Muss für Architekturinteressierte. Einen thematischen Schwerpunkt bildet das von der UNESCO geschützte Jugendstilerbe Sankt Petersburgs.*

Ethnografische Museen

㊲ [D5] **Kunstkammer.** Das älteste Museum Russlands beherbergt die berühmte Sammlung Peters I. (allerlei natürliche Abnormitäten und Kuriosa) und eine Völkerkundesammlung (s. S. 47).

🏛 4 [F6] **Russisches Ethnografisches Museum,** Ul. Inschenernaja 4, Metro: Gostinyj Dwor, www.ethnomuseum.ru, Mi.–Sa. 10–18, Di. 10–20, So. 11–19 Uhr, geschl.: Mo. und letzter Fr. des Monats, Eintritt: 500 Rub. Das gigantische Völkerkundemuseum zeigt auf eindrucksvolle Weise die kulturelle und ethnische Vielfalt des russischen Riesenreichs und Vielvölkerstaats. Exponate von über 150 verschiedenen Volksgruppen (Schmuck, Kleidung, Kultobjekte, Möbel usw.). Die gezeigten Stücke stammen aus dem 18. bis 20. Jh.

110sp Abb.: mb

Bolschewiki ein „Museum der Religionsgeschichte und des Atheismus" eingerichtet, in dem sie zahlreiche der nach der Oktoberrevolution im ganzen Reich beschlagnahmten Kultobjekte ausstellten. Sie bilden bis heute den Grundstock der Sammlung.

🔴45 [I4] **Smolnyj-Kloster.** Die Smolnyj-Kathedrale, Rastrellis Meisterwerk, ist heute ein Konzertsaal, kann aber auch außerhalb von Konzerten besichtigt werden. Gruppen können zudem den Turm besteigen (s. S. 54).

Kunstmuseen

🏛9 [A7] **Erarta,** 29. Linie Nr. 2, Metro: Wasileostrowskaja, dann Bus Nr. 1/Nr. 6 oder Marschrutki K 30, K 44 oder K 62, www.erarta.com, 10–22 Uhr, geschl.: Di., Eintritt: 550 Rub, „U-Spaces": 200 Rub (pro „U-Space", wer zwei „U-Space"-Tickets kauft, hat freien Eintritt zu einem weiteren), „Theatre with no Actors": 250 Rub (öffentliche Screenings von 13 bis 20.30 Uhr). Das größte und spannendste Projekt zeitgenössischer russischer Kunst: Seit mehreren Jahren werden in dem riesigen, komplett renovierten, sowjetklassizistischen Bau die Arbeiten von Dutzenden Künstlern aus allen Ecken Russlands gezeigt. Als Kriterium für „zeitgenössisch" gilt das Geburtsdatum nach 1945: Sowjetische Untergrundkunst und die Werke der nach 1991 Geborenen stehen generationenübergreifend nebeneinander. Zu sehen sind Installationen, Graphiken, Skulpturen, Gemälde und Videokunst. Eine sehr persönliche Erfahrung sind die sog. „U-Spaces": Dies sind derzeit acht über die Museumsebenen verteilte Räume mit „totalen Installationen" zu bestimmten Themen, z. B. „Kindheit" oder „Kirschgarten". Das private, nichtkommerzielle Museum – alle Erlöse gehen in Kunstprojekte – initiiert auch allerlei innovative Kunst-Aktionen und beherbergt

Kirchenmuseen

🔴15 [F5] **Bluterlöserkirche.** Petersburgs „russischste" Kirche ist innen wie außen mit wunderbaren Mosaiken geschmückt und heute „Museum für Mosaikkunst" (s. S. 29).

🔴5 [E6] **Isaakskathedrale.** Die Bolschewiki funktionierten die größte Petersburger Kathedrale zu einem Atheismus-Museum um. Heute finden hier an Feiertagen wieder Gottesdienste statt. Im atemberaubenden Kircheninneren wird auch die Geschichte des Sakralbaus dokumentiert (s. S. 20).

🏛8 [D6] **Museum für Religionsgeschichte,** Potschtamtskaja Ul. 14, Metro: Admiraltejskaja, www.gmir.ru, Mo., Do.–So. 10–18, Di. 13–21 Uhr, geschl.: Mi., Eintritt: 450 Rub. Die Sammlung sakraler Gegenstände befand sich bis 1999 in der Kasaner Kathedrale. Dort hatten die eine **große Galerie** (www.erartagalle ries.com). Es gibt auch ein entspanntes Café/Restaurant (tägl. 12–22, Fr./Sa. bis 23 Uhr).

❷ [E5] **Eremitage.** Petersburgs berühmtestes Museum residiert in den Sälen des Winterpalasts, die moderne Kunst seit 2014 im grandios renovierten Ostflügel des Generalstabs. Kunstwerke von Weltrang erwarten den Besucher ebenso wie ein schwindelregender Gang durch das Labyrinth der zahlreichen Prunksäle und Gemächer (s. S. 15).

⓲ [G6] **Fabergé-Museum.** Juwel des Museums sind die neun für die Zarenfamilie gefertigten Fabergé-Eier. Zu sehen sind auch unzählige weitere Preziosen aus Fabergés legendärer Juwelier-Werkstatt und Kunstwerke weniger bekannter russischer Goldschmiede (s. S. 33).

❽ [F5] **Marmorpalais.** Der klassizistische Palast beherbergt eine herausragende Sammlung moderner Kunst (Picasso, Warhol, Koons u. v. m), gestiftet vom deutschen Sammlerehepaar Ludwig (s. S. 23).

⓬ [F5] **Michaelsschloss.** Im „Hochsicherheitsschloss" Zar Pauls I. befindet sich eine Skulpturen- und Porträtausstellung (s. S. 26).

⓰ [F6] **Russisches Museum.** Neben der Tretjakow-Galerie die umfassendste Sammlung russischer Kunst. Von frühen religiösen Ikonen bis zu den Ikonen der Moderne – Malewitschs suprematistischen Abstraktionen – sind zahllose Meisterwerke der russischen Malerei zu sehen (s. S. 29).

◁ *Im Dostojewski-Museum* **㉗** *erhält man auch einen Einblick in die Wohnverhältnisse des Literaten*

Literaturmuseen

🏛10 [G6] **Anna-Achmatowa-Museum,** Litejnyj Pr. 53, Metro: Majakowskaja, www.akhmatova.spb.ru, 10.30–18.30, Mi. 12–20 Uhr, geschl.: Mo., Eintritt: 200 Rub. Einen Großteil ihres Lebens bewohnte die Lyrikerin einen Seitenflügel des Scheremetjew-Palais, den sie liebevoll „Fontänenhaus" nannte. In ihrer letzten Wohnung dort ist heute dieses Museum untergebracht. Zu sehen sind Achmatowas Möbel, Briefe, Bücher, Fotografien und Manuskripte. Auch ihrem Dichterkollegen und Freund, dem späteren Literaturnobelpreisträger Joseph Brodsky, ist eine Ausstellung gewidmet. Das Museum gibt einen berührenden Einblick in Achmatowas Leben, das vom bolschewistischen Terror und dem Zweiten Weltkrieg so tragisch überschattet wurde. Der Eingang erfolgt durch den Torbogen am Litejnyj Pr. auf der Rückseite des Palasts. Im Innenhof ist eine große Parkanlage, hier geht es links zum Kassenhäuschen.

㉗ [G7] **Dostojewskij-Museum.** Die Einrichtung der letzten Petersburger Wohnung Dostojewskijs wurde originalgetreu rekonstruiert, eine literarische Ausstellung dokumentiert zudem sein schriftstellerisches Schaffen, das so untrennbar mit Petersburg verbunden ist (s. S. 39).

❼ [E5] **Puschkin-Museum.** In seiner eleganten Wohnung starb der Nationaldichter an den Folgen eines Duells. Die Einrichtung mit zeitgenössischen Möbeln und persönlichen Gegenständen erweckt den Eindruck, als sei der Meister gerade nur auf einen Sprung ins Café „Wolf und Béranger". (In seinem Stammlokal auf dem Newskij Pr. 18 – dem heutigen Literaturnoe Kafe – speiste Puschkin auch vor seinem verhängnisvollen Duell, s. S. 23.)

🏛11 [D6] **Wladimir-Nabokow-Museum,** Bol. Morskaja 47, Metro: Admiraltejskaja, http://nabokov.museums.spbu. ru, Di.–Sa. 11–17.45 Uhr., geschl.: So./ Mo. und feiertags, Eintritt: frei. Der weltberühmte Autor von „Lolita" wurde hier 1899 geboren und lebte in dem Haus, bis die Familie 1918 vor den Bolschewiki fliehen musste. In seiner Autobiographie „Erinnerung, sprich" erinnert sich Nabokow an seine Petersburger Jugend und das innig geliebte Elternhaus. Neben den Wohnräumen sind Teile seiner berühmten Schmetterlingssammlung, sein Schmetterlingsnetz und ein Exemplar der „Natural History of British Butterflies" zu sehen, in dem der kleine Nabokow die abgedruckten Schmetterlingsabbildungen ausmalte.

(Militär-)Historische Museen

🏛12 [G5] **Blockade-Museum,** Soljanoj Per. 9, Metro: Tschernyschewskaja, http:// blokadamus.ru, Mi.–Mo. 10–18 Uhr, geschl.: Di. und letzter Do. des Monats, Eintritt: 300 Rub. Das Museum öffnete 1946 und wurde in der Folge von nahezu jedem überlebenden Leningrader besucht. 1949 ließ Stalin es im Zuge der „Leningrader Affäre" schließen, die Exponate teils zerstören und den Museumsdirektor erschießen. Erst 1989 wurde es neu eröffnet. Die sehr berührende Ausstellung greift das „Innen" und „Außen" der Belagerungssituation auf. Die Exponate in der Saalmitte zeigen das Leben in der Stadt – die medizinische Versorgung, das kulturelle Leben, die Ernährungslage. Sie sind umschlossen von Exponaten, die den militärischen Verlauf der Blockade dokumentieren: Kriegsgerät und Erläuterungen militärischer Operationen.

❯ **Museum der politischen Geschichte Russlands.** Das Museum in der wundervollen Jugendstilvilla Kschesinskaja 33 widmet sich der dramatischen politischen Geschichte des Landes. 1917 beschlagnahmten die Bolschewiki die Villa, Lenin hielt hier von einem Balkon

seine erste öffentliche Rede nach seiner Rückkehr aus dem Exil (s. S. 44).

🏛13 [E6] **Museum der Politischen Polizei,** Gorochowaja Ul. 2, Eingang über Admiraltejskij Pr. 6, Metro: Admiraltejskaja, www.polithistory.ru, 10–18 Uhr, geschl.: Sa./So./Fei., Eintritt: 100 Rub. Das Museum thematisiert die Geschichte der russischen Geheimpolizei von der Zeit ihres Erfinders Nikolaus I. bis zur Sowjetzeit. Seine Räumlichkeiten wurden einst von der zaristischen *Ochrana* genutzt, dann von der *Tscheka* übernommen, die hier bis zum Umzug nach Moskau ihre erste Zentrale hatte. So kommt es, dass in Dserschinskijs Arbeitszimmer zuvor auch Lenin verhört wurde. Es gibt einen englischsprachigen Begleitordner, der die Exponate, hauptsächlich Porträts von Geheimdienstlern und Polizeispitzeln, erklärt.

❯ **Panzerkreuzer Aurora** (s. S. 45). Das Schlachtschiff gleicht einem sowjetischen Schrein. Das Deck kann begangen werden, ebenso die Innenräume.

31 [E4] **Peter-Paul-Festung.** Die Festung ist der Geburtsort der Stadt. Auf dem Gelände liegen u. a. die Begräbniskathedrale der Romanows und ein Gefängnis, in dem alle, wirklich alle bekannten Namen der antizaristischen Opposition einsaßen (s. S. 41).

34 [F4] **Wohnhaus Peters I.** In der Blockhütte wohnte Peter I. in der Gründungsphase der Stadt. Zu sehen sind Teile der Originaleinrichtung und einige persönliche Gegenstände des großen Zaren (s. S. 44).

Natur, Technik, Sonstiges

28 [G7] **Arktis- und Antarktismuseum.** Charmantes Museum aus Sowjetzeiten, das mit Dioramen und prächtigen Wandgemälden die Erforschung der Polargebiete veranschaulicht (s. S. 39).

🏛14 [E7] **Eisenbahnmuseum,** Sadowaja Ul. 50, Metro: Sennaja Pl., http://cmzt.

111sp Abb.: mb

narod.ru, tägl. 10.30–17.30 Uhr, geschl.: letzter Do. des Monats, Eintritt: 300 Rub, Sa./So./Fei. 400 Rub. Dokumentiert wird die Geschichte der russischen Eisenbahn, zu sehen sind u. a. viele liebevolle Modelle alter Lokomotiven, Waggons, Brücken und Bahnhöfe. **Achtung:** Wer echte, lebensgroße Loks und Züge bestaunen möchte, dem sei das Russische Eisenbahnmuseum nahegelegt:

🏛 **15** [D9] **Russisches Eisenbahnmuseum,** Bibliotetschnyj Per. 4/2, Metro: Baltijskaja, www.railway-museum.ru, geöffnet Sa.–Di. 10.30–18, Mi. 10.30–21 Uhr, Do. geschl., Eintritt: 300 Rub

🏛 **16** Grandmaket, Zwetotschnaja Ul. 16, Metro: Moskowskie Worota, https://grandmaket.ru, tägl. 10–20 Uhr, Eintritt: 540 Rub, Kinder 320 Rub. Das wird vor allem Kinder begeistern: Auf einer riesigen Fläche ist Russland in Miniatur nachgebildet – von Kaliningrad bis Kamtschatka. Berge, Flüsse, Städte, 200 Züge: Die Detailfreude der Konstrukteure kennt keine Grenzen. Mittels interaktiver Knöpfe kann die Miniaturwelt auch zum Leben erweckt werden.

🏛 **17** [D5] **Zoologisches Museum,** Uniwersitetskaja Nab. 1, Metro: Amiraltejskaja, Sportiwnaja, www.zin.ru/museum, Mi.–Mo. 11–18 Uhr, geschl.: Di. und 2. Mi. des Monats, Eintritt: 300 Rub. Richtig toll für Kinder: Ausgestopfte Tiere sind hier in einer Artenvielfalt und Menge zu bestaunen, wie sie kaum ein Zoo je bieten könnte. Auch die Präsentation ist keinesfalls verstaubt. Besonders stolz ist das Museum auf seine dem sibirischen Permafrost entrissenen Mammuts, darunter das weltberühmte, 35.000 Jahre alte Mammutbaby „Dima". Weltweit ist kein anderer Mammutfund auch nur im Ansatz ähnlich gut konserviert wie der nur 90 cm große Dima – sogar sein Fell blieb teils erhalten.

△ Das sehenswerte, in einer alten Kirche untergebrachte Arktis- und Antarktismuseum **28** *informiert über die Geschichte der sowjetischen und russischen Polarexpeditionen und umfasst auch einige Dioramen*

Kunstzentren, Galerien

🏛18 [G6] **Galerie Borej**, Litejnyj Pr. 58, Metro: Majakowskaja, www.borey.ru, Di.–Sa. 12–20 Uhr, geschl. So./Mo. Das 1991 gegründete Borej, labyrinthartig im Keller gelegen, war eine der ersten Untergrundgalerien der Stadt. Heute ist es eine Institution, aber noch immer angenehm unprätentiös und kritisch. Viele Erstausstellungen junger Künstler. Neben dem Kunstladen gleich im ersten Raum gibt es auch einen Buchladen und einen sehr guten DVD-Verkauf.

🏛19 [G7] **Loft Project Etagi**, Ligowskij Pr. 74, Metro : Pl. Wosstanija, www.loftpro jectetagi.ru, geöffnet: Gebäude tägl. rund um die Uhr, Läden/Galerien meist bis 21 Uhr. Die einstige Brotfabrik gehört heute ganz der Kunst und dem alternativ-urbanen Lebensgefühl: Auf die fünf Etagen des postindustriellen Raumes verteilen sich u. a. zwei Galerien, Ausstellungsräume und das Café Green Room (s. S. 76) mit seiner einmaligen Dachterrasse. Es gibt auch einen Ausstieg aufs Dach (150 Rub). Eingang über die Plastiktür gleich links neben dem meist verschlossenen schwarzen Haupttor, dann quer über den Hof.

🏛20 [F5] **KGallery**, Nab. Reki Fontanki 24, Metro: Gostinyj Dwor, www.kgallery. ru, tägl. 11–20 Uhr, Eintritt: 200 Rub. Eine der renommiertesten kommerziellen Galerien der Stadt. Verkauft werden Werke namhafter russischer Künstler, regelmäßig Ausstellungen.

🔴29 [H7] **Künstlerhaus Puschkinskaja 10**. Das seit einem guten Vierteljahrhundert besetzte Haus beherbergt eine Vielzahl von Studios und kleinen Galerien. Auch das Museum der nonkonformistischen Kunst ist hier lokalisiert, eine zentrale Plattform der zeitgenössischen Petersburger Kunstszene (s. S. 40).

🏛21 [E6] **Rosfoto**, Bol. Morskaja Ul. 35, Metro: Admiraltejskaja, http://rosphoto. org, Mo., Mi., Sa., So. 11–19, Di., Do., Fr.

12–21 Uhr, Eintritt: 300 Rub. Die größte Fotogalerie der Stadt zeigt in drei übers Haus und Hinterhaus verteilten Ausstellungsräumen teils hoch spannende Fotoausstellungen. In den Haupträumlichkeiten (Vorderhaus, 1. Stock) gibt es zudem ein schnuckeliges kleines Café und einen auf Fotografie spezialisierten Buchladen.

Kunst unter freiem Himmel

Das in Stein geronnene Genie großer Baumeister, die **Fülle an Details**, die es an den Fassaden selbst eher unbedeutender Straßenzüge zu entdecken gilt, die außergewöhnlichen **Denkmäler** auf den Plätzen, darunter der Eherne Reiter ❹, Klodts Pferdebändiger auf der Anitschkow-Brücke ⓳ oder Mikeschins Katharinenstatue [F6] und nicht zuletzt die **Brücken** – die Troitskij-Brücke [F4] mit ihrem herrlichen Jugendstilgeländer, Traitteurs Bankbrücke ㉒, die Lomonosow-Brücke [F7] – machen einen Spaziergang durch die Stadt gleichsam zu einem Museumsrundgang unter freiem Himmel. Ein herausragendes Kunstwerk, das derzeit noch an der frischen Luft bestaunt werden kann, wird aber vermutlich bald in ein „richtiges" Museum wandern: Die jahrtausendealten **ägyptischen Sphinxe** ㊴ am Universitätskai vor der Akademie der Künste sollen so dauerhaft vor dem unwirtlichen Winter an der Newa geschützt werden. Ihre verstörenden Pendants – die von Michail Schemjakin als Denkmal für die Opfer stalinistischer Repression aufgestellten Sphinxe, deren Gesichter zur Hälfte Totenkopf sind – werden aber weiterhin mahnend an der Newa wachen, gleich gegenüber dem auf der anderen Flussseite gelegenen Kresty-Gefängnis (Woskresenskaja Nab., Höhe Haus Nr. 12).

St. Petersburg für Genießer

Essen und Trinken

„Beim Abendessen wurden wieder gewaltige Quantitäten verzehrt. Als Tschitschikow sich ins Bett legte, befühlte er seinen Bauch und sagte: *Prall wie eine Trommel! Da geht kein Polizeimeister mehr hinein.* [...] Der Hausherr bestellte [derweil] bei dem Koche für den nächsten Tag unter dem Namen eines frühen Dejeuners ein reguläres Mittagessen [...]. Am anderen Tag aßen die Gäste so stark, dass Platonow nicht mehr reiten konnte."

(N. Gogol, „Die Toten Seelen")

Der Besuch der zwielichtigen Romanfigur Tschitschikow beim fresssüchtigen Gutsbesitzer Pjetuch gibt, bei aller satirischen Überspitzung, doch einen Einblick in die dekadente Üppigkeit russischer Küche zur Zarenzeit. Die auf exklusive Gaumenfreuden bedachte **adelige Haute Cuisine** stand dabei stets im krassen Gegensatz zur einfachen **Küche der armen russischen Bauern**. So existierten bis zur Sowjetzeit gewissermaßen zwei russische Küchen: die an westlichen Vorbildern orientierte Feinschmeckerküche der Oberschicht, zu der solche kulinarischen Errungenschaften wie das weltbekannte *Bœuf Stroganow* zählten, und die schlichte, bäuerliche Hausmannskost. Dieser Gegensatz wurde erst in der Sowjetzeit aufgehoben, die von einem allgemeinen Niedergang der reichen kulinarischen Tradition gekennzeichnet war.

Der eigentliche Charakter der russischen Küche kommt freilich in der alten bäuerlichen Küche am besten zum Ausdruck. Auf den Tisch kamen füllende Gerichte, vor allem Suppen und Getreidegrützen, gekocht aus selbst angebauten, saisonal verfügbaren Produkten nach über Generationen tradierten Rezepten. Aber auch in der adeligen Küche spielten typische regionale Produkte – Stör, Kaviar, Rote Beete, Pilze usw. – stets eine zentrale Rolle.

In der **Petersburger Restaurantszene** ist heute eine spannende Renaissance der russischen Feinschmecker-Küche zu beobachten. Gewissenhafte Küchenchefs bringen frische Interpretationen alter Rezepte auf

> *Fest für die Sinne: im Jelissejew-Feinkostladen* ⓱

Smoker's Guide

Die Gesetzgebung zum Schutz der Nichtraucher wurde drastisch verschärft. Seit Jahren sind alle **Restaurants und Kneipen Nichtraucherzone**, selbst die zuvor oft existierenden abgetrennten Raucherzimmer gehören nun der Vergangenheit an. Auch in allen öffentlichen Gebäuden, Hotels, Zügen, Sportstadien, Krankenhäusern u. Ä. ist das Rauchen untersagt. Qualmen draußen vor der Tür ist seit 2018 ebenfalls verboten (!), die Durchsetzbarkeit dieser Maßnahme ist freilich ein Ding der Unmöglichkeit.

den Tisch. Außerdem bieten zahlreiche moderne Selbstbedienungsrestaurants (die freundliche Neuauflage der zur Massenabspeisung gedachten sowjetischen Kantine, der *stolowaja*) russische Standards zu günstigen – „demokratischen", wie die Russen sagen – Preisen.

Großartig sind die **Länderküchen der einstigen sowjetischen Teilrepubliken** mit stark mediterranem oder orientalischem Einfluss: Zumindest ein georgisches Restaurant (s. S. 75) sollte jeder Petersburgreisende unbedingt besucht haben.

Klassiker der russischen Küche

Sakuski (Vorspeisen)

In der Vielfalt der kalten Vorspeisen zeigt sich der aristokratische Zug der russischen Küche: Klassiker sind aufwendig gefüllte, hartgekochte **Eier**, marinierte **Pilze** und mariniertes **Gemüse**, kleine **Pasteten** und eingelegter **Hering**. Gerade bei privaten Einladungen und Festmahlen laufen die Gastgeber hier zur Hochform auf.

Suppen

Die russische Küche kennt zahlreiche Suppen. Jede hat ihren Eigennamen – kein Russe würde „Kohlsuppe" sagen, sondern immer *schtschi* – und die Rezepte gibt es seit vielen Jahrhunderten.

❯ **Borschtsch:** Die bekannteste „russische" Suppe stammt eigentlich aus der Ukraine. Die dunkelrote Fleischbrühe auf der Basis von Roter Beete enthält Kohl, Zwiebeln, Kartoffeln und Karotten. Anders als in Polen *(barszcz)* wird die Brühe in der Ukraine und Russland nicht gefiltert. Obligatorisch ist der Schlag saure Sahne *(smetana)*. Im Sommer wird gern eine kalte Variante serviert.

❯ **Schtschi:** Die „Mutter" aller russischen Suppen. Es gibt zwei Varianten: eine mit Kohl, die andere mit Sauerkraut. Oft wird Fleisch hinzugefügt. Auch *schtschi* wird mit *smetana* gebunden.

❯ **Soljanka:** Als Klassiker auf Speisekarten in der ehemaligen DDR auch hierzulande ein Begriff. Charakteristisch ist der leicht säuerliche Geschmack auf der Basis von Gurkenlake. Es gibt sie als Fleisch-, Fisch-, Gemüse- und Pilzsoljanka in zahllosen Variationen.

Teigwaren

❯ **Bliny:** Das russische Pendant zum Pfannkuchen wird traditionell mit Hefe und Buchweizenmehl zubereitet, was ihm einen ganz eigenen Geschmack verleiht, der sich deutlich vom „normalen" Pfannkuchen unterscheidet. *Bliny* werden süß oder salzig gefüllt. Als Symbol für die Sonne spielen sie in der Butterwoche (s. S. 90) eine herausragende Rolle.

❯ **Pirogi/Piroschki:** Trotz des ähnlich klingenden Namens haben Pirogi nichts mit den polnischen *pierogi* (oder ihrer ukrainischen Entsprechung, den *wareniki*) zu tun: Die süß oder salzig gefüllten Taschen sind nämlich mit Blätter- oder Hefeteig ummantelt und werden stets gebacken – ein prima Snack „to go".

› **Pelmeni:** Asiatischen Ursprungs sind diese kleinen, den italienischen Ravioli recht ähnlichen Teigtaschen, die mit gewürztem Hackfleisch gefüllt, kurz in siedendem Wasser gekocht und klassischerweise nur mit etwas zerlassener Butter und *smetana* serviert werden. Sie gelten als russisches Nationalgericht.

› **Kulitsch:** Den traditionellen Osterkuchen aus glasiertem Hefeteig, der Ähnlichkeit mit dem italienischen Panettone hat, wird man nicht im Café finden, wohl aber vor den orthodoxen Kirchen zur Osternacht. Jede Familie trägt ihren selbst gebackenen *kulitsch* im Korb zur Kirche, um ihn vom Popen segnen zu lassen.

Kascha

Als Symbol des bäuerlichen Wohlergehens hat die *kascha* eine herausragende Bedeutung in der russischen Küche. Das Wort bezeichnet wahlweise eine Grütze oder einen Brei aus Hirse, Gerste oder Buchweizen. Auch mit Milch gekochte Haferflocken werden landauf, landab als *kascha* bezeichnet – sie sind der russische **Frühstücksklassiker** schlechthin und werden Kindern schon früh verabreicht

Salate

Russische Salate sind keine Blattsalate mit leichtem Dressing, sondern eine ebenso schmackhafte wie schwere, mayonnaisehaltige Speise. Wegen ihres Nährwerts könnten sie als Hauptmahlzeit durchgehen, werden aber meist als *sakuska* (Vorspeise) gereicht. Absolute Klassiker sind:

› **Olivier:** Der populärste russische Salat wird aus Kartoffeln, eingelegten Gur-

ken, Erbsen, Eiern, Karotten und Wurststückchen zubereitet – und jeder Menge Mayo.

› **Schuba:** Der umwerfende „Hering im Pelz" besteht aus geriebener Rote Beete, Karotten, Kartoffeln, Eiern und eingelegtem Hering – und ebenfalls reichlich Mayo.

Georgische Spezialitäten

Wahre Geschmacksexplosionen vermögen georgische Gerichte zu erzeugen. Typische Zutaten sind Auberginen, Walnüsse, Granatapfelkerne, Mirabellen- und Pflaumensauce und Gewürze wie Koriander, Estragon oder Safran. Auf jeder georgischen Speisekarte finden sich:

› **Chatschapurri:** Die georgische Leibspeise ist eine Art überbackener Käsefladen aus Hefe- oder seltener aus Blätterteig, der – je nach Region – unterschiedlich zubereitet wird. Als kleiner Snack

◹ *Pelmeni –*
das russische Nationalgericht

Gastro- und Nightlife-Areale
Bläulich hervorgehobene Bereiche in den Karten kennzeichnen Gebiete mit einem dichten Angebot an Restaurants, Bars, Klubs, Discos etc.

oder Appetizer unverzichtbar bei jedem Essen.
- ❭ **Badridschani:** angebratene, mit Walnusspaste gefüllte Auberginen, typische Vorspeise
- ❭ **Chakapuli:** ein berühmter Eintopf aus Lammfleisch, Zwiebeln und Pflaumensauce
- ❭ **Dolma:** gefüllte Weinblätter

Lokale Spezialitäten

Die einzige regionale Besonderheit der Petersburger Küche sind **Stinte** *(korjuschka)*. Die silbernen Fischlein steigen alljährlich zum Laichen aus der Ostsee in die Newa auf. Während der Saison (Ende April bis Ende Mai) sind sie überall auf den Plätzen der Stadt frisch zu kaufen und erfüllen die Luft mit ihrem leicht gurkenähnlichen Geruch. Da sie schlecht haltbar sind, findet man sie außerhalb der Saison aber eher selten auf den Speisekarten. Wer die Möglichkeit hat, sollte sie frisch kaufen und selbst in der Pfanne braten. Mittlerweile ziert der kleine Fisch viele Petersburg-Souvenirs (T-Shirts, Taschen) und selbst Tassen der Kaiserlichen Porzellanmanufaktur (s. S. 87) schmücken bereits Stinte.

Getränke

- ❭ **Wodka:** Das Wässerchen gehört in Russland auf jede Tafel. Es wird eiskalt getrunken und hat einen weichen, angenehm milden Geschmack. Wodka

wird meist aus Weizen destilliert. Je häufiger die Destillation und je besser die Filterung, desto höherwertiger das Endprodukt. Petersburgs populärster, wodkahaltiger Bar-Drink ist der **Koktejl Bojarskij:** Grenadine und Wodka (je 25 cl), dazu 5 Tropfen Tabasco – fertig.
- ❭ **Tee:** Noch populärer als Wodka ist freilich schwarzer Tee *(tschaj),* der zu jeder Tageszeit, auch spät abends noch, getrunken wird. Der klassische Samowar, aus dem kochendes Wasser zum Verdünnen eines in einem anderen Kännchen gereichten Teeextrakts geschenkt wird, kommt aber kaum noch zum Einsatz.
- ❭ **Kwas:** Das alkoholfreie Erfrischungsgetränk wird meist mit vergorenem Roggenbrot hergestellt. Sein Geschmack ist leicht säuerlich. Leider ist der in Supermärkten erhältliche Kwas schrecklich übersüßt. Die einst allgegenwärtigen Kwas-Tanks auf den Straßen sind mittlerweile aus dem Stadtbild verschwunden, einen guten Kwas bekommt man aber im Jelissejew-Feinkostladen ⓱.
- ❭ **Wasser:** Leitungswasser sollte nicht getrunken werden, kann aber zum Zähneputzen und abgekocht zum Zubereiten von Getränken verwendet werden. In Flaschen erhältliches Wasser ist von guter Qualität. Achtung: Es werden viele Heilwässer aus dem Kaukasus verkauft, die optisch nicht von normalem Wasser unterschieden werden können und sehr gesund, geschmacklich aber stark gewöhnungsbedürftig sind.

Hervorhebenswerte Lokale

Die lokale Restaurantszene ist sehr vielfältig und lebendig. Ob dekadent schlemmende Neureiche oder arme Studenten – hier werden alle Bedürfnisse befriedigt. Die Kultur des Essengehens ist aber eher etwas für die Reichen oder aber für junge Menschen.

Viele ältere, in der Sowjetunion sozialisierte Menschen können mit dieser Art der „Geldverschwendung" wenig anfangen. Sämtliche Länderküchen der Welt sind in der Stadt vertreten, oft auf sehr gutem Niveau. Aber zum Saltimbocca- oder Sushiessen reist ja eigentlich niemand an die Newa …

Das **Trinkgeld** in einem Café/Restaurant liegt zwischen 10 und 15 %.

Selbstbedienung

SB-Restaurants sind zu den Stoßzeiten immer sehr voll. Die Schlangen bewegen sich zwar schnell und es findet sich immer noch ein Platz, aber für entspannteres Dinieren empfiehlt es sich, sein Essen ein wenig antizyklisch zu planen.

⚑22 [F6] **Marketplace** €, Newskij Pr. 24, Metro: Newskij Pr., http://market-place.

Kaviar – ja, aber …

Kaum ein Nahrungsmittel hat einen edleren Ruf als der auf russisch *ikra* genannte Kaviar. Der exklusive Geschmack ihres Rogens zeitigte indes **tragische Folgen** für die Lieferanten des schwarzen Goldes, die russischen **Störe**. Die Wildbestände des gewaltigen, bis zu 6 m langen Hausen – der größten Störart, die auch den größten und edelsten, den Beluga-Kaviar liefert – sind bereits zusammengebrochen. Selbst Fangstopp und Exportverbot werden die wunderbaren Urzeitwesen wohl nicht mehr retten. Auch die Bestände anderer kaviarliefernder Störarten sind in teils dramatischem Zustand. Derweil macht die Störzucht gewaltige Fortschritte. Der aus der Zucht gewonnene Kaviar steht dem Wildkaviar qualitativ in nichts mehr nach. Der Löwenanteil des Zuchtkaviars wird heute in chinesischen Aquakulturen produziert, aber auch in Frankreich, der Schweiz, Deutschland oder Russland selbst gibt es Anbieter. Der Autor empfiehlt dringend, **auf Kaviar aus Wildfang völlig zu verzichten** und beim Einkauf unbedingt auf CITES-zertifizierten Kaviar zu achten (Achtung: nur 125 g dürfen nach Deutschland eingeführt werden). Ein „C" auf dem Cites-Label deutet darauf hin, dass der Kaviar von Fischen stammt, die in Aquakulturen gehalten wurden.

❯ Der genaue Aufbau des Cites-Labels wird hier ausführlich erklärt: www.bfn. de/themen/cites/arteninfos/handelmit-stoerkaviar.html (Klick auf „Anlage 1: Kennzeichnungshinweise").

011sp Abb.: blj

Restaurantkategorien

€	günstig	(5–10 €)
€€	moderat	(10–20 €)
€€€	hochpreisig	(ab 20 €)

(Preis pro Hauptgericht inkl. Getränk)

me, Mo. 8–1, Di.–So. 8–5.30 Uhr. Tolles SB-Restaurant ganz ohne knallige Plastik-Fastfood-Atmosphäre. Die hohen Räume erinnern tatsächlich an eine Markthalle und mitten im Raum grillen und braten die Köche in offenen Küchenständen russische Klassiker sowie asiatische und italienische Gerichte. Im 1. Stock befindet sich ein Café, man kann auch draußen sitzen und bekommt das Toben des Newskij dann kaum mit. Acht weitere Filialen im Stadtgebiet.

🔊**23** [E6] **Teremok** €, Bol. Morskaja Ul. 11, Metro: Admiraltejskaja, www.teremok.ru, tägl. 7.30–23 Uhr. Nicht charmant, aber günstig und vor allem omnipräsent. Frisch gebackene *bliny* und russische Suppen. Der *borschtsch* ist recht aromatisch. Zahllose weitere Filialen im Stadtgebiet.

Russisch

🔊**24** [H6] **Banschiki** €€–€€€, Degtjarnaja Ul. 1a, Metro: Pl. Wosstanija, www.banshiki. spb.ru, Mo./Di. 11–23, Mi., Do., So. 11–24, Fr./Sa. 11–1 Uhr. Ein bisschen außerhalb gelegen, aber für alle an russischer Küche Interessierte ist der Abstecher hinter den Moskauer Bahnhof ein Muss! Das gemütliche, 2017 eröffnete Restaurant bringt alle Klassiker der russischen Küche in großartiger Qualität und einmaliger Frische auf den Tisch, teils in aufregend moderner Interpretation.

🔊**25** [E6] **Gosti** €€, Mal. Morskaja Ul. 13, Metro: Admiraltejskaja, www.gdegosti. com, tägl. 9–23 Uhr. Der fröhliche, leicht kitschige Touch trägt zur heimeligen Atmosphäre bei, die Wohnzimmerein-

richtung mit Klavier, Bücherregalen und Krimskrams tut ihr Übriges. Mit den russischen Klassikern und vor allem auch den Desserts fährt man sehr gut.

🔊**26** [H6] **Mekhta Molokhovets** €€–€€€, Ul. Radischtschewa 10, Metro Pl. Wosstanija, https://molokhovets.ru, tägl. 11–23 Uhr. Benannt nach Jelena Molochowez, deren Kochbuchklassiker „Geschenk für junge Hausfrauen" 1861–1917 in zahllosen Auflagen erschien und die ganze Vielfalt der prä-revolutionären russischen Küche abdeckte: Alle Gerichte des Gourmetrestaurants stammen aus besagtem Kochbuch. Exzellente Zubereitung, aristokratische Atmosphäre mit Live-Pianisten. Wenige Tische, besser reservieren. Achtung, die Qualität hat ihren Preis!

🔊**27** [G6] **Pelmenija** €, Nab. Reki Fontanki 25, Metro: Gostinyj Dwor, www. пельмения.рф, tägl. 11–23 Uhr. Tiefkühl-Pelmeni sind das russische „Junggesellenfastfood" Nr. 1. In diesem kleinen Restaurant werden Pelmeni aber zur Kunstform erhoben. Die Küche nennt sich *Mono Cuisine* und ist allein auf Teigtaschen spezialisiert: Pelmeni, Ravioli, Dim Sum. Diese sind alle saftig, knackig, mit perfekt gewürzter Füllung und schmecken klasse. Passend dazu gibt es eine lange Bierkarte mit vielen Importbieren. Fünf weitere Filialen in der Stadt.

🔊**28** [E6] **Teplo** €, Bol. Morskaja 45, Metro: Admiraltejskaja, www.v-teple.ru, Mo.–Do. 9–24, Fr. 9–1, Sa. 11–1, So. 11–24 Uhr. Seine charmante Atmosphäre und sorgsame Küche machen das Teplo zu einem besonderen Restaurant – russische Klassiker sind auf der asiatisch/italienisch/europäisch angehauchten Karte zwar in der Minderheit, aber natürlich gibt es einen ausgezeichneten *borschtsch* und ein klasse *Bœuf Stroganow*. Sehr beliebt, besser reservieren. Familienfreundlich.

🔊**29** [F3] **Tscherdak (1)** €, Kujbyschewa Ul. 38/40, Metro: Gorkowskaja, http://

Dinner for one

Wer alleine unterwegs ist und nicht einsam in einem klassischen Restaurant vor sich hin brüten möchte, der wird das Marketplace (s. S. 73) mögen – reichlich Alleinspeisende, mit denen man öfters an einem gemeinsamen Tisch landet. Zwischen 12 und 15 Uhr (manchmal bis 16 Uhr) bieten zudem viele Restaurants günstigen und schnellen „Bisnes-Lantsch" an, auch hier wird man ohne Begleitung nicht schief angesehen.

Der erste Kaffee

Frühaufsteher haben es recht schwer, vor 10 Uhr einen anständigen Kaffee zu bekommen – jedenfalls wenn sie nicht eine der recht austauschbaren und teuren Kaffeeketten aufsuchen möchten. Wer bereits vor 9 Uhr am Start ist und nicht auf die Öffnung des Zoom Cafés (s. S. 76) warten möchte, dem sei das **Cake&Breakfast** unbedingt empfohlen. Ein entspannt-frisches Ambiente, ein kleiner Innenhof zum Draußensitzen und eine wunderbare Frühstückskarte, die keine Wünschen offen lässt (sei's russisch, englisch oder kontinental ...) und zudem den ganzen Tag über gilt. Das Frühstückscafé ist also auch für Langschläfer und Bruncher die perfekte Option.

◑**36** [G5] **Cake&Breakfast,** Kirotschnaja Ul. 9, Metro: Tschernyschewskaja, https://vk.com/cakeandbreakfast, tägl. 8–21 Uhr

---

cherdakcafe.ru, So.–Do. 12–23.30, Fr./Sa. 12–2 Uhr. Liebenswertes Restaurant/Pub, dessen Einrichtung einem alten Dachboden nachempfunden ist und gemütliche Stammlokal-Atmosphäre verströmt. Gute und preiswerte russische Küche. Filiale:
◑**30 Tscherdak (2)** €, Staro-Petergofskij Pr. 54, Metro: Narwskaja

Georgisch

◑**31** [G6] **Lagidse** €, Ul. Belinskogo 3, Metro: Gostinyj Dwor, Majakowskaja, tägl. 11–24 Uhr. Die Küche ist nicht so exquisit wie bei anderen Vertretern, aber authentisch und eine gute Einführung in die georgische *Cuisine.* Und wegen der günstigen Preise ist das Lagidse sowieso konkurrenzlos unter den Georgiern der Stadt. Englische Karte.
◑**32** [D6] **Mindal** €€, Anglijskaja Nab. 26, Metro: Admiraltejskaja, www.mindalcafe.ru, tägl. 12 Uhr bis zum letzten Gast. In der „Mandel" wird fantastisch gekocht. Das Lokal gehört für viele zu den besten der Stadt. Zur Menüfolge zählten u. a. *chinkali* (georgische Version

der *pelmeni*) und das *Zyplenok Tabaka* (gebratene Hühnchen). Weitere Ableger in der Stadt.
◑**33** [E6] **Pchali Hinkali** €–€€, Ul. Bolschaja Morskaja 27, Tel. 9500535, https://phali-hinkali.ru, So.–Do. 10–24, Fr./Sa. 10–1 Uhr. Spezialität der beliebten Kette mit mehreren Filialen in der Stadt sind die köstlichen Teigtaschen. Dazu werden hervorragende georgische Weine serviert. Unbedingt reservieren.
◑**34** [F5] **Rustaveli** €€, Nab. Reki Mojki 9, Metro: Gostinyj Dwor, www.rustaveli.spb. ru, tägl. 11–23 Uhr. Für viele Freunde georgischer Küche steht und fällt die Qualität eines Restaurants mit der seiner *chatschapurri* (überbackene Käsefladen). Im Rustaveli sind sie super – wie auch das übrige Essen in diesem sehr familiären Restaurant, das mit Fug und Recht als kleines Juwel bezeichnet werden kann.

International

◑**35** [G7] **Fartuk** €€, Ul. Rubinschtejna 15/17, Metro: Dostoewskaja, Facebook: cafe.fartuk, So.–Do. 10–24, Fr./Sa. 10–3 Uhr. Klitzekleines Restaurant, das mit roten Backsteinwänden und mediterranen Bodenkacheln südliches Flair aufkommen lässt. Die Karte mischt Russisches mit mediterranen Einflüssen. Gut geeignet zum Lunch oder Frühstück.

37 [G7] **Green Room (Selenaja Komnata)** €, Ligowskij Pr. 74, Metro: Pl. Wosstanija, www.loftprojectetagi.ru, So.–Do. 9–23, Fr.–Sa. 9–6 Uhr. Wundervoll luftige Loft-Cafeteria mit einem Touch New York und riesiger Terrasse im Künstlerhaus Etagi. Günstiges Essen (russisch, international), Boheme-Publikum.

38 [F6] **Jack & Chan** €, Inschenernaja Ul. 7, Metro: Gostinyj Dwor, Facebook: jackandchan, So.–Do. 11–24, Fr./Sa. 11–2 Uhr. Vorzeigbare (und günstige) pan-asiatisch-amerikanische Küche gibt es in diesem beliebten Hipster-Hangout.

39 [D7] **Senoval** €, Nab. Reki Mojki 82, Eingang vom Fonarnyj Per., Metro: Admiraltejskaja, Sadowaja, www.senovaltraktir.ru, tägl. 11.30–23.30 Uhr. Beliebt bei allen Petersburger Studenten: *bliny*, Pasta, Pizza und Sushi, wobei man mit der riesigen, guten Pizza den besten Deal macht. Drei Filialen in der Stadt.

Cafés

17 [F6] **Jelissejew-Feinkostladen.** Unter der Palme im Laden lässt sich in einmaliger Jugendstil-Atmosphäre ausgesprochen gut und gar nicht mal so schrecklich teuer lunchen oder Kaffee trinken. Hervorragende *bliny* und *kwas*!

40 [G5] **Knigi i Kofe**, Ul. Gagarinskaja 20, Metro: Tschernyschewskaja, http://book coffee.ru, tägl. 10–23 Uhr. Literaturcafé mit behaglicher Wohnzimmeratmosphäre, umfangreicher Speisekarte (Pasta, Suppen und mehr) und leckerem Kuchen. Das kulturelle Begleitprogramm im benachbarten Veranstaltungsraum umfasst Jazzkonzerte, Filmvorführungen, Lesungen und mehr.

41 [E6] **Pyschetschnaja**, Bol. Konjuschennaja Ul. 25, Metro: Admiraltejskaja, Newskij Pr., Mo.–Fr. 9–20, Sa./So. 10–20 Uhr. Seit 1956 haben Generationen von Petersburgern hier ihre geliebten *pyschki* – frittierte, mit Puderzucker bestreute Hefeteigkringel – gegessen und dazu süßen Milchkaffee geschlürft. Weder die *pyschki*, noch die Einrichtung haben sich seitdem groß verändert. Die Schlange reicht oft bis auf die Straße – keine Sorge, sie bewegt sich schnell.

42 [G7] **Schtolle**, Wladimirskij Pr. 15, Metro: Wladimirskaja, www.stolle.ru, Mo.–Fr. 8–22, Sa./So. 9–21 Uhr. Stadtbekannt für herausragende *pirogi* (s. S. 70). Zahllose Filialen in der Stadt, alle *pirogi* auch zum Mitnehmen.

43 [E6] **Sokol Coffee**, Wolynskij Per. 4, Metro: Admiralitejskaja, www.sokol coffee.com, tägl. 9–22 Uhr. Das zentral gelegene „Falken-Café" bietet den netten Service an, ohne Aufpreis ein Porträt des Bestellers auf den Kaffeebecher zeichnen zu lassen. Für ca. 20 € kann man auch eine haltbare Variante (Plastikbecher) mitnehmen, ein schönes, ganz persönliches Souvenir. Mehrere Filialen, u. a. im Loft Project Etagi (s. S. 68).

44 **Ziferblat**, Pr. Statschek 72, Metro: Awtowo, https://dk.ziferblat.net, tägl. 12–23 Uhr, Eintritt: 2–3 Rub/Minute. Die mittlerweile international erfolgreiche russische Kette bezeichnet sich selbst als „Anti-Café". Kaffee und Snacks sind kostenlos, bezahlt wird nach Verweildauer. Treffpunkt der jungen städtischen Boheme mit hoher Hipsterdichte.

45 [E6] **Zoom Café**, Gorochowaja Ul. 22, Metro: Admiraltejskaja, www.cafezoom.ru, Mo.–Fr. 9–24, Sa./So. 10–24 Uhr. Für viele junge Petersburger hat das Zoom Café längst Kult-Status. Schon an der

Essen mit Aussicht

📍**46** [E6] **Bellevue Brasserie** €€€, Nab. Reki Mojki 22, Metro: Admiraltejskaja, Newskij Pr., www.kempinski.com, tägl. 12–2.30 Uhr. Zweifellos eine der atemberaubendsten Aussichten auf die Stadt hat man von der Dachterrasse dieses im letzten Stock des Kempinski-Hotels lokalisierten Luxusrestaurants. Der französische Küchenchef bringt moderne Fusionsküche und russische Klassiker auf den Tisch.

Für den späten Hunger

📍**47** [G6] **PirO.G.I.** €, Nab. Reki Fontanki 40, Metro: Gostinyj Dwor, Majakowskaja, http://vk.com/pirogipetersburg, tägl. 24h. Entspannter Studentenschuppen im Keller, je nach Tageszeit zwischen Café, Kneipe und Klub oszillierend und immer einen Besuch wert. Günstige Pirogi, Pelmeni und Suppen. Die Bierkarte weist auch internationale Vertreter auf, die allerdings wesentlich teurer sind als der einheimische Gerstensaft.

❭ Auch die **SB-Lokale** (s. S. 73) haben lange geöffnet, teils bis in die Morgenstunden.

Lecker vegetarisch

Die vegetarische/vegane Szene boomt in Petersburg – obwohl die überwältigende Mehrheit der Russen fleischlose Ernährung mit Argwohn betrachtet und viele russische Ärzte offiziell davon abraten. Eine komplette Auflistung der mittlerweile zahlreichen vegetarischen/veganen Restaurants und Läden gibt es auf www.happycow.net/europe/russia/st_petersburg. Hier einige gute Lokale:

❷**48** [F5] **Botanika** €€, Ul. Pestelja 7, Metro: Gostinjy Dwor, http://botanika.spb.ru, tägl. 11–24 Uhr, im Sommer unter der Woche bis 0.30 Uhr. Das Botanika überzeugt mit seiner Freundlichkeit, der schönen Terrasse und der abwechslungsreichen Karte, die mit Currys, Pastagerichten u. Ä. auch für bekennende Fleischesser eine ausreichend sein dürfte. Ein weiteres Plus ist das Spielzimmer für Kinder.

❭ Das **Knigi i Kofe** (s. S. 76) bietet eine eigene Karte für Vegetarier.

❷**49** [G7] **Ukrop** €–€€, Ul. Marata 23, Metro: Wladimirskaja, www.cafe-ukrop.ru, tägl. 10–23 Uhr. Stylishes vegetarisch/veganes Restaurant. Im Erdgeschoss Selbstbedienung, im 1. Stock klassisches Restaurant. Es gibt vegetarische Interpretationen russischer Klassiker (*borschtsch*, Salat Olivier, etc.) ebenso wie Falafel, Pasta oder Risotti. Mittlerweile gibt es drei weitere Filialen in der Stadt.

❷**50** [E6] **Troitzkij Most** €, Nab. Reki Mojki 30, Metro: Admiraltejskaja, http://t-most.ru, tägl. 8.30–22.30 Uhr. Einen Steinwurf von der Eremitage entfernt befindet sich dieses gemütliche kleine Restaurant. Große Salatauswahl, hervorragende Hauptgerichte und Kuchen. Manch vegetarischer Petersburgreisender speist während seines Aufenthalts (fast) nirgendwo anders. Inzwischen mit drei weiteren Filialen in der Stadt.

❭ Wer Veganes kaufen möchte, wird im **Veganika** (s. S. 86) garantiert fündig.

holzvertäfelten, über und über mit Blumenkübeln dekorierten Fassade sieht man, dass hier, mitten auf der dauerverstopften Gorochowaja Ul., eine Oase zu finden ist. Super Atmosphäre (leider oft rappelvoll!), gute Fusionsküche. Perfekt zum Frühstücken, hier gibt es dann auch richtige russische Klassiker: *kascha* (s. S. 71), *syrniki* (süße Pfannküchlein aus Quarkteig) und *blyny* (Pfannkuchen).

112sp Abb.: mb

St. Petersburg am Abend

Wie die Restaurantszene, so wird auch das Petersburger Nachtleben von einer frischen Welle getragen. Ständig entstehen neue Locations – glamouröse Neureichen-Läden, aber auch urbane Hipsterhangouts und alternative Kellerkneipen.

Trotz mittlerweile über viele Jahre etablierter Institutionen – in denen der alternative Geist der frühen 1990er-Jahre mitunter wie in der Zeit eingefroren scheint – hat sich gerade die Untergrund- und Künstlerszene etwas Unfertiges, Vorübergehendes und dadurch sehr Vitales bewahrt, das in Vielem an das Nachwende-Berlin erinnert. Viele Petersburger Neugründungen nehmen sich übrigens ganz explizit die Café- und Klubtrends der deutschen Haupstadt zum Vorbild, nicht nur in ihrer Namensgebung (Café Mitte, Café Berlin …) oder bei der Wahl ihrer Biere …

Auch wenn die legendäre Kneipe „Datscha" 2018 schließen musste: Als Party-Straße für die Millenials hat sich die **Dumskaja Ul.** [F6] einen Ruf erworben, der längst über Petersburg hinausreicht: In den leicht schäbigen, verwitterten Arkadengän-

gen gegenüber dem Gostinyj Dwor ㉓ reiht sich noch immer eine Kneipe an die nächste. Aber Achtung, der anarchisch-ausgelassene, alkoholgetriebene Charakter des hiesigen Partyvolks ist vielleicht nicht jedermanns Sache. Die elegante Alternative zur Dumskaja ist die **Ul. Rubinschtejna** [G6–7]: Hier folgt ein schickes Restaurant auf das nächste, dazwischen eingestreut immer wieder kleine, intime Bars. Weniger konzentriert, aber immer noch in bequemer Laufweite, sind die alternativen Institutionen auf dem **Ligowskij Prospekt** [G7–9]: die Fish Fabrique (s. S. 80) und das Etagi (s. S. 68). Zentrum des Nachtlebens auf dem Prospekt ist aber das weitläufige, surreal-postindustrielle Gelände **Ligowskij 50** [H7] hinter der Galeria. In einstöckigen, ehemaligen Lagerhäusern residieren Nebeneinander Technoklubs, Karaoke-Kneipen (das Poison (3), s. S. 80) und entspannte Szenehangouts wie

⌃ *Nachts erstrahlt die Stadt an der Newa*

das Djuny (siehe unten). In den letzten Jahren hat sich außerdem die **Ul. Nekrasowa** [G6] zu einem beliebten Nightlife-Hotspot gemausert, zahlreiche Bars und Lokale warten hier auf alle, für die das Publikum in der Dumskaja zu jung ist.

Nachtleben

Kneipen, Bars und Pubs

○**51** [E6] **Boroda Bar**, Ul. Kasanskaja 11, Metro: Newskij Pr., https://borodabar. com, So.–Do. 16–2, Fr./Sa. 16–4 Uhr, am Wochenende länger. Kleine, fröhlich-freundliche Kneipe/DJ-Bar, in der sich die Untergrund-, Hipster- und Kunstszene auf typisch Petersburger Weise bunt durchmischen. Gute Cocktails!

❶**52** [G6] **Dead Poets**, Ul. Schukowskogo 12, Metro: Majakowskaja, http:// deadpoetsbar.com, So.–Do. 14–2, Fr./ Sa. 14–8 Uhr. Coole Whiskey-Bar mit anspruchsvoller, aber nicht teurer Küche und riesiger Whiskey-Auswahl, stilvoll hinter der Theke arrangiert. Versnobbte High-Society-Attitüde findet man ebenso wenig wie lautlärmendes Kneipenvolk. Bis 16 (!) Uhr kann man für wenig Geld gut frühstücken!

❶**53** [H7] **Djuny**, Ligowskij Pr. 50/11, Metro: Pl. Wosstanija, www.facebook. com/dunes.on.ligovsky, So.–Do. 12–3 Uhr, Sa./So. rund um die Uhr. Auch die relaxte Szene-Strandbar ist in Petersburg angekommen – abseits des Wassers in einem ehemaligen Lagerhaus auf dem Ligowskij-50-Areal. Viel Sand, Liegestühle, Hängematten und Schaschlik vom Grill, dazu eine DJ-Bar.

○**54** [G5] **Hideout**, Ul. Nekrasowa 36, Metro: Tschernischewskaja/Ploschad Wosstanija, Tel. 3634336, tägl. ab 15 Uhr. Schicke Craft-Bier-Bar mit zahlreichen russischen Bieren vom Fass, dazu gibt es leckere Pizzen, die eher an Quiches erinnern.

EXTRATIPP

Hippes SPB

Nachdem sich alternative Treffpunkte wie das **Ligowskij 50** (s. S. 78), **Loft Project Etagi** (s. S. 68) und **Neu-Holland** (s. S. 90) mittlerweile zu festen Institutionen entwickelt haben, sind nun drei neue Orte in der Stadt hinzugekommen, die die junge Petersburger Boheme anziehen:

Auf der Wasilewskij-Insel ist um den alten Hafen das schicke Areal **Sewkabel** mit Foodtrucks, Cafés und Ausstellungshallen entstanden, das in kulinarischer Hinsicht nur wenig Wünsche offen lässt, einen tollen Blick auf die maritime Seite der Stadt bietet und viele Kunstbegeisterte anzieht. Von hier starten auch Ausflugsschiffe.

Im **Golizyn Loft**, untergebracht in einem historischen herrschaftlichen Anwesen, in dem einst Puschkin verkehrte, haben sich mitten im Zentrum zahlreiche Künstler niedergelassen und Cafés und Bars eröffnet. Gerade in der warmen Jahreszeit herrscht um die Innenhöfe eine entspannte Atmosphäre. Ein schöner Ort, um sich in das Nachtleben zu stürzen.

Ähnliches bietet das **Berthold Centre**: Hier befinden sich mehrere Wirkstätten der jungen Kreativszene und das kulinarische Angebot reicht von israelischen Craft-Bieren bis zu modern interpretierten Pizzen.

●**55** [A7] **Sewkabel**, Koschewennaja Linia 40, Metro: Primorskaja, www. sevcableport.ru, tägl. 10–24 Uhr

●**56** [F5] **Golizyn Loft**, Nabereschnaja Reki Fontankki 20, Metro: Gostinij Dwor, tägl. 24 Std.

●**57** [E7] **Berthold Centre**, Graschdanskaja Ul. 13–15, Metro: Spasskaja, Sennaja Ploschad, www.berthold.centre.tilda.ws, tägl. 10–23 Uhr

❼58 [F6] **Poison (1)**, Ul. Lomonosowa
2, Metro: Newskij Pr., http://vk.com/
poisonkaraoke, So.–Do. 19–5, Fr./Sa.
19–7, Karaoke bis 21 Uhr. Für die, die es
schrill mögen, ist die Karaoke-Kneipe mit
dem Totenkopf-Logo eine Option. Täglich
ab 21 Uhr geht es los. Die Playlist umfasst
alles, was hinlänglich bekannt genug
zum Mitsingen ist (Abba, Bob Marley,
Madonna …). Zwei Ableger:

❼59 [G7] **Poison (2)**, Rubinschtejna 13

❼60 [H7] **Poison (3)**, Komplex Ligowskij
Pr. 50

❍61 [E6] **Stargorod**, Kasanskaja Ul. 7,
Metro: Newskij Prospekt/Gostinij Dwor,
www.stargorod.net, tägl. rund um die
Uhr. Die ukrainisch-tschechische Brau-
ereikette hat es auch nach Petersburg
geschafft. In dem riesigen Komplex, den
man etwas versteckt über einen Haus-
eingang erreicht, wird rund um die Uhr
gegessen, getrunken und gefeiert. Abends
gibt es Partys und täglich um 19 Uhr kann
man an einer kostenlosen Führung mit
einem Braumeister teilnehmen, der einem
die hier gebrauten Biere erläutert.

❍62 [E7] **Stirka 40°**, Kasanskaja Ul. 26,
Metro: Newskij Pr., http://40gradusov.
ru, So.–Do. 11–24, Fr./Sa. 11–4 Uhr.
Waschsalon, Kult-Kneipe, Abschluss-
arbeit einer Schweizer Kunsthoch-
schule – das Stirka ist alles zugleich. Die
deutsche Mitgründerin Anke Nowottne
schuf mit dem Stirka nicht nur den ersten öffentlichen Waschsalon der Stadt,
sondern ein Gesamtkunstwerk, in dem
Waschmaschinen die Trommeln rotieren
lassen und DJs die Plattenteller.

❍63 [G6] **Zwetotschki**, ul. Nekrasowa 17,
Metro: Tschernischewskaja/Ploschad
Wosstanija, https://vk.com/flowersbar,
tägl. ab 14 Uhr. Einst in der Rubinsteina-
Straße angesiedelt, folgt auch diese Bar
dem Trend und ist den neuen Hotspot
Nekrasowa umgezogen. Bei Südseeflair
werden hier ausgezeichnete Cocktails
serviert. Sehr nette Beratung.

Klubs und Musikklubs

❯ In den Musikkubs bewegen sich die
Preise für Livekonzerte meist zwischen
200 und 400 Rub, je nach Band. Im Griboedov und den Jazzklubs kann es auch
mal etwas teurer werden.

❼64 [H7] **Fish Fabrique Nouvelle**, Ligwos-
kij Pr. 53 (im Hof), Metro: Pl. Wosstanija,
http://fishfabrique.ru, tägl. 12 Uhr bis tief
in die Nacht. Im berühmtesten besetzten
Haus Petersburgs – dem Künstlersquat
Puschkinskaja 10 – findet sich die nicht
minder berühmte alternative Kneipe, die
an das alte Berliner Tacheles erinnert. Im
Hof kann man unter Fischskulpturen lau-
schig draußen sitzen. Viel Livemusik, auch
weniger bekannte russische Nachwuchs-
bands. In der **Galerie für experimentel-
len Klang** (https://vk.com/club9925) im
selben Haus finden ebenfalls regelmäßig
musikalische Happenings statt.

❼65 [G5] **G.A. Blues Club**, Litejnyj Pr.
33, Metro: Tschernischewskaja, Majakowskaja, https://gablues.com, Tel.
5798813, tägl. 12–24 Uhr. Auch wenn
sich der Name des kleinen Kellerklubs
geändert hat: Im ehemaligen Jimi Hen-
drix Blues Club wird das Erbe des genialen
Gitarristen nach wie vor würdevoll ange-
treten. Auch die Küche, die russisch-geor-
gische Gerichte anbietet, ist unverändert
sehr gut. Besser reservieren.

❼66 [G8] **Griboedov**, Ul. Woronesch-
skaja 2, Metro: Ligowskij Pr., www.gri
boedovclub.ru, Mo.–Fr. 12–6, Sa./
So. 14–6 Uhr. Definitiv der international bekannteste Klub der Stadt. Seit
1996 residiert die Untergrund-Legende
in einem ehemaligen Luftschutzbun-
ker. Klingt härter, als es ist! Freundliche
Szene-Atmosphäre, die musikalische
Palette reicht von Funk bis zu elektroni-
scher Musik und Industrial. Außer DJs
treten auch Livebands auf. Auf dem Gri-
beodov-Hügel über dem Bunker gibt es
seit vielen Jahren ein zum Klub gehören-
des Restaurant, in dem rund um die Uhr

gegessen werden kann. Auch dort finden Konzerte und Ausstellungen statt.

❶**67** [F7] **Jazz Philharmonic Hall,** Sagorodnij Pr. 27, Metro: Swenigorodskaja, www.jazz-hall.ru, 19–23 Uhr. Dawid Goloschtschjokin, einer der bekanntesten russischen Jazzmusiker, ist der Vater des ältesten Petersburger Jazzklubs. Wobei Klub die Sache nicht ganz trifft. Heimat der staatlich finanzierten Spielstätte ist eine Konzerthalle mit Theateratmosphäre. Der gespielte Jazz ist eher traditioneller Prägung.

❶**68** [G4] **JFC Jazz Club,** Ul. Schpalernaja 33, Metro: Tschernyschewskaja, http://jfc-club.spb.ru, tägl. 19–23 Uhr. Kleiner Hinterhofklub mit intimer Atmosphäre und herausragenden Interpreten – vielleicht die heißeste Jazz-Location der Stadt.

❶**69** [D4] **Kamtschatka,** Ul. Blochina 15, Metro: Sportiwnaja, www.clubkamchatka. ru, tägl. 13–24 Uhr. Ein Muss für alle Fans des Sängers Wiktor Zoi (1962–1990) und seiner legendären Band „Kino", die mit ihrem melancholischen Sound und sehr politischen Texten in der Endphase der Sowjetunion Heldenstatus erlangte. In just dem **Heizkeller,** in dem Zoi nach seinem Verweis von der Kunstakademie als Heizer arbeitete, ist heute ein Gedenkmuseum eingerichtet, das zugleich Kneipe und Konzertlocation ist. Fast täglich finden ab 19 Uhr Konzerte statt, oft mit Kino-Cover-Songs. Der Name Kamtschatka stammt noch von Zoi selbst. Er taufte den Heizkeller auf diesen Namen und widmete seiner seltsamen Arbeitsstätte das gleichnamige Lied, eines seiner poetischsten. Eingang auf dem Hof, rechts am Haus vorbei und dann links.

❶**70** [F8] **Kosmonawt,** Ul. Bronnizkaja 24, Metro: Technologitscheskij Institut, www. cosmonavt.su, Kasse ab 12 Uhr (Pause zwischen 15 und 16 Uhr). Das einstige Kino Kosmonawt ist heute eine 2000 Zuhörer fassende Konzerthalle mit ausgezeichneter Akustik. Bekannte russi-

sche und internationale Bands treten hier auf. Die Konzerte beginnen meist um 20 Uhr. Tickets ca. 1000–1500 Rub, je nach Band.

❶**71** [G6] **Purga,** Nab. Reki Fontanki 11, Metro: Gostinyj Dwor, http://purga-club. ru, 16–6 Uhr. Der „Schneesturm" (so die Übersetzung) ist einer der seltsamsten Klubs überhaupt: Im quietschbunten Keller des Purga I wird tagein tagaus Silvester gefeiert, inkl. gefakter Neujahrsansprache und fröhlich absurdem Begleitprogramm. Im benachbarten Purga II steigen imaginäre Hochzeitspartys, es ist aber nur Fr./Sa. ab 20 Uhr geöffnet.

❶**72** [F6] **Zentralnaja Stanzija,** Ul. Lomonosowa 1/28, Metro: Newskij Pr., www. centralstationspb.com, 22–6 Uhr. Die bekannteste Schwulendisco der Stadt ist ein Ableger des weltberühmten Moskauer Klubs: Mehrere Tanzflächen, ein Restaurant und insgesamt acht Bars finden sich in diesem riesigen Vergnügungstempel, der auch Heteros mitfeiern lässt.

Theater und Konzerte

Theater

❶**73** [F6] **Aleksandrinskij-Theater,** Pl. Ostrowskogo 6, Metro: Gostinyj Dwor, http://alexandrinsky.ru. Neue Bühne: Nab. Reki Fontanki 49a. Das Theater residiert in Rossis klassizistischem Prachtbau, vor wenigen Jahren wurde zudem die Neue Bühne in Betrieb genommen. Künstlerischer Leiter ist Walerij Fokin, der für effektvoll-moderne, aber eher entpolitisierte Inszenierungen steht und 2018 mit dem Europäischen Theaterpreis ausgezeichnet wurde.

❶**74** [G7] **Malyj-Theater,** Ul. Rubinschtejna 18, Metro: Dostoewskaja, www.mdt-dodin.ru. Die kleine Bühne leitet Lew Dodin, der in Konstantin Stanislawskijs Tradition des *Method Acting* steht, mit unzähligen Preisen ausgezeichnet wurde und durch sensationelle Tschechow-Inszenierungen aufgefallen ist. Aufführungen teils mit eingeblendeten englischen Untertiteln.

Klassische Musik

○75 [E5] **Eremitage-Theater,** Dworzowaja Nab. 34, Metro: Admiraltejskaja, www.balet-spb.ru. Das prächtige Theater in der Eremitage war einst die Privatbühne Katharinas der Großen. Nach 1917 geschlossen, finden hier nach umfassender Restaurierung seit 1991 wieder regelmäßig Aufführungen statt, meist Ballett. Der Eingang befindet sich nicht am Schlossplatz, sondern auf der Rückseite des Palasts.

⓵ [D7] **Mariinskij-Theater.** Heimat des russischen Balletts und berühmteste Spielstätte der Stadt. Seit mehreren Jahren verfügt das Theater im Mariinskij II auch über eine zweite, topmoderne Spielstätte in direkter Nachbarschaft zum alten Theater.

○76 [F6] **Michajlowskij-Theater,** Pl. Iskusstw 1, Metro: Newskij Pr., Gostinyj Dwor, www.mikhailovsky.ru. Obgleich stets im Schatten des Mariinskij, braucht sich die zweite Ballett-Bühne der Stadt nicht zu verstecken. Klassisches Ballett und Opern, traditionelle Inszenierungen. Mehr als nur ein Ersatz, falls es im Mariinskij keine Karten mehr geben sollte.

› **Petersburger Konservatorium.** Das ehrwürdige Konservatorium ist die älteste öffentliche Musikschule Russlands. Es befindet sich gleich gegenüber dem berühmten Petersburger Mariinskij-Theater ⓵. Heute trägt es den Namen Nikolaj Rimskij-Korsakows, der hier 1871 im Alter von 27 Jahren eine Professur antrat und über 35 Jahre unterrichtete. Das Konservatorium verfügt über zwei Konzertsäle, den Großen und den Kleinen Saal, meist Glasunow-Saal genannt. Gespielt werden Opern, Ballett und sinfonische Konzerte, im

Kleinen Saal Kammermusik. Die Musiker sind teils Studenten.

○77 [E6] **Petersburger Staatskapelle,** Nab. Reki Mojki 20, Metro: Newskij Pr., Gostinyj Dwor, http://capella-spb.ru. Die Heimat der Staatskapelle ist das älteste Konzerthaus der Stadt, die Glinka-Kapelle, die wegen ihrer einmaligen Akustik weltberühmt ist. Sinfonische Konzerte und Opern, vor allem russischer Meister.

○78 [F6] **Schostakowitsch-Philharmonie,** Michajlowskaja Ul. 2, Metro: Newskij Pr., Gostinyj Dwor, www.philharmonia.spb.ru. Die renommierten Philharmoniker verfügen über zwei Spielstätten: den Kleinen Saal auf dem Newskij Pr. 30 und den Großen Saal (Bolschoj Sal). Alle großen Namen der klassischen russischen Musik – Rubinstein, Musorgskij, Tschaikowskij, Rimskij-Korsakow – traten hier auf. Hier dirigierte Schostakowitsch 1942 inmitten der Blockade seine Sinfonie Nr. 7.

Kartenvorverkauf

› Karten für alle Veranstaltungen – mit Ausnahme derjenigen für das Mariinskij-Theater ⓵ – erhält man an den **Theaterkassen** (Teatralnaja Kassa), zu finden in vielen Metrostationen und überall über die Stadt verteilt. Mit die größte ist auf dem Newskij Pr. 40–42 zu finden (fast direkt gegenüber dem Haupteingang des Gostinyj Dwor, geöffnet tägl. 9–21 Uhr).

› Online-Tickets kann man über über die Websites der Spielstätten oder www.bileter.ru buchen.

› Karten für's Mariinskij gibt es entweder im Theater selbst oder an den auf der Website ausgewiesenen Verkaufsstellen: www.mariinsky.ru/en/visit/buy3.

▷ *Elegant einkaufen in der Passasch (s. S. 84)*

St. Petersburg für Shoppingfans

Petersburg ist ein Shoppingparadies: Besonders in der Welt der Mode hat sich die Stadt dank ihrer kreativen und stilsicheren Designer internationales Renommee erworben. Also, nicht nach den bekannten westlichen Marken suchen – sondern nach den vielen kleinen Boutiquen russischer Modeschöpfer.

Auch in Galerien gibt es viel Spannendes (jenseits der „Souvenirmalerei") zu entdecken: Einige Arbeiten junger, zeitgenössischer Künstler sind schon ab etwa 50 Euro erhältlich. Für Antiquitätenkäufer sind die günstigen Goldgräberjahre indes vorbei – zudem bedürfen antike Stücke ab einem Alter von 50 Jahren einer besonderen Ausfuhrgenehmigung.

Bücher

› **Dom Knigi.** Der bekannteste Buchladen der Stadt residiert im Singer-Haus ⑭, Petersburgs Jugendstilikone. Viele Reiseführer und Petersburgliteratur in allen Sprachen. Im 1. Stock finden sich neben Büchern auch Kinderspielzeug und ein recht touristisches Café, immerhin mit bestem Blick auf die Kasaner Kathedrale (s. S. 28).

🔴79 [E6] **Wse Swobodny,** Nab. Reki Mojki 28 (2. Hinterhof), Metro: Tscherni schewskaja, http://vse-svobodny.com, tägl. 12–22 Uhr. Der kleine Buchladen mit der intimen Atmosphäre einer Privatbibliothek ist ein Juwel. Die Titel umfassen russische Literatur, Kunst-, Politik-, Philosophie- und Kinderbücher sowie Comics. Regelmäßig finden Lesungen,

EXTRATIPP

Shop 'n' Stop

Selbst in kleinen Boutiquen wird mitunter Kaffee serviert, in großen Kaufhäusern sowieso. Die Palette möglicher Anlaufpunkte für den kleinen Einkaufsstopp reicht von liebenswert sowjetnostalgisch wie im **1. Stock des Gostinyj Dwor** ㉓ bis zu coolalternativ wie im **Green Room Cafe** (s. S. 76) auf der atmosphärischen Dachterrasse des Etagi.

EXTRATIPP

Petersburg-Souvenirs: Fünf Tipps

1. Ein **Tschischik-Pyschik** ⓫ : Die einzige Skulptur der Stadt, die als Kopie genauso groß ausfallen dürfte wie im Original. Die Zeisige werden gleich an der Fontanka, beim Standort des echten Tschischiks, von Straßenhändlern verkauft, aber auch in fast allen Souvenirläden am Newskij Prospekt.

2. Eine **Postkarte** mit dem persönlichen Lieblingsbild aus dem Buchshop des Russischen Museums ⓰

3. Eine **CD mit Piterskij Rock** (z. B. Kinos „46")

4. Eine Box frisch gebackener, duftender **Pasteten** der Pirogi-Bäckerei Schtolle (s. S. 76)

5. Eine **Porzellanvase** oder ein anderes gutes Stück aus der Kaiserlichen Porzellanmanufaktur (s. S. 87)

☐ *Geschmackssache: Schoko-Lenin im Jelissejew-Feinkostladen* ⓱

Shoppingareale

Die wichtigsten Shoppingbereiche der Stadt sind im Kartenmaterial mit einer rötlichen Fläche markiert.

Filmscreenings, kleine Ausstellungen und Diskussionsrunden statt. Auch eine Teestube ist vorhanden. Achtung: Der Laden ist nicht leicht zu finden!

Kaufhäuser

㉓ [F6] **Gostinyj Dwor.** In dem gewaltigen klassizistischen Bau, den noch leicht sowjetisches Flair durchweht, gibt es alles. Westliche Designerkleidung folgt auf solche russischer oder asiatischer Herstellung, es gibt Pelze, Sportläden, Schmuck, Schuhe, Spielzeug u. v. m. Fotografisch Interessierte sollten einen Blick in den Laden Foto Lubitel werfen: Hier gibt es alte Zorki- und Zenitkameras, Korpusse und Linsen (http://photolubitel.com). Die Souvenirs im Erdgeschoss sind aus russischer Produktion und von guter Qualität.

🔒80 [F6] **Passasch,** Newskij Pr. 48, Metro: Gostinyj Dwor, www.passage.spb.ru, tägl. 10 – 22 Uhr. Die elegante Einkaufs-

passage mit ihrer sehenswerten Glasdachkonstruktion wurde 1848 eröffnet. Gehobene Mode, Schmuck und Accessoires, auch edle Souvenirs und Antiquitäten.

🛍️**81** [G7] **Wladimirskij Passasch**, Wladimirskij Pr. 19, Metro: Wladimirskaja, http://vpassage.spb.ru, tägl. 11–21 Uhr. In dem Jugendstilbau wurde nach der Jahrtausendwende eine schicke Mall für die hippen und vermögenden Petersburger eingerichtet. Viel Designerkleidung, darunter eine Reihe russischer Avantgardelabels auf insgesamt fünf glasüberdachten Etagen. Im Untergeschoss befindet sich der 24-Std. geöffnete Premium-Supermarkt Land.

Mode

Als Petersburgs „Straße der Mode" gilt der schicke **Bolschoj Prospekt** [D3/4] auf der Petersburger Seite. Hier finden sich u. a. die High-End-Boutiquen der Petersburger Design-Stars **Ianis Chamalidy** und **Leonid Alexeev.**

🛍️**82** [D3] **Ianis Chamalidy**, Bolschoj Pr. 55/56a, Metro: Petrogradskaja, http://ianischamalidy.com, tägl. 11–21 Uhr. Unverwechselbares Kennzeichen von Chamalidys hoch eleganten Kleiderkreationen ist ihre geniale Wandelbarkeit: Durch kleine Modifikationen erhält ein und dasselbe Stück ein gänzlich neues Aussehen.

🛍️**83** [I5] **Lilia Kisselenko**, Kirotschnaja Ul. 47, Metro: Tschernyschewskaja, http://kisselenko.ru, Mo.–Fr. 11–18 Uhr. Lilia Kisselenko ist eine der bekanntesten Petersburger Designerinnen und auch in der deutschen Modeszene keine Unbekannte. Kritiker loben ihre schlichten, linearen Schnitte. Die Vorliebe für Schwarz ist unübersehbar.

🛍️**84** [E7] **Lyyk Design Market**, Nab. Kanala Griboedowa 74, Metro: Sadowaja, tägl.

11–23 Uhr. *No brand, only look* ist das Motto der lässigen In-Boutique, die aber (natürlich) auch ganz große russische (Alexeev …) und internationale Namen im Programm hat. Individuelle Outfits und freundliche Beratung für alle *fashion victims*.

🛍️**85** [G8] **Off Vintage Shop**, Nab. Obwodnogo Kanala 60, Metro: Obwodnij Kanal, www.offoffoff.ru, So.–Di. 12–21, Mi.–Sa. 12–22 Uhr. Petersburgs erste Adresse für Vintage-Second-Hand-Klamotten befindet sich im Tkachi, einem avantgardistischen Multifunktions-Kulturhaus in einer ehemaligen Textilfabrik, das neben Ausstellungen und Konzerten auch einige Läden beherbergt. Wer auf einen exzentrischen Sowjet-Retro-Stil steht, ist hier richtig. Der ist absolut angesagt bei der Kunst- und Klubszene der Stadt, aus der sich die Stammkundschaft des Ladens rekrutiert.

🛍️**86** [G7] **Sonja Marmeladowa**, Ul. Rubinschtejna 40, Metro: Dostoewskaja, www.marmeladova.co.uk, Mo.–Fr. 10–22 Uhr. Ein aristokratisch-romantischer Girlie-Look kennzeichnet die Kreationen von Sonja Marmeladowa, einem weiteren bekannten Vertreter der Petersburger Modewelt. Hier sind die Preise auch für Normalsterbliche noch bezahlbar. Die Modekünstlerin heißt übrigens tatsächlich wie die Heldin aus Dostojewskijs „Schuld und Sühne".

008sp Abb.: bij

🔴**87** [G6] **Tatiana Parfionova,** Newskij Pr. 51, Metro: Majakowskaja, http://parfionova.ru, tägl. 12–20 Uhr. Parfionova ist die große Pionierin der Petersburger Modewelt. Ihre extravagante, von altrussischen Kleidern inspirierte Mode dominieren filigrane Stickereien und bunte Blumenmotive. Berühmt sind vor allem ihre Schals – sicher eines der originellsten, wenn auch nicht günstigsten Petersburg-Souvenirs. Oft ist die *Grande Dame* selbst im Haus.

Lebensmittel

🔴**17** [F6] **Jelissejew-Feinkostladen.** Nach seiner Rundum-Erneuerung erstrahlt Petersburgs Delikatessenladen Nr. 1 wieder in seiner ganzen Jugendstilpracht. Erlesene Frischetheken, Patisserie und teils absurde kulinarische Souvenirs, z. B. Leninbüsten aus Edelschokolade.

🔴**26** [G7] **Kusnetschnyj-Markt.** Charmante Markthalle beim Dostojewskij-Museum 🔴**27**.

🔴**88** [E4] **Sytnyj-Markt,** Sytninskaja Ul. 3–5, Metro: Gorkowskaja, tägl. 8–19

Uhr. Der nahe der Peter-Paul-Festung gelegene Lebensmittelmarkt existiert seit den Tagen der Stadtgründung. Eine Theorie über seine Namensgebung besagt, dass Fürst Menschikow hier einst immer mit Hasenfleisch gefüllte Pirogi verspeiste, woraufhin er stets ausrief: „Wie das stopft!" („Kak sytno!"). Die hübsche Markthalle stammt aus dem Jahr 1912.

🔴**89** [E7] **Veganika,** Moskowskij Pr. 7, im Hof, Metro: Sennaja Pl., http://veganika.ru, tägl. 12–20 Uhr. Der vegane Supermarkt ist ein Pionierprojekt in einem Land, in dem Vegetarier als kuriose Sonderlinge und vegetarische Ernährung oft als ungesund betrachtet werden. Gewürze, viele Sorten Nüsse, Kichererbsen, Sojaprodukte, Humus, andere vegane Lebensmittel und vegane Kosmetikprodukte.

❯ In der Innenstadt gibt es zahllose **Supermärkte** großer Ketten wie etwa **Diksi** (http://dixy.ru), erkennbar am weißen „Д" auf einem orangenen Kreis, und reichlich kleine Lebensmittel- und Getränkeläden, sodass man sich jederzeit problemlos mit dem gerade Notwendigen versorgen kann.

Musik, DVDs

🔴**90** [G7] **Fonoteka**, Ul. Marata 28, Metro: Wladimirskaja, http://phonoteka.ru, tägl. 10–22 Uhr. Kleiner CD-, Platten- und DVD-Laden, in dem man u. a. Liebhaberalben aller bekannten Petersburger Rockbands (s. S. 12) findet. Kleine Auswahl sowjetischer Filme.

🔴**91** [F6] **Otkryty Mir**, Newskij Pr. 32, Metro: Newskij Pr., http://cd-classic.ru, tägl. 11–21.30 Uhr. Auf klassische Musik spezialisierter CD-Laden. Alle Meister der russischen Musik sind hier zu finden, auch alle Aufnahmen des Mariinsky Label (http://mariinskylabel.com), das seit 2009 die Konzertaufnahmen des Theaters vertreibt. Jazz und World Music bereichern das Sortiment. Zum Eingang geht es durch den Torborgen links von der Katharinenkirche.

Souvenirs

🔴**92** **Kaiserliche Porzellanmanufaktur** (Императорский фарфоровый завод) (1), Pr. Obuchowskoj Oborony 151, Metro: Lomonosowskaja, www.ipmshop.com, tägl. 10–20 Uhr. Die Manufaktur wurde 1744 gegründet und fertigte ihr edles Geschirr fast ausschließlich für den Zarenhof. Die Bolschewiki verstaatlichten den Betrieb als Lomonossow-Manufaktur. Heute ist er wieder in privaten Händen und produziert unter altem Namen. Markenzeichen sind die kobaltblauen Netzmuster, die erstmals bei Katharina II. auftauchten. Betriebsbesichtigungen nach Absprache möglich (s. Website). Zahllose Filialen entlang des Neswkij Pr. und im gesamten Stadtgebiet, z. B.:

◁ *Zum Reinbeißen: frisches Obst und Gemüse auf dem Kusnetschnyj-Markt* 🔴**26**

🔴**93** [F6] **Kaiserliche Porzellanmanufaktur** (Императорский фарфоровый завод) (2), Newskij Pr. 60, tägl. 10–22 Uhr

🔴**94** [F6] **Kaiserliche Porzellanmanufaktur** (Императорский фарфоровый завод) (3), Bol. Konjuschennaja 10, tägl. 10–21 Uhr

🔴**95** [F6] **Onegin Art Gallery**, Italjanskaja Ul. 11, Metro: Newskij Pr., www.onegin-gallery.com, tägl. 9–21 Uhr. Souvenirs für jeden Geschmack: Gemälde, Matrjoschkas, Bernstein, traditionelle Lackmalerei (auf Holzkistchen, Tabletts usw.), Sowjet-Memorabilia etc.

🔴**96** [E6] **Yakhont**, Bol. Morskaja 24, Metro: Admiraltejskaja, www.juvelir torg.spb.ru, geöffnet: tägl. 10–20 Uhr. In dem Laden befand sich einst Fabergés Petersburger Hauptgeschäft. Heute verkauft hier Yakhont hochwertigen Schmuck russischer Juweliere in der Tradition des Meisters. Die obligatorischen Eier gibt es auch: teuer, aber sicher näher dran am Original als die Fernost-Imitate, die allenthalben als Souvenirs angeboten werden.

Alternative Einkaufsmöglichkeiten

🔴**97** [F7] **Apraksin-Markt**, Ul. Sadowaja 28–30, Metro: Gostinyj Dwor, http://apraksinmarket.ru, Di.–So. 10–18 Uhr. Eine Stadt in der Stadt ist dieser historische Markt, der locker als Filmkulisse für Dostojewskijs „Schuld und Sühne" dienen könnte. Hinter dem Hauptgebäude mit seinem Arkadengang öffnet sich ein riesiges, heruntergekommenes Hofgelände mit kleinen Gassen und Häuschen. Vornehmlich zentralasiatische Händler verkaufen in kleinen Läden Billigkleider, -schuhe und Piratenware. Der Stadtverwaltung ist der Apraksin ein Dorn im Auge. Eigentlich sollte er längst verschwunden und durch eine moderne Mall ersetzt worden sein. Bislang ist aber nicht allzu viel passiert. So ist der Markt – vorläufig noch – Einkaufsort der weniger betuchten Petersburger und ein aus der Zeit gefallener Anachronismus im glitzernden Stadtzentrum.

› **Loft Project Etagi** (s. S. 68), Läden Mo.–Fr. 12–21 Uhr. Nachdem das großartige Taiga vor wenigen Jahren schließen musste (der Mietvertrag wurde von heute auf morgen nicht verlängert ...), verbleibt zum Glück noch das nicht minder unkonventionelle Etagi als kreativer Gegenentwurf zur Petersburger Konsumwelt. Die fünf Etagen der ehemaligen Brotfabrik beherbergen auf über 3000 m² Ausstellungen zeitgenössischer Kunst, zwei Galerien, zahllose kleine Secondhandläden, Cafés und neuerdings auch Streetfoodstände u. v. m. Auch zahlreiche kulturelle Veranstaltungen, Workshops für Kinder und Events jeglicher Art (vom „Garage-Sale" über winterliche Glühweinpartys bis zur Haustieradoption) steigen regelmäßig im Etagi (je nach Event wird ggf. ein Eintritt fällig). Eingang über die Plastiktür gleich links neben dem meist verschlossenen schwarzen Haupttor, dann quer über den Hof.

98 Udelnaja-Flohmarkt, Metro: Udelnaja, https://vk.com/bloshiha812, Sa./So., 9–17 Uhr. Die großen Tage des berühmtesten russischen Flohmarkts sind wohl gezählt. Wer geduldig sucht, wird auf dem riesigen Freiluftmarkt vielleicht noch das eine oder andere Fundstück unter den Massen an Krimskrams und Schrott ausfindig machen. Generell ist der Markt eher ein Handelsplatz der ökonomisch schlechter gestellten Petersburger. Beim Metroausgang rechts halten, Bahngleise überqueren, rechts halten, sich durch die Verkaufsstände mit Billigwaren durchschlagen, dann gelangt man auf das Gelände des Flohmarkts.

St. Petersburg zum Träumen und Entspannen

Der sehr starke Autoverkehr und die drängenden und drängelnden Menschenmassen, die vor allem den Newskij bevölkern, können die Nerven sensiblerer Naturen mitunter reizen – in diesem Fall empfiehlt es sich, Lärm und Gedränge schnellstmöglich zu entfliehen und dem angegriffenen Geist wieder etwas Ruhe zu gönnen. Glücklicherweise gibt es selbst direkt am Newskij wundervolle Platzanlagen wie den **Platz der Künste** vor dem Russischen Museum **16** oder ausgedehntere Ruhezonen wie den **Alexandergarten** vor der Admiralität **3**, wo sich auf einer Parkbank jederzeit eine kleine Rast einlegen lässt.

Die größte zusammenhängende Grünfläche im Zentrum bilden **Marsfeld 9**, **Sommergarten 10** und **Michaelsgarten 12** – Ersteres verwandelt sich mit den ersten Sonnenstrahlen des Frühlings in eine riesige, fliederduftende Liegewiese, die beiden historischen Gartenanlagen sind außerhalb der Hauptsaison zweifellos die zauberhaftesten Erholungsorte der Stadt, werden aber leider während derselben von vielen Touristen aufgesucht, sodass sich die gewünschte Erholung bei dem einen oder anderen trotz der überaus erbaulichen Umgebung immer noch nicht einstellen mag.

In diesem Fall bleibt nur die Flucht ans Wasser:

› *Blick auf den Elagin-Palast auf der gleichnamigen Insel*

113sp Abb.: as © lizavetta

› Manch einer wird bei einem ausgedehn-
ten Spaziergang entlang der abgelege-
neren Bereiche der Mojka oder der Fontanka ins Träumen geraten.

› Petersburger zieht es auf die **Haseninsel,**
wo rund um die Peter-Paul-Festung 🟠
auf dem Rasen gelegen, am Newa-Ufer
gesessen oder gar im Fluss geschwom-
men wird (nicht zur Nachahmung empfohlen, die Newa ist stark verschmutzt!).

› Wer etwas länger in der Stadt ist, kann
wochentags einen Rundgang über die
kleine **Elagin-Insel** (siehe rechts) in
Erwägung ziehen. Ein hübsches, von
Carlo Rossi entworfenes Palais, der
Schlosspark, der sich über die ganze
Insel erstreckt und viel Wasser lassen
die Großstadt weit weg erscheinen.
Sogar Ruderboote können gemietet
werden. Kein Auto stört das Idyll. Nördlich der Insel – auf der anderen Seite
des allerdings wenig beschaulichen
Primorskij Prospekt – liegt als weiterer kontemplativer Ort der älteste bud-
dhistische Tempel der Stadt, der wundervolle **Dazan Gunsetschojnej** aus
dem Jahr 1915. Sein Architekt, Gawriil
Baranowskij, schuf auch den Jelisse-

jew-Feinkostladen 🟠. Einst von den
Bolschewiki geschlossen, dient die
kleine Tempelanlage heute wieder als
buddhistisches Kloster. Es ist offen für
jedermann. Die Besucher können den
Mönchen auch bei ihren Zeremonien im
Tempelraum zusehen.

★ 99 [B1] **Elagin-Insel,** Metro: Krestowskij Ostrow, http://elaginpark.org, tägl.
6–23 Uhr, im Sommer bis 24 Uhr, Eintritt: Sa./So. 70 Rub, sonst frei.

★ 100 [A1] **Dazan Gunsetschojnej,** Primorskij Pr. 91, Metro: Krestowskij Ost-

EXTRATIPP

Das Refugium

Einer jener Orte, den man gerne
mit nach Hause nehmen würde, ist
die riesige **Dachterrasse des Green
Room Cafés im Etagi** (s. S. 76), ein
seltenes Refugium und eine Oase der
Ruhe in der riesigen Stadt. Zwischen
Skulpturen exotischer Vögel sitzt man
an Tischen aus alten Kabeltrommeln
und vergisst nach einer Weile allen
Großstadtlärm und all die Kilometer,
die man in den müden Beinen hat ...

row, Staraja Derewnaja, http://dazan.
spb.ru, Do.–Di. 10–19 Uhr, Eintritt frei
★**101** [D7] **Neu-Holland,** Nab. Admiraltejs-
kogo Kanala 2, Metro: Admiraltejskaja,
dann ca. 20 Min. zu Fuß, alternativ Bus
3 oder 27 vom Newskij Pr., www.newhol
landsp.ru, Mo.–Do 9–22, Fr.–So. 9–23
Uhr, Eintritt frei. Umflossen von den Was-
sern der Mojka, des Admiralitäts- und
des Krjukow-Kanals ist die markant drei-
ecksförmige Insel Neu-Holland seit 2016
neben Sewkabl (s. S. 79) eine der inte-
ressantesten Attraktionen für alle Erho-
lungsbedürftigen in der Stadt. Das in den
1990er-Jahren vom Militär verlassen
und seitdem schauerlich-morbide ver-
fallene Areal wurde mit Geldern Roman
Abramowitschs aufwendig restauriert und
beherbergt nun einen Erholungskomplex,
der am einstigen Militärstandort Kunst,
Kultur und Entspannung zu vereinen
sucht: Es gibt Liegewiesen, Spielmöglichkeiten für Kinder (u. a. ein hölzernes Spiel-
schiff), eine Outdoor-Bühne für Musik-
und Theaterveranstaltungen, gemütliche
und hippe Restaurants sowie mehrere
Spots der kreativen Szene. Seinen Namen
erhielt Neu-Holland übrigens in der ersten
Hälfte des 18. Jh. – jeder wird unschwer
erkennen, warum. Der Komplex wurde im
niederländischen Backsteinstil errichtet.

Gesetzliche Feiertage

> 1. Januar: **Neujahr**
> 7. Januar: **Orthodoxes Weihnachten**
> 23. Februar: **Tag der
> Vaterlandsverteidiger**
> 8. März: **Internationaler Frauentag**
> 1. Mai: **Tag des Frühlings und der Arbeit**
> 9. Mai: **Tag des Sieges**
> 12. Juni: **Tag der Unabhängigkeit
> (Russland-Tag)**
> 4. November: **Tag der nationalen
> Einheit**

Zur richtigen Zeit am richtigen Ort

Traditionelle Feste

Der russische Fest- und Feiertagska-
lender präsentiert sich als eine seltene Mixtur orthodoxer und sowjetischer Traditionen und Feierlichkeiten.

> 31. Dezember/1. Januar: Zu **Neu-
> jahr** erstrahlt die Stadt in festlichem
> Glanz. Silvester übrigens – und nicht an
> Weihnachten – bringt Väterchen Frost
> gemeinsam mit seiner Helferin Snegu-
> rotschka den Kindern Geschenke. Eine
> Tradition, die noch aus Sowjetzeiten
> stammt, als das christliche Weihnachten
> durch das Neujahrsfest ersetzt werden
> sollte. Um Mitternacht zieht es alle auf
> die winterlichen Straßen, um anzustoßen
> und die Feuerwerke zu beobachten.

> 6./7. Januar: Das Datum des **orthodo-
> xen Weihnachten** berechnet sich nach
> dem alten julianischen Kalender. Die-
> ser wurde 1918 von den Bolschewiki
> durch den gregorianischen Kalender
> ersetzt, findet in der orthodoxen Kirche
> aber bis heute Verwendung. Da die Bol-
> schewiki nicht nur den alten Kalender,
> sondern auch gleich das Weihnachtsfest
> abschafften, ist der 1. Weihnachtstag
> erst seit 1991 wieder offizieller Feier-
> tag. Sobald der erste Stern am Himmel
> steht, werden am Heiligen Abend (6.1.)
> im Kreise der Familie die Weihnachts-
> speisen verzehrt. In traditionell feiernden
> Familien sollten diese aus zwölf fleisch-
> losen Speisen bestehen, die die Apostel
> repräsentieren. *Sotschiwo*, ein gesüß-
> tes Getreidegericht, gehört aber auch
> bei weniger strikten Familien unbedingt
> dazu. Um Mitternacht beginnt die traditi-
> onelle Weihnachtsmesse.

> Auch die orthodoxe Version des Kar-
> nevals, die **Masleniza** (Butterwoche),
> welche die bevorstehende Fastenzeit

Die Weißen Nächte (Белые ночи)

Petersburgs nördliche Lage beschert der Stadt alljährlich ein **berauschendes Naturschauspiel**: die Weißen Nächte zur Mitsommerzeit. Für den Zeitraum von knapp zwei Monaten (Ende Mai bis Mitte Juli) ist die Grenze zwischen Nacht und Tag wie aufgehoben. Dunkel wird es nicht mehr in der Stadt, stattdessen schimmern die Nächte in einem hellen, silbern-purpurnen Glanz. Nur wer einmal einen düsteren Petersburger Winter durchlebt hat, vermag zu verstehen, was diese Überfülle an Licht für die Bewohner der Stadt bedeutet: Eine Art euphorischer Taumel ergreift die Menschen, bis früh in den Morgen wird flaniert, gefeiert und an der Newa bei Volksfeststimmung das Öffnen und Schließen der Zugbrücken bestaunt.

Und als wären taghelle Nächte für sich nicht schon Ereignis genug, werden die Weißen Nächte auch zur Kulisse für die hochkarätigsten Petersburger Festivals. Längste und hellste Nacht ist die Nacht des 21. Juni. Wer die unwirkliche Atmosphäre und das einmalige Spektatel der Weißen Nächte als Tourist erleben möchte, der sollte sich aber auf **Menschenmassen** einstellen – und früh buchen!

---

einleitet und zugleich eine Verabschiedung vom langen Winter ist, wird wieder im ganzen Land gefeiert. Zeitlich fällt sie auf Ende Februar oder Anfang März. Traditionell ernährt man sich in dieser Woche fast nur von den „kleinen Sonnen", den **Bliny** (Pfannkuchen), die wegen ihrer sonnenähnlichen Farbe und Form als Frühlingsbringer gelten. Ein großes Volksfest steigt dann z. B. in der Peter-Paul-Festung **31**.

> Das **orthodoxe Osterfest** richtet sich ebenfalls nach dem julianischen Kalender. Im Mittelpunkt steht die Ostermesse, die den größten Teil der Nacht zum Ostersonntag in Anspruch nimmt. Punkt Mitternacht läuten die Glocken und die Popen führen die Gläubigen in einer feierlichen Prozession dreimal um die Kirche. Bei reichlich Weihrauch, Kerzenlicht und liturgischen Gesängen zieht sich der Gottesdienst bis in die frühen Morgenstunden. Die frohe Botschaft *Christos Woskres* (Antwort: *Woistino Woskres*), Christus ist auferstanden, wird während der Feiertage zur allgemeinen Grußformel. Der Ostersonntag fällt 2020 auf den 19. April, 2021 auf den 2. Mai.

> 9. Mai: Der wichtigste sowjetische Feiertag, der **Tag des Sieges** über Nazi-Deutschland, wird nach wie vor mit einer gigantischen Militärparade auf dem Schlossplatz **1** gefeiert, gefolgt von einem großen abendlichen Feuerwerk über der Newa. Gedacht wird der 27 Mio. sowjetischen Kriegsopfer. Bis heute hat dieser Tag nichts an seiner identitätsstiftenden Wirkung für die Gesellschaft eingebüßt und bleibt der zentrale Feiertag des Jahres, Millionen Menschen füllen die Innenstadt. Eine gewisse Umsicht beim öffentlichen Gebrauch der deutschen Sprache ist an diesem Tag nicht vekehrt.

> 27. Mai: Petersburg feiert seinen Geburtstag, den **Tag der Stadtgründung**, mit einer Parade auf dem Newskij und vielen Konzerten. In der Stadt herrscht Volksfeststimmung.

> Ende Juni: Das **Ende des Schuljahres** ist in Petersburg eines der gewaltigsten Feste des Jahres, das Millionen Feierlustige auf die Straßen treibt. Ein Feuerwerk, Open-Air-Konzerte und die traditionelle Newa-Fahrt einer historischen Fregatte mit scharlachroten Segeln sind Teil des Spektakels.

Festivals

In Petersburg steigen das ganze Jahr über zahllose größere und kleinere Festivals. Alle aktuellen Veranstaltungen (Konzerte, Ausstellungen, Festivals usw.) finden sich auf www.spbculture.ru/en oder auf http://billboard.spb.ru. Hier nur eine kurze Auswahl:

❯ **International Music Festival White Nights:** Von Ende Mai bis Ende Juli folgen die nationalen und internationalen Granden der klassischen Musikwelt (Oper, Ballett, Klassik) der Einladung des Mariinskij-Theaters **41** zum renommiertesten Festival der Stadt (www.mariinsky.ru).

❯ **Musical Olympus Festival:** Klassisches Musikfestival mit hochkarätigen, bereits prämierten internationalen Nachwuchsmusikern. Zeitraum: Ende Mai/Anfang Juni (www.musicalolympus.ru).

❯ **Festival der Festivals:** Ende Juni steigt Petersburgs größtes Filmfestival. Gezeigt werden die besten internationalen und russischen Filme des laufenden Jahres (www.filmfest.ru).

❯ **Dostojewskij-Tag:** Immer am ersten Samstag im Juli ehren die Petersburger ihren großen Schriftsteller mit Lesungen, Theateraufführungen, Straßenperformances u. Ä. Außerdem werden am Grab des Meisters auf dem Tichwiner Friedhof beim Aleksander-Newskij-Kloster **43** Blumen niedergelegt.

❯ **Petro Jazz Festival:** internationales Jazz Festival im Juli, gespielt wird Open Air in der Peter-Paul-Festung **31** (http://petrojazz.ru). Die Veranstalter locken auch außerhalb des Festivals internationale Jazzgrößen an die Newa (siehe Website).

❯ **Open Cinema:** Kurz- und Zeichentrickfilme werden unter freiem Himmel auf dem Gelände der Peter-Paul-Festung **31** gezeigt. Zeitraum: August (www.facebook.com/opencinemafest).

❯ **Message-to-Man-Filmfestival:** internationale Dokumentar-, Kurz- und Zeichentrickfilme, zu sehen im September (http://message2man.com/en).

❯ **SKIF-Festival:** Das dem genialen Experimentalmusiker Sergej Kurjochin (1954–1996) gewidmete Festival ist das vielleicht aufregendste der Stadt. Es findet seit 1998 in Petersburg statt und bringt gegen Ende September Musiker verschiedenster Stilrichtungen, Multimediakünstler, DJs, Theatermacher, Fotografen und andere Kunstschaffende zusammen (www.kuryokhin.net). Der derzeitige Veranstaltungsort ist die neue Bühne des Aleksandrinskij-Theaters (s. S. 81).

❯ **Petersburg Fashion Week:** Im Oktober stellen russische Designer ihre neuen Kollektionen vor (http://spbfw.ru).

❯ **Arts Square Winter Festival:** *Das* musikalische Ereignis im Winter, gewissermaßen das weihnachtliche Pendant zum Stars of the White Nights. Oper, Ballett und Klassik mit den ersten Bühnen der Stadt als Spielstätten (www.philharmonia.spb.ru). Zeitraum: Dezember.

ST. PETERSBURG VERSTEHEN

St. Petersburg – ein Porträt

Nur wenige Städte dieser Welt vermögen einen ähnlich tiefen Eindruck beim Besucher zu hinterlassen wie St. Petersburg. Was 1703 als militärische Festungsanlage auf der winzigen Haseninsel begann, wurde in atemberaubender Geschwindigkeit zu **einer der** in architektonischer Hinsicht **eindrucksvollsten Städte Europas.**

Aufgrund der seit Peter I. stets westlich orientierten Zaren hat Petersburgs Erscheinungsbild so gar nichts „Russisches": In der Gründungsphase dominierten der **Früh- und Spätbarock** Trezzinis und Rastrellis. Unter Katharina der Großen bekam Petersburg dann ein strengeres, **klassizistisches Gesicht:** Quarenghi und vor allem Carlo Rossi schufen Bauten, die den Charakter Petersburgs bis heute entscheidend prägen. Zu Beginn des 20. Jh. versetzte die pulsierende Eleganz des Jugendstils die Gemüter konservativerer Geister in Aufruhr: Herausragende Zeugnisse der „**Petersburger Moderne**" finden sich z. B. entlang des Newskij Prospekts, am Isaaksplatz ❻

⊲ *Vorseite: Die schier endlose Arkade des Gostinyj Dwor* ㉓

103sp Abb.: as © parsadanov

und der Bol. Morskaja Ul. [D7–E6], vor allem aber auch auf der Petersburger Seite, wo der Kamennoostrowskij Prospekt ㉟ zum Experimentierfeld der Avantgarde-Architekten wurde. Der Petersburger Jugendstil ist freilich zumeist ein „nordischer" – oft sehr dezent und in seiner Ausschmückung fast unterkühlt. Auch Zeugnisse des Ende des 19. Jh. populär werdenden **neorussischen Stils** finden sich hier und dort eingestreut – sie wirken allerdings wie Fremdkörper im durch und durch „europäischen" Antlitz der Stadt.

Die ambitionierteste Magistrale **sozialistischer Architektur** ist der Moskowskij Prospekt [E7–9] – der sozialistische Gegenentwurf zum „kapitalistischen" Newskij. Gewaltigster Bau an der Trasse nach Moskau ist Noi Trotzkis „Haus des Sowjets" am Moskauer Platz, 1936–1941 errichtet.

Geografisch betrachtet erstreckt sich Petersburg über das linke und rechte Newa-Ufer und eine Reihe größerer und kleinerer Inseln im Flussdelta. Die insgesamt nur 74 km lange Newa fließt vom Ladogasee kommend bei Petersburg in die Ostsee. Die Nähe zum Wasser war zugleich Fluch und Segen: Immer wieder ver-

wüsteten verheerende Hochwasser die fast direkt auf Meeresspiegelhöhe gelegene Stadt. Neben der Newa prägen vor allem zwei ihrer Nebenflüsse – die **Fontanka** und die **Mojka** – und der bereits 1739 angelegte **Griboedow-Kanal** das historische Stadtzentrum. In erster Linie diesen beschaulich-verträumten Wasserläufen verdankt die Stadt ihren klangvollen Beinamen „Nördliches Venedig".

Touristisch interessant sind vor allem die auf dem Festland am linken Newa-Ufer gelegene **Admiralitätsseite mit der Admiralität** ❸, **dem Winterpalast** ❷ **und dem Newskij Prospekt** und kleine Abschnitte der beiden gegenüber im Delta gelegenen Inseln. Die **Wassilij-Insel** (s. S. 47) beherbergt die **Kunstkammer** ㊲ und den berühmten **Börsenplatz** [E5], auf der **Petersburger Seite** findet sich die **Peter-Paul-Festung** ㉛, auch der **Panzerkreuzer Aurora** (s. S. 45) liegt dort vor Anker. Auf diese Bereiche konzentriert sich auch nahezu der gesamte Tourismus. Schon im Zentrum der Wassilij-Insel wird man eher selten auf Touristen stoßen, ganz zu schweigen von der auf der rechten Newa-Seite gelegenen **Wyborger Seite**. Der historische Industrie- und Arbeiterbezirk ist aber gut für spannende Entdeckungen, wenn man

denn länger in der Stadt weilt. Über den Finnischen Bahnhof (Finljandskij Woksal) [G3] etwa kehrte Lenin nach seinem Exil in die Stadt zurück. Gleiches gilt für **Kronstadt** auf der Insel Kotlin: Die weit im Finnischen Meerbusen gelegene alte Festungsstadt ist der peripherste, noch offiziell zur Stadt zählende Rajon (Stadtbezirk) Petersburgs.

Eine zentrale Zäsur bei der „**Wiedergeburt" Petersburgs** nach den Jahrzehnten der Vernachlässigung war der 300-jährige Stadtgeburtstag im Jahre 2003. Präsident Putin, selbst gebürtiger Petersburger, machte das Jubiläum zu seiner Herzenssache: Viel Geld floss in die Aufhübschung des historischen Zentrums. Seitdem schreitet die Sanierung stetig voran: Irgendein Baudenkmal ist eigentlich immer eingerüstet. Gleichwohl wird auch in alarmierender Geschwindigkeit historische Bausubstanz vernichtet, meist um Shoppingzentren oder Ähnlichem Platz zu machen. Ein Blick auf die – vornehmlich russischsprachige – Website der **NGO „Schiwoj Gorod"** („Lebende Stadt") zeigt, was diesbezüglich vor sich geht (www.save-spb.ru).

☑ *Blick von der Petersburger Seite*

Von den Anfängen bis zur Gegenwart

St. Petersburg erstand buchstäblich aus dem Nichts. Die visionäre Idee zur Stadtgründung hatte Peter I. (1672–1725), der große Reformer des Russischen Reiches. Peter war von Jugend an von der Seefahrt begeistert, einen russischen Ostseezugang sah er als unabdingbar für die weitere Entwicklung seines Reiches an. Diesen eroberte er 1703 zum Auftakt des „**Großen Nordischen Krieges**" von Schweden, der bis dato dominierenden Großmacht im Ostseeraum. Im Mündungsdelta der Newa, einem der abgelegensten Winkel des Landes, begannen auf sumpfigem Grund die Bauarbeiten an einer Festungsanlage, die das Land vor den Schweden sichern sollte.

Schnell wurde die Neugründung jedoch mehr als nur ein Militärhafen. Nur knapp zehn Jahre nach Baubeginn wurde „**Sankt Piter Burch**" (Peter liebte alles Niederländische), im Volksmund kurz „Piter" genannt, zur neuen Hauptstadt ernannt. Die berühmtesten europäischen Baumeister wirkten mit am Bau der Idealstadt, die sich wie eine Fata Morgana aus den Sümpfen zu erheben begann.

Auch die Westorientierung und Modernisierung des Reiches verordnete der Zar am Reißbrett.

Bis Mitte des 19. Jh. war Petersburg die prachtvolle Residenzstadt eines immer mächtiger werdenden Imperiums – dann fand die starre Autokratie immer weniger Antworten auf die Herausforderungen der beginnenden Moderne.

1917 schließlich ging das alte Petersburg unter, in jenen „10 Tagen, die die Welt erschütterten" (John Reed). Die Bolschewiki benannten die Stadt in Leningrad um: Emigration, Terror, und nicht zuletzt die deutsche Blockade mit ihrem unendlich hohen Blutzoll, veränderten die Identität der Stadt entscheidend.

Erst das Ende der Sowjetunion machte die Wiederbesinnung auf das alte, vorrevolutionäre Petersburg wieder möglich – Leningrad ist Geschichte, heute sagt jeder Petersburger wieder „Piter" zu seiner Stadt , auch wenn der die Stadt umgebende Oblast immer noch Leningrad heißt.

1682 Peter I. wird russischer Zar.

1697/98 Peter bereist im Zuge der „Großen Gesandschaft" das westliche Europa, u. a. Preußen, Holland und England. Er verfolgt diplomatische Ziele, möchte sich aber auch Anregungen für die Modernisierung und Verwestlichung seines rückständigen Reiches holen.

1700 Beginn des Großen Nordischen Krieges zwischen Schweden und dem Russischen Reich um die Vorherrschaft im Ostseeraum

1703 Am 16. Mai wird der Grundstein für die Peter-Paul-Festung **31** auf der Haseninsel gelegt, einige Monate später beginnt der Bau einer Werft, der Admiralität **3** . Peter tauft die werdende Stadt *Sankt Piter Burch* – nach seinem Namenspatron, dem Heiligen Petrus.

1703–1728 In den ersten 25 Jahren entstehen Bauten wie das Menschikow-Palais **38**, der Sommerpalast **10**, die Kunstkammer **37**, die Zwölf Kollegien und das Newskij-Kloster **43**. Zehntausende Leibeigene und Kriegsgefangene arbeiten unter grauenhaften Bedingungen auf den Baustellen der Stadt, die Sterblichkeit unter den Arbeitern ist enorm

1709 Peter triumphiert über die Schweden in der Schlacht bei Poltawa (Ukraine). Die schwedisch-ukrainische Allianz wird vernichtend geschlagen. Die Schlacht markiert die Wende im Kriegsverlauf.

1712 Peter befiehlt, Hof und Regierungsbehörden von Moskau nach Petersburg zu verlegen.

1714 Inspiriert von seinem Besuch in Versailles, veranlasst Peter die Bauarbeiten an seiner Sommerresidenz Peterhof **48**.

1725 Tod Peters. Seine Frau Katharina I. wird Zarin. Einweihung der Akademie der Wissenschaften. Petersburg wird nun auch Zentrum der modernen russischen Wissenschaft. Herausragende Gelehrte aus dem europäischen Ausland – z. B. Leonhard Euler – zieht es an die Newa. Die Stadt hat bereits 40.000 Einwohner.

1727 Peter II. verlegt die Hauptstadt zurück ins „heilige" Moskau. Das gewaltige Projekt „Petersburg" und die Zukunft der Stadt stehen auf der Kippe.

1732 Die neue Zarin Anna etabliert Petersburg erneut als Hauptstadt, Petersburgs „zweite Geburt" beginnt. In Annas Regentschaft fällt u. a. die Gründung der Hochschule für Tanz und Ballett – Geburtsort des russischen Balletts.

1737 Nach einem verheerenden Stadtbrand erfolgt eine Abwendung von den alten Bebauungsplänen, die noch die Wassilij-Insel als Stadtzentrum vorsahen. Pjotr Jeropkin rückt die Admiralitätsseite ins Zentrum und entwickelt eine systematische, durch Magistralen strukturierte Planung mit dem Newskij Prospekt als zentraler Achse.

1750 Petersburg hat rund 95.000 Einwohner.

1754 Unter Zarin Elisabeth beginnt Rastrelli die Arbeit am vierten, dem heutigen Winterpalast **2**.

1757 Gründung der Akademie der Künste

1762 Nach einem Coup d'Etat wird Katharina II. – „die Große" genannt – neue Zarin. Ihr Mann, Peter III., wird verhaftet und später ermordet.

1764 Katharina erwirbt ihre erste Gemäldesammlung, Beginn einer lebenslangen Sammelleidenschaft und Geburtsstunde der Sammlung der heutigen Eremitage **2**.

1782 Enthüllung des „Ehernen Reiters" **4**, des Reiterstandbilds Peters des Großen, im Beisein Katharinas

1783 Das „Große Theater", heute als Marinskij-Theater **41** weltbekannt, nimmt seinen Spielbetrieb auf.

1801 Verschwörer ermorden Zar Paul I. im neu gebauten Michaelsschloss **12**. Sein Sohn Alexander, der in das Komplott eingeweiht war, wird neuer Zar.

1812 Ende Juni marschiert Napoleon mit seiner *Grande Armée* in Russland ein. Beginn des „Vaterländischen Krieges". Im September brennt das besetzte Moskau.

1824 Tausende Petersburger ertrinken bei einem verheerenden Newa-Hochwasser. Die Katastrophe inspiriert Puschkin zu seinem Gedicht „Der eherne Reiter" (s. S. 18).

1825 Dekabristenaufstand: Progressive adlige Offiziere und ein Garderegiment verweigern auf dem Senatsplatz den Eid auf den neuen Zaren Nikolaus I. – dieser lässt auf die Meuternden schießen. Die adligen Anführer der Revolte werden nach Sibirien verbannt, einige hingerichtet. Der gescheiterte Aufstand findet gewaltigen Widerhall in der russischen Intelligenzija, wird Anknüpfungspunkt aller späteren reformorientierten und revolutionären Bewegungen. Als Reaktion auf den Aufstand gründet Nikolaus die „Dritte Sektion". Dies markiert die Geburtsstunde der russischen Geheimpolizei.

1843 Beginn des Baus der Eisenbahnlinie St. Petersburg-Moskau

1848 Nach 40 Jahren Bauzeit wird die Isaakskathedrale **5** fertiggestellt.

1861 Aufhebung der Leibeigenschaft durch Alexander II. mit bedeutenden Folgen für die Stadt: Der Zuzug nach Petersburg vom Land steigt, soziale Probleme verschärfen sich, die industrielle Entwicklung wird beschleunigt.

1881 Linksradikale Attentäter ermorden Zar Alexander II. auf offener Straße. Sein Sohn und Nachfolger, Zar Alexander III., lässt am Tatort eine Gedächtniskirche, die Bluterlöserkirche **15**, im russischen Stil erbauen. Sie ist ein sichtbares Zeichen der Wiederbesinnung auf das reformfeindliche, moskowitische Erbe.

1894 Nikolaus II., der letzte russische Zar, besteigt den Thron. Aus diesem Anlass schenkt er seiner Frau ein Fabergé-Ei, das heute als das wertvollste aus der Schmiede des Juweliers gilt **18**. Als Zar erweist sich Nikolaus überfordert. Er ist radikal auf die Wahrung seines autokratischen Herrschaftsanspruchs bedacht.

1898 Eröffnung des Russischen Museums **16**

1903 Petersburg feiert sein 200-jähriges Bestehen. Die Troizkij-Brücke wird eröffnet, durch die verbesserte Anbindung ans Stadtzentrum erlebt die Petersburger Seite einen Boom. Sie wird zur Spielwiese der avantgardistischen Architekten der Petersburger Moderne.

1905 Der Petersburger Blutsonntag am 22. Januar bildet den Auftakt der ersten Russischen Revolution. Ein friedlicher Demonstrationszug unter Führung des orthodoxen Priesters Georgij Gapon wird am Winterpalast **2** durch Beschuss zarischer Truppen auseinandergesprengt. Revolutionäre Unruhen und von sozialistischen Arbeitern organisierte Streiks erfassen das Land. Die Einrichtung einer – letztlich machtlosen – Volksvertretung, der *Duma*, soll die Gemüter beruhigen. Davon abgesehen, wird den Aufständischen nicht mit Reformen entgegengekommen, die Revolution wird gewaltsam unterdrückt.

1913 Im festlich herausgeputzten Petersburg begehen die Romanows die 300-Jahr-Feier ihrer Dynastie.

Die Blockade Leningrads

Als die Rote Armee am 27.1.1944 den deutschen Belagerungsring endgültig zerschlägt, endet das erschütterndste Kapitel Petersburger Stadtgeschichte: die knapp 900 Tage dauernde Blockade durch die deutsche Wehrmacht. Vor allem im ersten Blockadewinter, dem grauenhaften und chaotischen „Todeswinter" 1941/1942, erleiden die Menschen Unvorstellbares.

Anfang September 1941 schließt die Heeresgruppe Nord den Belagerungsring um die Stadt. Die deutschen Einheiten stehen im Süden, die mit ihnen verbündeten Finnen im Norden. Westlich und östlich bilden Ostsee und Ladogasee natürliche Barrieren. Die Ernährungslage ist bald katastrophal. Deutscher Artilleriebeschuss hat gezielt die Lagerhäuser zerstört, Leningrad ist von allen Versorgungswegen abgeschnitten. Die Verteidiger sind zudem miserabel vorbereitet. Der deutsche Überfall im Juni hat Stalin völlig überrascht, aus propagandistischen Gründen werden die Anfangserfolge und das schnelle Vorrücken der Wehrmacht verschwiegen. Es wird versäumt, die Verteidigung Leningrads zu organisieren, Bewohner zu evakuieren und Lebensmittelvorräte anzulegen. Ab Oktober beginnt das Hungern.

Der Winter 1941/1942 ist extrem kalt. Bereits Mitte Oktober schneit es, die Temperaturen fallen später unter -40 °C. Selbst als durch das Zufrieren des Ladogasees ab Ende November die „Straße des Lebens" genannte Trasse über den See durch Laster befahrbar wird, kann die Stadt nur unzureichend mit Lebensmitteln versorgt werden. Die Menschen müssen essen, was noch zur Verfügung steht. Erst

Haustiere, dann Ratten und Krähen, schließlich alles irgendwie organischen Ursprungs: Baumrinde, Leder, Tapetenkleister. Strom und Heizungen fallen aus, Wasserleitungen gefrieren. In eisigen Wohnungen erfrieren und verhungern die Menschen. Es kommt zu Fällen von Kannibalismus. Allein dem ersten Blockadewinter fallen ca. 500.000 Menschen zum Opfer, insgesamt werden etwa 1 Mio. Leningrader die Blockade nicht überleben.

Ab 1942 startet die Rote Armee mehrere Angriffe auf den Blockadering. Allmählich „normalisiert" sich die Lage in der Stadt. Die städtische Infrastruktur funktioniert wieder besser, auch das kulturelle Leben – wesentlicher Anker im Überlebenskampf der Leningrader – entfaltet sich erneut. Im August 1942 wird in der belagerten Stadt Schostakowitschs 7. Sinfonie, die Leningrader Sinfonie, aufgeführt. Im Januar 1943 kann ein kleiner Landkorridor südlich des Ladogasees freigekämpft werden. Ab nun gleichen die Lebensmittelrationen wieder denen anderer sowjetischer Großstädte.

Petersburgs Identität wird durch die Blockade entscheidend geprägt. Von den 3 Mio. Petersburgern, die vor Kriegsbeginn in der Stadt lebten, verbleiben nach Kriegsende nur etwa 600.000. Die „Leningrader Affäre"

markiert zudem eine radikale Zäsur im Gedenken an das furchtbare Ereignis. Vermutlich aus Furcht vor parteiinterner Konkurrenz durch „die Leningrader" holt Stalin 1949 zu einem fürchterlichen Schlag gegen die Parteiführung der Stadt aus: Sie hatte während der Blockade relativ autonom von Moskau operiert und durch die Verteidigung der Stadt zudem enorme Popularität erworben. Eine Reihe zentraler Persönlichkeiten wird erschossen. Im Zuge der Kampagne wird auch das Gedenken an die Blockade unterdrückt – selbst das Blockade-Museum (s. S. 66) lässt Stalin schließen. Auch nach Stalin bleibt die sowjetische Erinnerung an die Blockade schmerzhaft ambivalent – das Bild der grauenhaft Verhungernden verträgt sich nicht wirklich mit der propagandistisch aufgeladenen Version des heldenhaft gegen den Faschismus kämpfenden Sowjetbürgers.

Literaturtipps

❯ Anna Reid: Blokada, **Die Belagerung von Leningrad: 1941–1944**, Berlin 2011
❯ Lena Muchina, **Lenas Tagebuch**, Berlin 2014

⌂ Das Blockade-Denkmal **47**

1914 Beginn des Ersten Weltkriegs. Als Zeichen patriotischer Gesinnung wird der Stadtname russifiziert. Aus Petersburg wird „Petrograd".

1916 Ermordung Rasputins im Jusupow-Palais ㊵. Zuvor ist der charismatische Wanderprediger einer der engsten Vertrauten der Zarengattin geworden, die sich von Rasputin eine heilsame Wirkung auf ihren bluterkranken Sohn, Zarewitsch Aleksej, erhofft. Rasputins Wirken am Hof wird von der adeligen Elite misstrauisch beäugt und skandalisiert.

1917 Gleich zwei Revolutionen erschüttern Petrograd: Die **Februarrevolution,** die zum Ende der Zarenherrschaft führen wird, beginnt mit großen Streiks und Hungerdemonstrationen am 8. März (23. Februar nach dem jul. Kalender) – dem internationalen Frauentag. Am Folgetag ziehen bereits 150.000 Arbeiter von ihren Werken ins Stadtzentrum, auf dem Newskij Prospekt schließen sich Studenten und Angestellte an. Am 11. März erlebt Petersburg seinen „zweiten Blutsonntag". Auf dem Newskij und vor allem den Snamenskaja-Platz (heute: Pl. Wosstania) [H6] werden die Demonstranten beschossen. Es kommt zu vielen Toten. Schockiert von den Ereignissen wechseln viele in der Stadt stationierte Soldaten – mehrheitlich Rekruten oder eingezogene Reservisten –

die Seite. Die Macht liegt bei den Aufständischen: Bereits am 15. März dankt Nikolaus ab. Es folgt eine Phase der „Doppelherrschaft": Ein Duma-Komitee bildet eine provisorische Regierung, zeitgleich bildet sich ein Rat („Sowjet") der Arbeiter- und Soldatendeputierten. Eine verfassunggebende Versammlung soll schnellstmöglich über die künftige Staatsform entscheiden. Die **Oktoberrevolution** kommt dem zuvor. Am Abend des 7. November (25. Oktober nach jul. Kalender) nehmen die Bolschewiki den Winterpalast ein, in dem sich die provisorische Regierung verschanzt hat, und verhaften die Minister. Dies geschieht nahezu widerstandslos und fast ohne Blutvergießen – die „Große Oktoberrevolution" ist ein von der Öffentlichkeit kaum wahrgenommener Staatsstreich ohne Massenbeteiligung.

1918 Friedensvertrag von Brest-Litowsk. Die Bolschewiki ermorden die zuvor bereits verbannte Zarenfamilie in Jekaterinburg.

1918–1922 Der russische Bürgerkrieg zwischen den Bolschewiki und der konterrevolutionären „Weißen Bewegung" fordert Millionen Todesopfer.

1921 Aufstand der Kronstädter Matrosen: Auf der vor Petersburg gelegenen Insel Kotlin meutern die sozialistischen Matrosen gegen den diktatorischen Kurs der

Bolschewiki. Der Aufstand wird blutig niedergeschlagen. Die Macht der Bolschewiki ist weitgehend konsolidiert.

1924 Nach Lenins Tod wird die Stadt zu seinen Ehren in Leningrad umbenannt.

1931–1933 Politische Gefangene bauen unter brutalen Bedingungen den Weißmeer-Ostseekanal, der Petersburg mit der Barentssee verbindet.

1934 Ermordung des Chefs der Leningrader Kommunistischen Partei, Sergej Kirow, eines loyalen Stalinisten. Der Mord ist das Fanal für die von Stalin eingeleiteten „großen Säuberungen", einer beispiellosen Abrechnung mit innerparteilichen und politischen Gegnern. Die Hintergründe des Mordes sind bis heute unklar. Es gibt Vermutungen, Stalin habe ihn selbst in Auftrag gegeben.

1937/1938 Jahr des „Großen Terrors". Die stalinistische Terrorwelle erreicht ihren Höhepunkt. Schätzungen zufolge werden 1937/1938 bis zu 1,2 Mio. Menschen vom Geheimdienst NKWD erschossen oder sterben an den Haftbedingungen.

1941–44 Im Juni überfällt die Wehrmacht die Sowjetunion. Von September 1941 bis Ende Januar 1944 ist Leningrad von der deutschen Wehrmacht eingeschlossen. Infolge der Blockade verhungern und erfrieren etwa eine Million Leningrader.

1949/1950 Leningrader Affäre: Stalin lässt führende Köpfe der Leningrader Kommunisten eliminieren, darunter den Bürgermeister der Stadt. Hunderte lokale Parteifunktionäre werden verhaftet.

1953 Tod Stalins

1955 Eröffnung der ersten Metrolinie. Diese führt vom Platz des Aufstands **30** zur Station „Awtowo".

1960 Feierliche Einweihung des Piskarjowskoe-Gedenkfriedhofs **46**

◁ Tscheka-Chef Dserschinskij, viele Aspekte der Geschichte harren noch der kritischen Aufarbeitung

1981 Im „Haus des Volkschaffens" wird der Leningrader Rockklub gegründet.

1988 Die Menschenrechtsorganisation Memorial wird gegründet. Sie widmet sich bis heute der Aufarbeitung der stalinistischen Verbrechen, der Rehabilitation der Opfer und der Menschenrechtssituation im Land.

1990 Petersburgs historisches Zentrum wird UNESCO-Weltkulturerbe.

1991 Nach einer Volksabstimmung wird aus Leningrad wieder St. Petersburg. Auch die Petersburger Straßen erhalten ihre historischen Namen wieder. Der August-Putsch in Moskau gegen Gorbatschows Reformkurs scheitert. Er beschleunigt den Zerfall der Sowjetunion rapide, zahlreiche Sowjetrepubliken erklären ihre Unabhängigkeit. Am 26.12. hört die Sowjetunion offiziell auf zu bestehen, ihre Rechtsnachfolgerin wird die Russische Föderation.

1998 Die in Jekaterinburg exhumierten Gebeine der letzten Zarenfamilie werden im Beisein von Präsident Jelzin feierlich in der Peter-Paul-Festung **31** beigesetzt.

2000 Der Petersburger Wladimir Putin wird erstmals russischer Präsident.

2003 Mit seinem feierlich begangenen 300. Geburtstag feiert Petersburg sein „großes Comeback", seinen „Wiedereintritt in den Kreis der großen Städte der Welt, aus dem die Stadt an der Newa für lange Zeit herausgefallen war" (Karl Schlögel).

2008 Mit Dimitri Medwedew, Putins Vertrauter aus der Petersburger Stadtverwaltung, wird erneut ein Petersburger russischer Präsident.

2011/2012 Begleitet von öffentlichen Protesten wird Putin erneut russischer Präsident.

2014 Auf die prowestliche „Euromaidan"-Revolution in der Ukraine reagiert Russland mit der Annexion der Krim und der Aufrüstung pro-russischer Separatisten im

Literaturtipps

> Orlando Figes, **Die Tragödie eines Volks. Die Epoche der Russischen Revolution 1891–1924**, 3. Aufl., Berlin 2014
> Jan Kusber, **Kleine Geschichte St. Petersburgs**, Regensburg 2009
> John Reed, **10 Tage, die die Welt erschütterten**, Essen 2011
> Karl Schlögel u. a., **Sankt Petersburg. Schauplätze einer Stadtgeschichte**, Frankfurt/New York 2007

Die Stadt in Zahlen

> **Gegründet:** 1703
> **Einwohner:** 5.350.000 (Stand: 2018)
> **Bevölkerungsdichte:** 3704 Ew./km²
> **Fläche:** 1431 km²
> **Höhe ü. M.:** 3 m
> **Stadtbezirke:** 18 Stadtrajons
> **Partnerstädte:** Hamburg (seit 1957), Dresden (seit 1961), Graz (seit 2001)

Südosten der Ukraine. Der Krieg im Osten des Landes dauert bis heute an.

2015 Boris Nemzow, eine der zentralen Figuren der russischen Opposition, wird in Moskau ermordet.

2017 Ein Selbstmordattentat erschüttert die Stadt: Zwischen zwei Metro-Stationen sprengt sich ein junger Mann in die Luft, 14 Passagiere sterben. Der Attentäter, ein russischer Staatsbürger usbekischer Herkunft, scheint Kontakte zum IS gehabt zu haben, der Anschlag im Zusammenhang mit dem militärischen Engagement Russlands in Syrien zu stehen.

2018–2021 Die Stadt ist im Fußballfieber: Nach der Weltmeisterschaft 2018 werden 2020 mehrere Spiele der Europameisterschaft in Petersburg ausgetragen, 2021 soll das Finale der Champions League hier stattfinden.

Leben in der Stadt

Mit seinen über 5 Mio. Einwohnern ist Petersburg die viertgrößte Stadt Europas und, nach Moskau, die zweitgrößte Russlands. Mit der Hauptstadt verbindet die Petersburger eine durchaus begründete Rivalität: Seit Stalin musste Petersburg eine jahrzehntelange Zurücksetzung und Vernachlässigung gegenüber Moskau ertragen. Daran änderte sich eigentlich erst während der ersten Präsidentschaft Putins etwas: Der gebürtige Petersburger setzte viel daran, seiner Heimatstadt ihren alten repräsentativen Glanz wiederzugeben. Seit Putin spielen „die Petersburger" in der Landespolitik wieder die dominierende Rolle – selbst wenn sie in Moskau sitzen. Auch der zwischenzeitliche Präsident (und jetzige Ministerpräsident) Medwedew ist Petersburger, ein Vertrauter Putins seit der gemeinsamen Zeit in der Petersburger Stadtverwaltung. Angesichts der Bedeutung des Präsidentenamts liegt es auf der Hand, was Petersburgs prominente Söhne für die ökonomische Entwicklung und die in die Stadt fließenden Geldströme bedeuten. Von der Stabilisierung der wirtschaftlichen Situation nach dem Chaos der 1990er-Jahre haben weite Teile der Stadtbevölkerung durchaus positiv profitiert.

Zu den wichtigen künftigen Herausforderungen der Stadt gehört sicher der Umgang mit dem Zustrom zentralasiatischer und nordkaukasischer Arbeitsmigranten, die vor allem im Bausektor (illegale) Beschäftigung finden. Bürokratische Schikane und Xenophobie sind an der Tagesordnung, ebenso die Wahrnehmung des Islam als ideologische Brutstätte des Terrors. Angesichts von geschätzten 600.000 bis 800.000 Petersbur-

Piter im Fußballfieber

ger Muslimen ist das eine verheerende Praxis. Eine Herausforderung stellt auch die ökologische Neuerfindung Petersburgs dar: Die Luftverschmutzung ist gewaltig, der Autoverkehr im Grunde außer Kontrolle, energetische Häusersanierung weitgehend unbekannt und der Zustand der Newa noch immer ein Desaster.

Zuletzt ein kritisches Wort zum Klima der Toleranz: Peters „Fenster nach Europa" scheint vor allem in dessen Fassaden und der Kleidung seiner Bewohner europäisch. Auch wenn ein Tourist dies kaum mitbekommen wird – die homosexuellenfeindliche Gesetzgebung und die Diffamierung kritischer Stimmen als „unrussisch" sind sicher bedenkliche Strömungen in der heutigen russischen Gesellschaft. Selbst eine Organisation wie das „Komitee der Soldatenmütter Russlands" ist mittlerweile als „ausländischer Agent" registriert – die Soldatenmütter setzten sich u. a. für die Aufklärung von Schicksalen russischer Soldaten im Ukrainekonflikt ein.

▲ Blick auf den Apraksin-Markt (s. S. 87)

Am 22. April 2017, dem 24. Spieltag der russischen Premjer-Liga-Saison 2016/2017, öffnete das Krestowskij-Stadion seine Pforten, gerade noch rechtzeitig vor der Fußball-WM im Jahr 2018. 20.000 Zuschauer pilgerten in die **funkelnagelneue Arena,** deren spektakulär futuristisches Design bei Besuchern die Illusion erzeugen kann, ein Raumschiff sei hier, im Westen der Krestwoskij-Insel, niedergegangen, um fußballbegeisterte Erdlinge in andere Sphären zu entführen. Das erste Spiel im neuen Stadion verlief turbulent. Der neue Hausherr, Zenit St. Petersburg, gewann am Ende, doch der Rasen war fast unbespielbar. („Selbst die schlechtesten ukrainischen Klubs spielen nicht auf solchen Äckern", kommentierte Zenits damaliger Coach Mircea Lucescu später.)

Zum Zeitpunkt des Eröffnungsspiels war das Stadion bereits ein **stadtweiter Skandal.** Der geplante Eröffnungstermin wurde um acht Jahre verfehlt, zudem gilt das Stadion als Symbol für die Korruption im russischen Bausektor. Die Kosten des scheinbar nie fertig werdenden Bauwerks sind in schwindelerregende Höhen gestiegen. Waren anfänglich 190 Mio. € veranschlagt, beliefen sich die Baukosten 2018 auf 800 Mio. €, möglicherweise wurde aber sogar die Milliardengrenze überschritten. Das Krestowskij ist daher eine der teuersten **Fußballarenen der Welt.** Aberhunderte Millionen Rubel blieben verschwunden. Ein profitables Geschäft für die Baufirmen.

Als wäre das nicht genug, wurden die Bauarbeiten am Stadion überschattet von den **Zuständen auf der Baustelle.** Die meisten Arbeiter – geschätzte 80 % Arbeitsmigranten, größtenteils Usbeken und Tadschiken – schufteten unter schlimmen Bedingungen. Wie der englische Guardian recherchierte, lag ihr Arbeitspensum bei 10 bis 15 Stunden täglich, sechs Tage die Woche. Die Unterbringung in Wohnwagen und Containern auf dem Baustellengelände war katastrophal, die Stundenlöhne lagen bei 1,50 €. Oft sahen die Arbeiter monatelang gar keinen Lohn. Wer sich deshalb beschwerte, wurde ohne Begleichung ausstehender Zahlungen oder Entschädigung gefeuert. Und es ging noch schlimmer: Die norwegische Fußballzeitschrift Josimar berichtete, dass im Februar 2017 mindestens 110 nordkoreanische Arbeiter auf der Baustelle arbeiteten. Ihre Arbeitsbedingungen glichen denjenigen von **Sklaven:** Passentzug, Schichten von 7 Uhr morgens bis Mitternacht, keine freien Tage, separate Unterbringung in alten Schiffscontainern, Überwachung rund um die Uhr. Geschätzte 90 % des kärglichen Tageslohnes von etwa 9 € wurden von der nordkoreanischen Regierung eingezogen, die über diesen Weg an Devi-

sen gelangte. Wer sich beschwerte, riskierte Repressalien gegen die Familie in der nordkoreanischen Heimat. Offiziell starben bei den Bauarbeiten 10 Arbeiter, darunter ein Nordkoreaner.

Die Vorkommnisse um den Stadionbau warfen ein bezeichnendes Licht auf die WM, die Russlands Sportminister Witalij Mutko vermessen als „die schönste WM aller Zeiten" ankündigte. Ganz so, als seien die massive **Korruption und die Menschenrechtsverletzungen** bei den Stadionbauten eine Lappalie.

Trotz der skandalösen Umstände bei der Entstehung des Stadions haben die Petersburger ihre **Gazprom-Arena,** wie die Heimstätte von Zenit mittlerweile heißt, ins Herz geschlossen. Nachdem hier bei der Weltmeisterschaft enge Duelle inklusive Halbfinale und Spiel um Platz 3 stattfanden, konnte Zenit 2019 das erste Mal seit 2015 wieder die Meisterschaft an die Newa holen. 2020 folgt nun das nächste Highlight. Mehrere Spiele der **Europameisterschaft** inklusive dem Viertelfinale werden hier ausgetragen, genau wie das **Champions-League-Finale 2021.** Dass der übermächtige Namensgeber Gazprom gleichzeitig einer der wichtigsten Sponsoren der UEFA ist, die beide Wettbewerbe veranstaltet, spielte bei der Vergabe der Großereignisse an Petersburg sicher eine nicht unerhebliche Rolle ...

●**102** [A2] **Gazprom Arena,** Futbolnaja Aleja 1, Metro: Nowokrestowskaja, http://gazprom-arena.com. Auf der Website können Tickets für Spiele von Zenit und Konzerte sowie Touren durch das Stadium gebucht werden (700 Rub, von lokalen Berühmtheiten geleitete Touren 2500 Rub, Dauer 60 bzw. 120 Min.)

PRAKTISCHE REISETIPPS

An- und Rückreise

Mit dem Flugzeug

Für einen Kurzaufenthalt in St. Petersburg bietet sich wegen der langen Reisezeiten mit alternativen Verkehrsmitteln zuallererst die Anreise mit dem Flugzeug an. **Direktflüge** aus dem deutschsprachigen Raum sind von Berlin, Hamburg, Düsseldorf, München, Zürich, Wien, Innsbruck und Salzburg aus möglich. Mit dem Wegfall der Visumspflicht für Petersburg-Besucher im Oktober 2019 ist mit weiteren Verbindungen zu rechnen.

Der Petersburger Flughafen **Pulkowo** liegt ca. 14 km südlich des Stadtzentrums. Alle Flüge werden über das 2013 eingeweihte **Terminal Pulkowo I** (www.pulkovoairport.ru) abgewickelt. Der Flughafen ist hochmodern und bietet sämtliche Serviceleistungen (Geschäfte, Cafés, Post, Taxiservice, Mietwagen, WLAN, Geldautomaten). Die **Weiterfahrt in die Stadt** mit den öffentlichen Verkehrsmitteln ist einfach, preiswert und schnell. Unübersehbar gleich vor dem Terminal sind die Haltestellen für die **Busse Nr. 39 und 39 Ex** sowie die **Marschrutka K 39**, die direkt zur Metrostation Moskowskaja fahren. Mit der Metro fährt man dann ins Zentrum. Die Gesamtdauer des Transfers beträgt etwa 45 Min.

> **Bus Nr. 39** fährt zwischen 5.25 und 0.20 Uhr mind. alle 30 Min. (Kosten: 40 Rub). Der **Expressbuss 39 Ex** kostet ebenfalls 40 Rub und fährt zwischen 5.30 und 1.30 Uhr mind. alle 20 Min. Für ein gro-

◁ *Vorseite: Die Petersburger Metro-Haltestellen zählen zu den schönsten der Welt*

ßes Gepäckstück wird derselbe Betrag noch einmal berechnet.

> **Marschrutka K 39** fährt von 7 bis 23.30 Uhr alle 5 Min. und kostet 40 Rub, großes Gepäck wird hier ebenfalls extra berechnet.

> Alternativ kann man ein *Taxi* nehmen. Empfohlen wird das offizielle Flughafentaxi. Gleich nach dem Verlassen des Zollkorridors sieht man den entsprechenden Schalter „Taxi Pulkowo". Die Fahrt ins Zentrum kostet zwischen 900 und 1050 Rubel.

Mit dem Zug

Romantiker und Umweltbewusste können die Anreise mit dem Zug erwägen. Diese ist aber zeitaufwendig. Bei Zugreisen über Minsk (Belarus) wird zudem immer ein Transitvisum benötigt.

> Als **transitvisafreie Variante** kommt vor allem noch die Fahrt über **Helsinki nach St. Petersburg** (3½ Std. mit dem „Allegro", 4-mal täglich, Ankunft am Finlandskij Woksal [G3]) in Betracht. Andere interessante Optionen sind z. B. die Verbindungen über Vilnius, Kaliningrad oder Prag. Diese Strecken sind allerdings recht kompliziert zu buchen und der Autor empfiehlt, hierfür die unten genannten Bahnagenturen zu kontaktieren.

> Eine sehr zeitintensive Alternative ist die Anreise über Warschau und Minsk. Die Züge kommen am Witebskij Woksal an.

> Von **Petersburg nach Moskau** fährt mehrmals täglich der *Sapsan* („Wanderfalke") vom Moskowskij Woksal. Er benötigt rund 4 Std. (http://sapsan.su).

Beim **Erwerb von Zugtickets nach Russland** rät der Autor, auf das Know-how von Experten zurückzugreifen. Das führt teils zu großer Kostenersparnis! Die genannten Agenturen sind auf

Zugreisen nach Osteuropa/Russland spezialisiert. Sie nehmen auch Bestellungen per Telefon/E-Mail entgegen und verschicken die Tickets per Post.

> www.bahnagentur-schoeneberg.de (Berlin)

> www.bahnfuechse.de (Berlin)

> www.gleisnost.de (Freiburg)

Mit dem Auto

Von der **Anreise** mit dem Auto **kann nur abgeraten werden.** Petersburg bewegt sich am Rande des Verkehrskollapses und der städtische Autoverkehr trägt teils apokalyptische Züge. Auch Parkplätze sind rar. Vor Ort bewegt man sich viel entspannter mit den öffentlichen Verkehrsmitteln. Wer auf das eigene Auto nicht verzichten möchte: Auch hier gilt, dass für Fahrten durch Belarus ein Transitvisum benötigt wird. Bei der Anreise durchs Baltikum oder über Finnland entfällt dieses Problem. Zur Orientierung: Die Transittrasse E 18 **Helsinki-Wyborg-St. Petersburg** beträgt 385 km, die Strecke **Tallinn-Narwa-St. Petersburg** (E 20) 363 km. Autofahrer sollten in jedem Fall einen nationalen und internationalen Führerschein, die Zulassung, einen Versicherungsnachweis, den Erste-Hilfe-Kasten und einen Feuerlöscher mit an Bord haben.

Mit dem Schiff

Kreuzfahrtschiffe, die St. Petersburg ansteuern, legen seit Jahren meist am modernen Passagierhafen **Morskoj Fasad** auf der Wassilij-Insel an. Im Terminal gibt es einen Taxiservice, Geldautomaten, ein Café und einen Duty-free-Shop. Detaillierte Angaben zu Transfer, Fahrplänen u. Ä. entnehme man der hervorragenden deutschsprachigen Website.

Für Kreuzfahrer gelten **bestimmte Ausnahmeregelungen hinsichtlich der Visapflicht.** Vom Veranstalter organisierte Landgänge sind auch ohne ein individuelles Visum möglich, sofern man bei der Reisegruppe verbleibt. Der visafreie Aufenthalt gilt maximal 72 Std. und setzt voraus, dass der Besucher die Stadt wieder auf dem Seeweg verlässt. Am besten erkundigt man sich beim Anbieter, ob auch eine individuelle Visavergabe und Ausflüge möglich sind.

● **103** **Morskoj Fasad**, Bereg Newskoj Guby 1, https://portspb.ru, Metro: Primorskaja. Eingang ins Terminal über die Mitschmanskaja Ul.

⌂ *Kreuzfahrten nach Petersburg werden immer beliebter*

St. Peterline

Die Möglichkeit, als Teilnehmer einer Kreuzfahrt die Stadt visafrei auf eigene Faust zu erkunden, bietet sich in jedem Fall Gästen der zu Moby gehörenden Fährlinie **St. Peterline** (www.stpeterline.com), die regelmäßig auf der Linie Helsinki–St. Petersburg verkehrt und darüber hinaus Ostseerundfahrten (Stockholm–Tallinn–St. Petersburg–Helsinki) anbietet. Auch Gäste der Linie Helsinki–Petersburg kommen in den Genuss dieser Regelung, vorausgesetzt die Stadt wird nach 72 Std. wieder auf dem Seeweg verlassen **und ein Besichtigungsprogramm beim Anbieter** wird gebucht (z. B. Transfer vom Hafen in die Stadt). Zur Ostseerundfahrt gehört eine Übernachtung in der Stadt mit frei gestaltbarem Aufenthalt sowieso dazu. **Achtung:** Die Schiffe der Peterline gehen nach wie vor am alten Morskoj Woksal vor Anker.

• **104** [A7] **Morskoj Woksal,**
Pl. Morskoj Slavy 1,
www.mvokzal.ru

Barrierefreies Reisen

Reisende mit körperlicher Beeinträchtigung haben es in St. Petersburg und in Russland allgemein nicht gerade leicht. Bahnhofsgleise oder Metrostationen sind nicht über Fahrstühle erreichbar, lange Treppenfluchten und endlose Rolltreppenfahrten erwarten den Besucher. Auch sonst sind im öffentlichen Nahverkehr **keinerlei rollstuhlgerechte Einstiegsmöglichkeiten** vorhanden.

Oft sehr kurze Ampelphasen und der hektische Verkehr machen ein Vorankommen in der Stadt mitunter schwer.

Einige der herausragenden **Museen** – etwa die Eremitage oder das Russische Museum – und andere **bedeutende Sehenswürdigkeiten** wie die Isaakskathedrale, der Katharinenpalast, die Peter-und-Pauls-Festung (eingeschränkt, Kopfsteinpflaster) und Peterhof sind immerhin inzwischen **barrierefrei.**

Es bleibt zu hoffen, dass mittelfristig auch die städtische Infrastruktur an die Erfordernisse von Menschen mit eingeschränkter Mobilität angepasst wird.

Diplomatische Vertretungen

• **105** [H5] **Deutsches Generalkonsulat in St. Petersburg,** Furchtatskaja Ul. 39, Metro: Tschernyschewskaja, www.sankt-petersburg.diplo.de, für Besucher geöffnet: Mo.–Fr. 9–12 Uhr, Tel. +7812 3202400, **Notfallnummer** außerhalb der Dienstzeiten: +74959379500

❯ In St. Petersburg gibt es ein Konsulat, bei Passverlust oder ähnlichen Anfragen muss man sich als **Österreicher** aber an die Botschaft in Moskau wenden: Österreichische Botschaft in Moskau, www.bmeia.gv.at/oeb-moskau, Starokonjuschennij per. 1, Tel. +74957806066, Notfall: +79857670396, Passabteilung: Bolschoj Lewschinskij per. 7, Tel. +74959561660.

❯ Gleiches gilt auch für **Schweizer,** die sich an das Konsularcenter in Moskau wenden müssen (Per. Ogrodnaja Sloboda 2/5, Eingang 1, www.eda.admin.ch/countries/russia/de/home/vertretungen/botschaft/rkc-moskau.html, Tel. +74952583830, in Notfällen außerhalb der Öffnungszeiten Tel. +41 800247365, Mo.–Fr. 9–12 Uhr).

Ein- und Ausreise-bestimmungen

Visum

Gute Nachrichten für Petersburg-Reisende: Im Herbst 2019 trat ein neuer Erlass in Kraft, dank dem ein Aufenthalt in Sankt Petersburg bis zu acht Tage für Angehörige von rund 60 Staaten (darunter auch Deutsche, Österreicher und Schweizer) mit einem **kostenlosen E-Visum** möglich ist. Der Antrag (http://electronic-visa.kdmid.ru/spb_home_en.html) wird online ausgefüllt, die Bearbeitungszeit beträgt bis zu vier Werktage. Dann wird es in zweifacher Ausfertigung zur Vorlage beim Reiseunternehmen und der Grenzpolizei ausgedruckt – fertig! Derzeit ist eine Einreise mit diesem Visum noch nicht mit der Eisenbahn möglich. Sofern eine Weiterreise geplant ist oder die Dauer des Aufenthalts acht Tage überschreitet, gelten weiterhin die folgenden Einreisebestimmungen:

Für den Visumsantrag wird ein **Reisepass** benötigt, der sechs Monate über das Ende der geplanten Reise hinaus gültig sein muss. Außerdem werden ein Passbild, ein aktueller Einkommens- oder Vermögensnachweis und eine Auslandsreise-Krankenversicherung benötigt. Letztere ist für unter 10 € Jahresbeitrag bei vielen Versicherern erhältlich. Eine Auflistung akzeptierter **Versicherer** findet sich hier: www.russland-visum.de/russland-krankenversicherung/russland-krankenversicherung.php. **Schweizer** sollten bei ihrer Versicherungsgesellschaft nachfragen, ob die Auslandsdeckung auch für Russland gilt.

Es ist wichtig, dass der Versicherer dem Reisenden einen Begleitbrief ausstellt, dem zu entnehmen ist, dass eine Mindestdeckung von 30.000 Euro gewährleistet ist. Am besten lässt man dann alles Weitere von einer auf russische Visaanträge spezialisierten **Agentur** erledigen. So entfällt nämlich sowohl der lästige Gang zum Konsulat bzw. der Kontakt zum russischen Visazentrum (www.vhs-germany.com bzw. www.vhs-austria.com und www.vhs-swiss.com) als auch das eigenhändige Besorgen einer ebenfalls zwingend notwendigen Einladung bzw. Reisebestätigung.

❯ Russlandvisa für Individualreisende beantragt z. B. der erfahrene Anbieter **ABNG** (www.abng.com). Das funktioniert auch rein postalisch, sodass man nicht persönlich vorstellig werden muss. Die Kosten für das Visum betragen (inkl. der Bearbeitungsgebühr der Agentur) ca. 99 Euro. Die Agentur stellt auch Einladungen aus.

❯ www.russland-visum.eu (König Tours GmbH, Brühl)

❯ Österreicher können sich für ihr Russlandvisum an das **Reisebüro Eastlink** wenden (http://eastlink.at).

❯ Russische Visa für Schweizer besorgt z. B. der auf Osteuropa spezialisierte Schweizer Reiseveranstalter **Kira Reisen** (www.kiratravel.ch).

Wichtig: Wer mit dem Auto/Zug via Belarus nach St. Petersburg fahren möchte, braucht für die Durchreise ein belarussisches Transitvisum. Dieses kostet 60 Euro pro Durchreise und muss vor der Reise bei der entsprechenden belarussischen Botschaft beantragt werden.

Migrationskarte und Registrierung

Bei der Einreise erhält man von den Grenzbeamten eine gestempelte **Migrationskarte**. Diese sollte man sorgfältig verwahren, bei der Ausreise wird sie wieder eingezogen. Wer **länger als sieben Werktage** in St. Petersburg bleibt, muss sich innerhalb dieser Zeit **registrieren lassen**. Hotels und Hostels übernehmen diesen Service für ihre Gäste. Wer privat unterkommt, dem bleibt es nicht erspart, seinen Gastgeber zum zuständigen **Postamt** (das in dem Distrikt gelegene, in dem man wohnt) mitzuschleppen. Dort liegen die – in Kyrillisch – auszufüllenden Formulare aus, samt entsprechender Anleitung. Sowohl der Gastgeber als auch der Besucher sollten ihren Pass dabei haben: Davon werden vor Ort Kopien gefertigt, die dem Registrierungsformular beigefügt werden. Schließlich wird alles an Ort und Stelle in einen Briefumschlag gesteckt und an das für den Distrikt zuständige Büro der Migrationsbehörde (FMS) geschickt.

❭ Auf http://regfms.ru kann man sich das Formular auch herunterladen, um es vorab auszufüllen.

Einverständniserklärung für Minderjährige

Reisen Kinder nur mit einem Elternteil, ist oft bei der Einreise eine Einverständniserklärung des anderen Elternteils erforderlich. Detailinfos entnehmen Sie der Website des Auswärtigen Amtes.

Zoll

❭ **Einreise:** Wer Bargeld in Höhe von mehr als 10.000 US-Dollar (oder dem Äquivalent in einer anderen Währung) einführt, muss eine Zollerklärung ausfüllen. Dies gilt auch für bestimmte anzumeldende Wertsachen.
❭ **Ausreise:** Bargeldbeträge unter 10.000 US-Dollar müssen nicht deklariert wer-

den. Die Ausfuhr bestimmter **Kulturgüter** aus der Russischen Föderation ist strengstens untersagt bzw. unterliegt einer speziellen Genehmigung. **Verboten** ist die Ausfuhr aller Kulturgüter, die älter als 100 Jahre sind. Einer Prüfung unterliegen alle Kunstgegenstände, die älter als 50 Jahre sind: Ikonen, seltene Bücher, alte Briefmarken und Geldscheine, aber auch Samoware usw. – durchaus Gegenstände, die man auch auf einem Flohmarkt erwerben kann. Um hier keine unliebsamen Überraschungen (von Beschlagnahmung bis zur Geld- und Gefängnisstrafe!) zu erleben, sollte man von „wild" gekauften Antiquitäten die Finger lassen. Seriöse Verkäufer liefern die notwendigen Papiere immer mit. Ausfuhrgenehmigungen erteilt ansonsten das Russische Kulturministerium.

❭ **Kaviar** darf nur in einer Menge von 125g in die EU eingeführt werden und muss ein CITES-Etikett haben. Aus Artenschutzgründen sollte man auf Kaviar von Wildfischen generell verzichten (s. S. 73).
❭ Weitere Informationen zu den russischen Zollbestimmungen unter http://eng.customs.ru (englischsprachige Seite)

Zu den geltenden nationalen Einfuhrbestimmungen gibt es hier weitere Informationen:
❭ **Deutschland:** www.zoll.de, Zoll-Infocenter, Tel. 0228 3030
❭ **Österreich:** www.bmf.gv.at, Tel. 050 233740
❭ **Schweiz:** www.ezv.admin.ch, Zoll-Auskunftszentrale Schweiz: Tel. 0041 584671515

▷ *Auch wenn man noch Münzen und Scheine nutzt, ist das bargeldlose Bezahlen in Russland immer weiter auf dem Vormarsch*

070sp Abb.: mb

Film und Foto

Als Grundregel gilt: Wer fremde Menschen fotografieren möchte, sollte vorher deren Erlaubnis einholen und nicht einfach wild drauflos knipsen. Auf **Märkten** z. B., wo gerne viel fotografiert wird, arbeiten oft illegale Arbeitsmigranten, die über ungefragtes Ablichten überhaupt nicht erfreut sind. Wer fragt, wird meist die Antwort hören: „Fotografieren gerne, aber bitte nicht mich". Das sollte man unbedingt respektieren. In fast allen **Museen** muss man eine Fotoerlaubnis kaufen, die mitunter fast so teuer ist wie die Eintrittskarte. Wer die Museumsmitarbeiter fragt, darf aber oft – auch ohne entsprechende Erlaubnis – zumindest **ein Foto pro Ausstellungssaal kostenfrei** schießen. Nicht gerne gesehen wird das Fotografieren in den weniger touristisch frequentierten **Kirchen**. Auch hier gilt: vorher fragen. Verboten ist das Fotografieren auf **Bahnhöfen** und in der **Metro** – freundliches Fragen kann hier aber mitunter Wunder wirken. Verzichten sollte man auf das Ablichten von Polizisten oder sonstigen Sicherheitskräften.

Geldfragen

Für Touristen ist Petersburg **keine günstige Stadt.** Vor allem die vielen Museumsbesuche sind eine teure Angelegenheit, zumal in nahezu allen Museen ein duales Ticketsystem existiert, das zur Folge hat, dass **Ausländer stets erheblich mehr zahlen als russische Staatsbürger.** Ausgesprochen günstig sind lediglich der öffentliche Nahverkehr und der Einkauf auf Märkten sowie einige SB-Restaurants. Anhand der Preisangaben in diesem Reiseführer lässt sich die erforderliche Reisekasse recht genau im Voraus berechnen, sodass man von unliebsamen Überraschungen verschont bleiben sollte.

Landeswährung ist der **Russische Rubel** (Währungskürzel Rub). Im Herbst 2019 lag der **Wechselkurs** bei:

› 1 Euro = 72,43 Rub
› 100 Rub = 1,38 Euro
› 1 SFr = 66,50 Rub
› 100 Rub = 1,50 SFr

Aktuelle Wechselkurse erfährt man auf www.oanda.com. Den 50-Rubelschein ziert übrigens eine Petersburger Sehenswürdigkeit!

St. Petersburg preiswert

Trotz teils happiger Eintrittspreise kann man einige der berühmtesten Sehenswürdigkeiten der Stadt kostenfrei besichtigen. Dies gilt generell für alle Sakralbauten – mit Ausnahme der wenigen, offiziell zu Museen umfunktionierten Kirchen – und für alle Gärten und Parkanlagen. Kostenlos zugänglich sind z. B.:

> *Sommergarten ❿
> und Michaelsgarten*
> *Kasaner Kathedrale ㉑ und das
> Gelände des Newskij-Klosters ㊸
> (inkl. Dreifaltigkeitskathedrale)*
> *das Nabokow-Museum (s. S. 65)*
> *das Gelände der Peter-Paul-
> Festung ㉛ (nicht aber die Museen)*

*Die **Kombikarte des Russischen Museums** ⑯ ermöglicht eine deutliche Kostenreduktion bei der Besichtigung von Russischem Museum ⑯, Michaels-schloss ⑫ sowie des Marmor- und Stroganow-Palais ⑳. Nicht zuletzt wurde speziell für Touristen die **Petersburg-Karte** eingeführt, deren Erwerb unter bestimmten Umständen eine lohnende Investition sein kann. Ausführliche Informationen zu Kartentypen, Ermäßigungen und Erwerb findet man unter http://petersburgcard.com.*

__Studenten__ erhalten in vielen Museen reduzierten Eintritt, der einzige international anerkannte Studentenausweis ist aber die International Student Identity Card (ISIC), die man besser dabei haben sollte. Auch __Kinder__ zahlen i. d. R. einen deutlich reduzierten Eintritt.

*Günstig speisen lässt es sich z. B. in den **SB-Restaurants** (s. S. 73). Der in vielen Restaurants zwischen 12 und 15/16 Uhr servierte „Bisnes-Lantsch" ermöglicht ein schnelles und recht preiswertes, mehrgängiges Mittagessen.*

Bargeld abheben: Mit der Giro-/Debitkarte kann an allen Geldautomaten, die das Maestro-Logo aufweisen, gegen eine Gebühr von einigen Euro Bargeld gezogen werden. In Einzelfällen kann es zu Schwierigkeiten beim Abhebevorgang kommen – gute Erfahrungen gibt es mit den ATMs der größten russischen Bank, der Sperbank (Сбербанк).

Geldabheben mit der Kreditkarte ist an Geldautomaten überall problemlos möglich, die Gebühren dafür können aber hoch sein. Beim Abheben von Bargeld in Landeswährung wird manchmal angeboten, dass die Abrechnung mit dem eigenen Konto in Euro erfolgen kann. Das Verfahren ist als **Dynamic Currency Conversion (DCC)** bekannt. Wählt man diese Option, die ja sicherer erscheint, wird aber ein ungünstiger Wechselkurs zugrunde gelegt, der erhebliche Kosten verursachen kann. Deshalb sollte man Abhebungen immer in der Landeswährung vom eigenen Konto abbuchen lassen. Dann legt die eigene Bank den offiziellen Devisenkurs zugrunde.

Alternativ kann man in Banken oder Wechselstuben **Bargeld tauschen**, wobei der Tausch in Wechselstuben die günstigere Option ist. Die Wechselkurse sind besser und die Kommission liegt, so sie verlangt wird, im Centbereich. Wechselstuben *(obmen waljuty)* gibt es überall am Newskij Prospekt. Die Banknoten, die man mitbringt, sollten aber in gutem Zustand sein (keine eingerissenen oder zerfledderten Lappen), sonst werden sie u. U. nicht angenommen. Es empfiehlt sich, die Geldscheine in kleiner Stückelung

Debitkarten (Girocard)

Viele Banken sperren die Debitkarten (Girocards) aus Sicherheitsgründen für den **Einsatz im außereuropäischen Ausland** oder beschränken den Verfügungsrahmen. Außerdem statten einige deutsche Banken ihre Debitkarten mit der Bezahlfunktion **V PAY** aus, bei der nicht der kopierbare Magnetstreifen, sondern der Chip ausgelesen wird. Das hat zur Folge, dass an Bankautomaten in Russland mit solchen Karten kein Geld gezogen werden kann, da die Automaten die Chips nicht lesen können.

Wer im Ausland mit seiner Debitkarte bezahlen oder Bargeld abheben möchte, sollte sich im Vorfeld bei seiner Bank erkundigen und die Karte ggf. für das Reiseland freischalten lassen.

zur Hand zu haben und dann nach Bedarf zu tauschen. **Achtung:** Beim Geldwechseln den Reisepass dabei haben, das Vorzeigen des Passes kann verlangt werden.

Mit den gängigen **Kreditkarten** (Visa, Mastercard, American Express usw.) kann man so gut wie überall bezahlen, Karten werden in Russland deutlich häufiger genutzt als bei uns.

Gesundheit und Hygiene

Für Russland gibt es **keine speziellen Impfvorschriften.** Vor einer Petersburgreise empfiehlt es sich dennoch, den eigenen **Impfschutz zu überprüfen.** Das Auswärtige Amt empfiehlt Impfungen gegen Tetanus, Diphtherie und Hepatitis A, bei längeren Aufenthalten oder besonderer Exposition zusätzlich gegen Hepatitis B, Tollwut und FSME (Tre-

cking-Urlaub, veterinärmedizinische Tätigkeiten).

Russland hat eine der höchsten HIV-Infektionsraten weltweit – ein im Land verdrängtes und tabuisiertes Problem. Die Implikationen dürften jedem klar sein: Bei Zufallsbekanntschaften ... **Kondome** benutzen. Und nicht vergessen: Petersburg wurde im Sumpf gebaut. Im Sommer können Mücken sehr lästig werden.

In Petersburg gibt es **gut sortierte Apotheken** an jeder Ecke – mit der üblichen kleinen Reiseapotheke (Aspirin, Mückenspray und -salbe (!), Blasenpflaster, Desinfektionsmittel) ist man also bestens ausgestattet. Wer regelmäßig Medikamente einnehmen muss, sollte diese natürlich in ausreichender Menge dabei haben und sich gegebenenfalls über gesonderte Einfuhrbestimmungen informieren.

Vom Trinken des **Leitungswassers** wird abgeraten. **Toilettenbenutzung** in Restaurants/Cafés ist meist frei – vorher aber freundlich fragen! Wem beim Bummel über den Newskij Prospekt ein plötzliches Bedürfnis peinigt: Im Gostinyj Dwor (s. S. 37) gibt es sehr saubere öffentliche Toiletten. Apropos Toiletten: Es ist in Petersburg generell unüblich, das Toilettenpapier in die Toilette zu werfen. Dafür stehen kleine Eimerchen bereit ...

Informationsquellen

Infostellen zu Hause

Russland verfügt über keine Fremdenverkehrsämter in Mitteleuropa. Für Individualtouristen gibt es aber reichlich gutes Informationsmaterial im Internet, sodass man sich problemlos auf eigene Faust auf eine Petersburgreise vorbereiten kann.

Infostellen in der Stadt

Es gibt eine **ausgezeichnete Touristeninformation** (http://eng.ispb.info). Die Mitarbeiter sprechen alle Englisch und sind hilfsbereit, freundlich und kompetent, auch tonnenweise Infomaterial liegt aus. Die zentrale Lage erlaubt zudem einen schnellen, spontanen Abstecher beim Stadtbummel.

- ❶ **106** [F6] **Zentrale Tourismusinformation,** Sadowaja Ul. 14/52, geöffnet: Mo.–Sa. 10–19 Uhr, geschl.: So. und an Feiertagen, Tel. +7 812 2423909
- ❯ **Info-Pavillons** z. B. direkt an der Isaakskathedrale ❺, auf dem Schlossplatz ❶ und vor dem Smolnyj-Kloster ㊺
- ❯ Ein toller Service ist die 24 Stunden erreichbare, **gebührenfreie „Tourist-Helpline"**, Tel. 8123030555. Hier erhält man Antworten auf alle erdenklichen Fragen.

Die Stadt im Internet

- ❯ www.saint-petersburg.com – Seite des Petersburger Fremdenverkehrsamts mit umfangreichen und lesenswerten Informationen zu allen touristisch relevanten Aspekten (Sehenswürdigkeiten, An- und Abreise, Unterkunft, Stadtverkehr etc.). Die Angaben sind allerdings nicht immer aktuell.
- ❯ http://billboard.spb.ru – Veranstaltungskalender, der aktuelle Konzerte, Festivals, Ausstellungen usw. listet (Englisch)
- ❯ www.inyourpocket.com/st-petersburg-en – ausgezeichneter, englischer Stadtführer, kostenloser PDF-Download
- ❯ http://petersburgcity.com – englischsprachiges Stadtmagazin, Infos zu aktuellen Events, Restauranttipps usw.
- ❯ www.petersburg-info.de – deutschsprachige Seite, die alle grundlegenden touristischen Informationen abdeckt
- ❯ www.petersburg.aktuell.ru – deutschsprachiges Petersburger Stadtjournal

mit aktuellen Nachrichten aus Petersburg und Russland, aber auch sehr guten Informationen zu Sehenswürdigkeiten, Unterkunft und aktuellen Ausgeh- und Nightlifetipps. Seit Jahren allerdings keine Aktualisierungen!
- ❯ www.spzeitung.ru – Onlinepräsenz des deutschsprachigen Sankt-Petersburger Herolds
- ❯ www.encspb.ru – Enzyklopädie mit Einträgen zu allen Petersburger Baudenkmälern, Persönlichkeiten usw., auch auf Englisch

Publikationen und Medien

Es gibt zwei deutschsprachige Zeitungen in St. Petersburg, die beide versuchen, die verschüttete Tradition des deutschsprachigen Journalismus in der Stadt wiederzubeleben. Auch in ihrer Namensgebung knüpfen beide Blätter an eine alte deutschsprachige Zeitungen an. Die **St. Petersburgische Zeitung** existiert seit 1991, erscheint monatlich und richtet sich an deutschsprachige Petersburger und Touristen. Seit 2008 erscheint auch der **St.-Petersburger Herold,** zunächst nur online, seit 2010 nun auch einmal monatlich in gedruckter Form. Das Blatt versucht, die liberal-kritische Tradition des alten Herolds zu neuem Leben zu erwecken und verfügt auch über eine Webpräsenz (www.spzeitung.ru). Die seit 1993 erschienene und sehr informative englischsprachige **St. Petersburg Times** musste aus wirtschaftlichen Gründen leider vor wenigen Jahren ihr Erscheinen einstellen.

Smartphone-Apps

- ❯ **Visit Petersburg:** offizielle App des Fremdenverkehrsamts, die auch auf Englisch nicht nur lehrreiche mehrstündige Audio-Rundgänge durch die Stadt anbietet,

Unsere Literaturtipps

> Anna Achmatowa, **Poem ohne Held.** Über 20 Jahre arbeitete Russlands bedeutendste Dichterin an ihrem Hauptwerk, einer wundervollen Versnovelle in der Tradition Puschkins, voll mit Anspielungen, Zitaten, Widmungen. Das Poem hält reflexive Rückschau und verwebt persönliche Erinnerungen mit Bildern und Visionen eines verschwundenen Petersburg.

> Andrej Belyj, **Petersburg.** Der Roman des Symbolisten Andrej Belyj ist eines der wegweisenden Werke der russischen Literatur des 20. Jh. Wie etwa der „Ulysses" von James Joyce ist es keine leichte Lektüre. Doch Sprach- und Bildgewalt sind berauschend. Erzählt werden 24 Stunden aus dem Leben eines jungen Revolutionärs, der seinen Vater, einen Senator, mittels einer Bombe ins Jenseits befördern will.

> J. M. Coetzee, **Der Meister aus Petersburg.** Der südafrikanische Nobelpreisträger imaginiert Dostojewskij: Dieser kehrt aus Dresden nach Petersburg zurück, um dort den mutmaßlichen Selbstmord seines Ziehsohnes Pawel aufzuklären. Er findet heraus, dass Pawel zum radikalen Kreis um den Anarchisten Netschajew gehörte. Wurde Pawel ermordet? Coetzee gelingt ein komplexes, feinfühliges Porträt des Menschen und Künstlers Dostojewskij. Er verarbeitet in diesem Werk auch den Verlust seines eigenen Sohnes.

> Fjodor Dostojewskij, **Verbrechen und Strafe.** Der erste der „großen fünf" Romane Dostojewskijs spielt ausschließlich in Petersburg. Der bettelarme ehemalige Student Rodion Raskolnikow hat sich völlig von der Außenwelt zurückgezogen. In seinem sargähnlich-winzigen Zimmer unweit des Heumarkts ersinnt er die Theorie, dass ein „außergewöhnlicher Mensch" zur Realisierung seiner großen Ideen, wenn nötig, auch das Recht habe, „über Blut und Leichen zu gehen". Unglaublich fesselnd, ein Meisterwerk der Weltliteratur.

> Nikolaj Gogol, **Petersburger Novellen.** Die vier Petersburger Novellen „Newskijprospekt", „Aufzeichnungen eines Wahnsinnigen", „Die Nase" und „Der Mantel" zählen zu den großartigsten Werken Gogols. Insbesondere „Der Mantel" - die groteske Geschichte eines kleinen Petersburger Beamten, der auf einen neuen Mantel spart – hatte einen herausragenden Einfluss auf die russische Literatur. Dostojewskij adelte den Text mit seinem Ausspruch: „Wir kommen alle aus Gogols Mantel." In den Novellen zeigt sich Gogol als Meister der bissigen Satire und des Absurden.

> Alexander Puschkin, **Der eherne Reiter.** Pflichtlektüre für alle Petersburgreisenden: Das Poem erzählt vom armen Beamten Jewgeni, der während einer Newa-Sturmflut seine Verlobte verliert. Er verflucht daraufhin die Hybris des Stadtgründers, der seine Stadt direkt am Meer bauen musste. Als Jewgeni vor Peters Reiterdenkmal ❹ seine Schimpftirade beginnt, wird dieses lebendig und verfolgt ihn durch die Gassen der Stadt. Puschkin nimmt hier alle Motive vorweg, die für die Petersburgliteratur charakteristisch werden.

sondern auch aktuell über Veranstaltungen informiert und zahlreiche weitere Features beinhaltet (kostenlos für Android und iOS)

› **www.hermitageapp.com:** offizielle App des Museums. Nützliche Hilfe, um sich in dem Labyrinth zurechtzufinden. Aktuelle Infos, Navigationshilfe etc. Zusatzinfos zu Gemälden, Geschichte usw. teils kostenpflichtig (zwischen 75 und 299 Rub). Auch eine Audioguide App wird angeboten (für Android und iOS).

Internet

Kabelloser Netzzugang ist Standard in den meisten Cafés und Restaurants. Auch in fast allen Hotels/ Hostels gibt es Internetzugang oder **WLAN**. Eine etwas andere Art des Internetcafés gibt es in Petersburg in Form des mittlerweile international erfolgreichen Ziferblat (s. S. 76).

Medizinische Versorgung

Sollte eine medizinische Versorgung notwendig werden, empfiehlt es sich aus Gründen der sprachlichen Verständigung, eine der folgenden medizinischen Einrichtungen aufzusuchen: Alle sind tägl. 24 Stunden geöffnet, verfügen über englischsprachiges Personal, decken alle medizinischen Notfälle ab und haben Abteilungen u. a. für Kinder- und Zahnmedizin.

✚**107** [E7] **American Medical Clinic (Amerikanskaja Klinika),** www.amclinic.com, Nab. Reki Mojki 78, Tel. 8127402090, Metro: Sennaja Pl. Mit bestimmten deutschen Versicherern rechnet die Klinik direkt ab (s. Website), d. h. Vorabzahlungen vor Ort entfallen.

✚**108** [I5] **EUROMED-Clinic,** Suworowskij Pr. 60, Tel. 8123270301, http://euromed.ru, Metro: Tschernyschewskaja

✚**109** [G6] **Medem International Clinic,** https://spb.medsi.ru, Ul. Marata 6, Tel. 8123363333, Metro: Majakowskaja, Pl. Wosstanija

› **Krankenwagen:** Tel. 03

Mit Kindern unterwegs

Reisen in unbekannte, große Städte können mit **sehr kleinen Kindern** schnell zur nervenzehrenden Herausforderung werden. Von Petersburgreisen mit ganz kleinen Kindern (unter vier Jahren) ist eher abzuraten. Den Kinderwagen in öffentlichen Verkehrsmitteln zu transportieren oder über die verkehrsumtosten Prospekte der Innenstadt zu schieben, gereicht wohl nur Hartgesottenen zur Freude. Immerhin: Die Anzahl schön angelegter, neuer Kinderspielplätze steigt. Eine Oase für Eltern mit kleinen Kindern ist z. B. der **Spielplatz am Senatsplatz vor der Admiralität ❸**.

Für **größere Kinder,** etwa ab sechs oder sieben Jahren, dürfte sich dagegen problemlos ein aufregendes und kindgerechtes Besuchsprogramm gestalten lassen. Eine tolle, neue – ebenso kinder- wie elternfreundliche – Attraktion ist sicherlich das 2016 eröffnete **Kultur- und Erholungsareal auf der Insel Neu-Holland** (s. S. 90): Es gibt u. a. ein riesiges Kletterboot aus Holz und von November bis März ist eine Eislaufbahn in Betrieb. Großen Eindruck auf Kinder macht garantiert die **Peter-Paul-Festung ❸❶**. Dicke Mauern, Wassergräben, Bastionen, die teils bestiegen werden können, und die Möglichkeit, nach Herzenslust herumzutoben, machen die Anlage zu einem schönen Ausflugsziel, an dem

sich problemlos ein halber Tag verbringen lässt. Nicht verpassen sollte man die kleine **Hasenstatue** an der Ioannowskij-Brücke: Sie gilt es, mit einer Münze zu treffen, dann ist die Rückkehr in die Stadt gewiss. Im hinter der Festung gelegenen Kronwerk sind alle herausragenden Petersburger Bauwerke als detailgetreue Bronzeskulpturen zu bestaunen – dieses **Miniatur Petersburg** begeistert nicht nur Kinder (geöffnet: tägl. 8–20 Uhr, Eintritt frei, gleich hinter der Metro Gorkowskaja).

Freunde von Miniaturwelten können ein gewaltiges **Mini-St. Petersburg**, das **Petrowskaja Akwatorija**, auch noch mal drinnen und in wesentlich kleinerem Maßstab bewundern: Im oberen Stockwerk des Admiral-Shoppingcenters glänzt und glitzert auf einer Fläche von 500 m² ein detailgetreues, interaktives Petersburg des 18. Jh. – Kinder können mittels Knöpfen die Miniwelt zum Le-

ben erwecken und sind für gewöhnlich restlos begeistert.

🔒**110** [E6] **Admiral,** Malaja Morskaja Ul. 4, Metro: Admiralitejska, http://trk-admi ral.ru, tägl. 10–22 Uhr

Ein weiteres Highlight für jedes Kind dürfte an einem sonnigen Wochentag die Reise nach **Peterhof** 48 sein, angefangen bei der Anfahrt mit dem „Meteor". Im **Unteren Park** sorgen die Scherzbrunnen für Spaß und nasse Kleidung – unbedingt Wechselsachen mitnehmen (und den Mückenschutz nicht vergessen). Der durch die Decke ziehbare Tisch in der **Peterhofer Eremitage** sorgt für Staunen, die anderen Paläste kann man Kindern sicher ersparen.

Ein Aufstieg auf die **Kolonnade der Isaakskathedrale** 5 dürfte diese klassische Sehenswürdigkeit auch für Kinder zum unvergesslichen Erlebnis machen. Auch **Bootstouren** durch die Stadt wird wohl jedes Kind spannend finden. Nicht zuletzt gibt es eine ganze Reihe spannender Museen, allen voran das **Zoologische Museum**

⌂ *Kindermagnet: der „Rittersaal" in der Eremitage* 2

(s. S. 67) mit dem Mammutbaby „Dima" und **das Arktis- und Antarktismuseum** ㉘. Eine neuere Einrichtung ist das **Grandmaket** (s. S. 67), das ganz Russland in Miniatur abbildet – noch wesentlich spektakulärer als das Petrowskaja Akwatorija, aber auch wesentlich weiter außerhalb gelegen, nichtsdestotrotz eine weitere Option, dem Nachwuchs einen schönen Ausflug zu bescheren. Und natürlich gilt: Kinder, die Zirkusbesuche zu schätzen wissen, sind in Petersburg an der richtigen Adresse!

- ●**111** [F6] **Großer Staatlicher Zirkus von St. Petersburg**, Nab. Reki Fontanki 3, Metro: Gostinyj Dwor, www.circus.spb.ru, Spielplan s. Website. Kindgerechte Spielzeiten um 13 oder 15 Uhr.
- ●**112** [E6] **Petrowskaja Akwatorija,** Mal. Morskaja 4, Metro: Admiraltejskaja, tägl. 10–22 Uhr, Eintritt: 480 Rub, Kinder 380 Rub, am Wochenende jeweils günstiger
- ❯ Im familienfreundlichen **Teplo** (s. S. 74) gibt es ein eigenes Menü für Kinder und unzählige Spielmöglichkeiten, Gleiches gilt für das vegetarische Lokal **Botanika** (s. S. 77).

Notfälle

Notrufnummern

- ❯ **Feuerwehr:** Tel. 01
- ❯ **Polizei:** Tel. 02 (englischsprachiger Service: 1649787)
- ❯ **Krankenwagen:** Tel. 03
- ❯ **24-Std. „Tourist-Helpline"** (englischsprachig, gebührenfrei): 8123030555
- ❯ Für konsularische Notfallnummern siehe „Diplomatische Vertretungen", S. 108.

Im Falle eines Diebstahls o. Ä. hilft die Touristeninformation (s. S. 114) bei der Erstattung einer Anzeige.

Kartenverlust

Bei **Verlust der Debit-/Giro-, Kredit-** oder **SIM-Karte** gibt es für Kartensperrungen eine **deutsche Zentralnummer** (unbedingt vor der Reise klären, ob die eigene Bank bzw. der jeweilige Mobilfunkanbieter diesem Notrufsystem angeschlossen ist). **Aber Achtung:** Mit der telefonischen Sperrung sind die Bezahlkarten zwar für die Bezahlung/Geldabhebung mit der PIN gesperrt, nicht jedoch für das **Lastschriftverfahren mit Unterschrift**. Man sollte daher auf jeden Fall den Verlust zusätzlich **bei der Polizei zur Anzeige bringen**, um gegebenenfalls auftretende Ansprüche zurückweisen zu können.

In **Österreich** und der **Schweiz** gibt es keine zentrale Sperrnummer, daher sollten sich Besitzer von in diesen Ländern ausgestellten Debit- oder Kreditkarten vor der Abreise bei ihrem Kreditinstitut über den zuständigen Sperrnotruf informieren.

Generell sollte man sich immer die **wichtigsten Daten** wie Kartennummer und Ausstellungsdatum **separat notieren,** da diese unter Umständen abgefragt werden.

- ❯ **Deutscher Sperrnotruf:** Tel. +49 116116 oder Tel. +49 3040504050
- ❯ **Weitere Infos:** www.kartensicherheit.de, www.sperr-notruf.de

Wem das Portemonnaie/die EC-Karte stibitzt wird, der kann sich problemlos über **Western Union** von Zu Hause Bargeld schicken lassen – vorausgesetzt, er ist noch im Besitz des Passes, der zwingend zur Abholung der Geldsendung benötigt wird.

- ❯ Unzählige Filialen, auch in vielen Banken und Wechselstuben, z. B. in der Wiking Bank (ВИКИНГ БАНК), Newskij Pr. 35, tägl. 10–13.40 und 14.40–22 Uhr

Öffnungszeiten

In diesem Reiseführer sind zu allen Shopping-, Ausgehtipps und Sehenswürdigkeiten stets auch die Öffnungszeiten angegeben.

Achtung: Wer nur kurz in der Stadt verweilt, sollte **Museumsbesuche** vorab unbedingt anhand der Wochentage planen! Nichts ist ärgerlicher, als ein Museum ausgerechnet an seinem Schließtag aufzusuchen und dann nicht mehr die Zeit für einen Besuch an einem anderen Tag zu haben. **Museumskassen schließen oft eine halbe Stunde, mitunter gar eine Stunde vor Ende der offiziellen Öffnungszeit!** Im **Winter** schließen Museen oft etwas früher, meistens eine Stunde vor der Sommerschließzeit.

An **offiziellen Feiertagen** sind Banken und öffentliche Ämter geschlossen. Museen und Geschäfte bleiben i. d. R. geöffnet (eine gewisse Ausnahme sind der 1.1. und der 9.5.).

Post

Die **Hauptpost** ist allein wegen ihrer prächtigen Jugendstilhalle einen Besuch wert. Sie liegt unweit der Isaakskathedrale. Hier kann man alle postalischen Dienstleistungen in Anspruch nehmen. Bei Briefmarkensammlern wird die große Philatelie-Abteilung das Herz höher schlagen lassen. Öffnungszeiten: 24/7 ohne Pause.

✉ **113** [D6] **Hauptpost**, Potschtamtskaja Ul. 9, www.pochta.ru

049sp Abb.: blj

🔲 *Eine Sehenswürdigkeit für sich: die Jugendstilhalle der Hauptpost*

Gäste besserer **Hotels** können ihre Post meist gleich dort aufgeben. Dort gibt es auch Briefmarken. Eine Postkarte von Petersburg nach Deutschland ist mind. zwei Wochen unterwegs und kostet 50 Rub.

Radfahren

Fahrradfahrer sind in Petersburg Exoten. Radwege sind unbekannt, dennoch wagen sich langsam immer mehr Menschen auf den Drahtesel. Beim Fahren ist Vorsicht geboten, man sollte Touren möglichst vor Einsetzen oder nach Abklingen des Berufsverkehrs unternehmen.

● **114** [F7] **Friends Hostel**, Bankowskij Per. 3, Metro: Newskij Pr. Die kleine Hostelkette verleiht auch Fahrräder, für Preise und weitere Verleihpunkte s. Webseite: www.en.friendsplace.ru/services/bikes.

● **115** [E7] **RentBike**, Ul. Gorochowaja 43, www.rentbike.org, tägl. rund um die Uhr geöffnet. Zentral an der Sadowaja Ul. gelegen, werden hier günstige Fahr- und Rennräder vermietet (z. B. für 500 Rub/Tag).

❯ Auch viele der unter „Stadttouren" (s. S. 122) genannten Anbieter haben eine Stadterkundung per Fahrrad im Programm.

> Daneben gibt es mehrere Anbieter, deren **Leihräder** über die ganze Stadt verteilt sind. Auch die Zahl der **E-Scooter** wird immer größer.

Sport und Erholung

Der Besuch der **Banja** (Sauna) ist Teil der russischen Kultur. Das Sauna-Prozedere unterscheidet sich von dem hierzulande bekannten und wird von den Gästen mit Inbrunst praktiziert – vor allem die Länge und Intensität des Saunierens kann Ungeübte, die es den Einheimischen gleichtun wollen, leicht an den Rand eines Kreislaufkollapses bringen. Gesaunt wird nackt und nach Geschlechtern getrennt. Traditionell gibt es einen Saunaraum zum Anschwitzen und einen zweiten, der geradezu mörderisch heiß ist und nach der ersten Akklimatisierung aufgesucht wird. Dazwischen erfrischt man sich in einem Pool mit eiskaltem Wasser. Zu jedem Saunabesuch gehört das Abschlagen des Körpers mit dem *Wenik,* einem Bündel aus Birkenzweigen. Man legt sich dazu auf die Saunabank und überlässt das Schlagen einem anderen Saunagast. Das Schlagen regt die Blutzirkulation an. Nicht vergessen: Vor dem Schlagen muss der *Wenik* im Wasser aufgeweicht werden (mind. 10 Minuten!) – sonst wird es schmerzhaft! Gerne wird beim Saunieren auch Wodka getrunken.

● **116** [G7] **Jamskie Bani**, Ul. Dostoewskogo 9, Metro: Dostoewskaja, www.yamskie.ru., tägl. 8–23 Uhr. Neben den Luxusbereichen gibt es noch die gute alte Gemeinschaftssauna.

Sicherheit

St. Petersburg ist eine Stadt **großer sozialer Gegensätze.** Wer sich außerhalb des touristischen Zentrums bewegt, sollte sich dessen bewusst sein und sich entsprechend umsichtig verhalten. Im Stadtzentrum selbst sollte man sich vor **Taschendieben** hüten: Diese operieren besonders in der Metro, sowie auf dem Newskij Prospekt zwischen Schlossplatz ❶ und Gostinyj Dwor ㉓, an der Bluterlöserkirche ⑮ und auch in Peterhof ㊽. Beliebte „Arbeitsplätze" sind Metroeingänge und Warteschlangen – dort also, wo das Gedränge am größten ist. Grundsätzlich gilt: Wertsachen sind am besten in Brustbeuteln und „Geldkatzen" aufgehoben, nicht aber in Hand-, Jacken- und Hosentaschen oder im Rucksack. Im Café sollten Rucksack, Handtasche und Jacke immer im Auge behalten werden. Auch der **Fotoapparat** sollte nicht gleich sichtbar um den Hals gehängt transportiert, sondern in der Fototasche verstaut sein, an der man stets eine Hand haben sollte.

Teils unangenehm sind **Betrunkene,** die einem zu jeder Tages- und Nachtzeit über den Weg laufen können. Wer angesprochen wird: Unbedingt ignorieren und sich zügig von der betreffenden Person entfernen. Besondere Umsicht sollten homosexuelle oder Reisende „anderer Hautfarbe" walten lassen, **homophobe und rassistische Angriffe** kommen vor!

Fans, die zu Spielen bei **Zenit St. Petersburg** fahren, sollten außerhalb des Stadions auf das Tragen von Fankluft verzichten. Brutale Übergriffe auf Fans sind bereits vorgekommen.

Auch der **rücksichtslose Verkehr** in der Stadt ist eine Gefahrenquelle – besser auch mal auf die eigene Vorfahrt verzichten, lautet die Devise.

Infos für LGBT+

Die allgemeine Stimmung in der russischen Gesellschaft ist **ausgesprochen homophob.** Homosexualität ist zwar legal, aber die Gesetzgebung gegen „homosexuelle Propaganda" wurde vor wenigen Jahren weiter verschärft - auch in St. Petersburg ist dies ein Straftatbestand. Erschütternd ist die oft *implizite Gleichsetzung von Homosexualität und Pädophilie.*

Versuche, eine Pride Parade auf dem Marsfeld zu veranstalten, werden von den Stadtoberen oft behindert. Bei den dann oft illegalen Zusammenkünften kommt es immer wieder zu Festnahmen und gewalttätigen Übergriffen.

Wer als schwules oder lesbisches Pärchen in der Stadt unterwegs ist, sollte sich in der Öffentlichkeit diskret verhalten, insbesondere in Gegenwart von Minderjährigen drohen beim Austausch von Zärtlichkeiten oder positiven Äußerungen zum Thema „nicht traditionelle Lebensformen" **Haft- oder Geldstrafen** bzw. die sofortige Ausweisung. Nichtsdestotrotz ist die Petersburger Szene sehr lebendig.

❯ Die Website http://english.gay.ru befindet sich seit 2018 auf dem Index und wird seitdem nicht mehr aktualisiert. Sie sollte **unter keinen Umständen in Russland aufgerufen** werden, in Deutschland kann man sich aber noch gute, wenn auch veraltete Infos zur Situation in der Stadt einholen.

❯ Eine lokale Selbsthilfeseite ist http://comingoutspb.com.

❯ Seit 2007 findet in Petersburg Jahr für Jahr das „Bok o bok"-Filmfestival statt, auf dem internationale Filme zum Thema LGBT gezeigt werden (www.bok-o-bok.ru).

❯ Ein guter Kontakt ist auch Quarteera e. V., ein in Berlin ansässiger Verein russischsprachiger Schwuler und Lesben, die sich für die Rechte Homosexueller im postsowjetischen Raum engagieren (www.quarteera.de).

Sprache

Gesprochen wird selbstverständlich Russisch und es wäre grundverkehrt, von allerorts vorhandenen englischen Sprachkenntnissen auszugehen. Gleichwohl wurde für Touristen mittlerweile viel getan, sodass man **im Stadtzentrum auch ohne Russischkenntnisse** kaum Probleme haben wird. Metropläne und Straßennamen sind englisch untertitelt, viele Lokale haben englische Menüs, in fast allen Museen sind englische Texte verfügbar. Auch das Museums- und Hotelpersonal verfügt meist über Englischkenntnisse.

Verständigungsprobleme sind also nur außerhalb der von ausländischen Touristen frequentierten Gegenden zu erwarten. Es lohnt sich dennoch, sich vor der Reise mit dem **kyrillischen Alphabet** vertraut zu machen – es vereinfacht die Orientierung letztlich ungemein. Eine kleine **Sprachhilfe Russisch** findet sich im Anhang.

Eine sehr empfehlenswerte Hilfe für Russischunkundige ist der Sprachführer „Russisch Wort für Wort" aus der Kauderwelsch-Reihe, erschienen im REISE KNOW-HOW Verlag.

Stadttouren

An privaten Stadtführern und auf Stadtrundgänge spezialisierten Veranstaltern gibt es wahrlich keinen Mangel. Hier seien nur folgende erwähnt:

› **City Tour,** http://citytourspb.ru – in der warmen Jahreszeit Stadterkundung mit dem Doppeldeckerbus: zweistündige Rundfahrt zu allen bekannten Sehenswürdigkeiten. Ein mehrsprachiger Audioguide informiert während der Fahrt. Das Ticket ist den ganzen Tag gültig, man kann entlang der festen Route aus- und einsteigen, wie es einem gefällt. Daneben gibt es mehrere weitere Firmen, die Touren nach dem Hop-on-hop-off-Prinzip anbieten, beispielsweise den auch bei uns bekannten Anbieter **City Sightseeing** (https://city-sightseeing.com).

› **Peter's Walk,** www.peterswalk.com – englischsprachige Stadtrundgänge zu interessanten Themen: Oktoberrevolution, Leningrader Blockade, auf den Spuren Dostojewskijs oder Rasputins usw. Auch Kneipentouren oder Stadterkundung per Fahrrad sind im Angebot. Junge, kompetente und freundliche Guides.

› **Petersburg Voyage,** http://petersburg-voyage.com – seriöser Anbieter, Stadterkundungen zu den bekannten Sehenswürdigkeiten, aber auch spezielle Rundgänge (etwa eine Kanal- und Brückentour). Eine Stadtbesichtigung für Gehbehinderte gibt es ebenfalls.

› **St. Petersburg Best Guides,** www.bestguides-spb.com – Spannende Rundgänge zu allen bekannten und vielen unbekannten Sehenswürdigkeiten: Jüdisches St. Petersburg, Smolnyj-Institut, Fabergé-Museum, Backstage ins Mariinskij, über die Dächer der Stadt u. v. m., auch deutschsprachige Reisebegleitung, Transfer.

Telefonieren

Nach Petersburg

Die Ländervorwahl von **Russland** lautet **007**, die Vorwahl von **St. Petersburg 812**. Es gibt in Deutschland viele günstige Vorwahlnummern, die Festnetzanrufe nach Russland sehr preiswert machen.

Innerhalb Petersburgs sind Telefongespräche im Festnetz kostenfrei. Vorwahlen entfallen. Wer von Petersburg aus eine andere russische Stadt anwählt, wählt eine 8 und danach die entsprechende Vorwahl der Stadt.

Auslandsgespräche von Petersburg aus

› **Vorwahlnummern ins Ausland:** Wer von Petersburg ins Ausland telefoniert, muss erst eine 8 wählen und dann das Freizeichen abwarten. Es folgt die 10 und dann die entsprechende Ländervorwahl (ohne die Doppelnull) und die Ortsvorwahl, wiederum ohne Null. Ein Anruf nach Deutschland beginnt also mit 81049, nach Österreich werden 81043 und in die Schweiz 81041 gewählt.

› Es gibt zwar **öffentliche Telefone,** die mit Telefonkarten funktionieren, da diese aber außerhalb von Postgebäuden kaum zu finden sind, ist das Telefonieren mit Telefonkarte eine wenig praktische Sache. Der Autor empfiehlt den **Kauf einer russischen SIM-Karte.** Zum Kauf einer Prepaid-Karte muss im Mobilfunkladen (z. B. Megafon, Beeline, Tele 2) der Pass vorgelegt und auch eine Petersburger Adresse (z. B. die des Hotels) angegeben werden. Die meisten Anbieter bieten auch SIM-Karten an, die eine Woche gültig sind und über ein hohes Datenvolumen verfügen, mit dem man bedenkenlos stundenlang über Messenger-Dienste mit der Heimat telefonieren kann. Schließlich erhält man seine russische Handy-Nummer. Bei Bedarf lässt sich das Guthaben jederzeit wieder aufladen. Dazu kann man einen Handyladen des Providers aufsuchen, ansonsten befinden sich automatische Aufladeterminals in nahezu allen Supermärkten, Metrostationen etc. Hier zahlt man allerdings eine Kommission.

❯ Bei Auslandstelefonaten vom **Hotel** sollte man sich vorab über die Kosten informieren. Mitunter sind die Telefonate aber recht günstig.

❯ Auch auf **Postämtern** können internationale Gespräche vermittelt werden, das ist sogar meist günstiger als das Telefonieren mit Telefonkarten.

❯ Wer von seinem **Handy mit deutscher SIM** telefonieren möchte, sollte sich vorab bei seinem Anbieter über die **Roaming-Gebühren** erkundigen. Sinnvoller ist meist, sich auf das Schreiben von SMS-Nachrichten zu beschränken. Viele Reisende nutzen auch im Ausland eine **mobile Datenverbindung.** Dies ist jedoch häufig mit hohen Kosten verbunden. Man sollte daher vor der Reise bei seinem Netzbetreiber Informationen über evtl. günstigere Auslandsdatenpakete einholen oder zur Sicherheit die Mobile-Daten-Option deaktivieren und nur über kostenlose WLAN-Netze ins Internet gehen.

❯ Kürzlich wurde das **Inlands-Roaming aufgehoben,** sodass man nun auch Handynummern aus anderen Landesteilen zum selben Preis anrufen kann.

Uhrzeit

Eine seltsame Posse erlebte Russland mit der **Abschaffung der Winterzeit 2011.** Die nun noch düstereren Wintervormittage schlugen den Menschen derart aufs Gemüt, dass zum **Oktober 2014 die Wiederein-**

führung der Winterzeit beschlossen wurde. Zudem wurde nun die Sommerzeit abgeschafft – seit 2015 gilt das ganze Jahr über die Winterzeit. Der **Zeitunterschied** zur Mitteleuropäischen Zeit (MEZ) beträgt also plus zwei Stunden im Winter und plus eine Stunde im Sommer.

Unterkunft

Die Hotelszene in Petersburg ist fast unüberschaubar. Alle internationalen Hotelketten (Kempinski, Radisson, Holiday Inn...) sind in der Stadt vertreten, auch der Luxusbereich ist gut abgedeckt. Diese Auswahl konzentriert sich mit wenigen Ausnahmen auf Angebote im günstigeren Preissektor, inkl. Mini-Hotels und Hostels.

Gebucht werden kann direkt über die Hotels, aber auch über die bekannten Portale. Oft gibt es dabei gute Preisnachlässe.

Hotels

🏠**117** [E6] **Art Hotel Rachmaninow** €€€, Kasanskaja Ul. 5, Metro: Newskij Pr., Tel. +7 812 5719778, http://en.hotelrachmaninov.com. **Verströmt eine Atmosphäre von Kunst und Kultur:** Vor einigen Jahren eröffnetes, stilvoll antik eingerichtetes, recht kleines Hotel. Im Haus residierte einst der bekannte Komponist. Das Hotel fungiert auch als Galerie. Gute Lage an der Kasaner Kathedrale. Man sollte bei der Buchung auf die Preisnachlässe achten.

🏠**118** [E6] **Astoria** €€€€€, Bol. Morskaja Ul. 39, Metro: Admiraltejskaja, Tel. +7 812 4945757, www.roccofortehotels.com/hotels-and-resorts/hotel-astoria. **Nobel, renommiert und geschichtsträchtig:** Das Jugendstilhotel am Isaaksplatz muss einfach genannt werden. Lang ist die

Liste weltberühmter Gäste. Zimmer auf modernstem Stand, stilvoll und geräumig. Der Luxus hat aber seinen Preis!

🏠**119** [E6] **Herzen House** €€€, Bol. Morskaja Ul. 25, Metro: Admiraltejskaja, Tel. +7 812 3155550, www.herzen-hotel.com. **Klein und familiär:** Hotel im 4. Stock eines historischen Wohnhauses. Die Zimmer bestechen durch Sauberkeit und komfortable Betten, der Service durch seine Freundlichkeit. Beste Lage.

🏠**120** [I7] **Hotel Moskwa** €€, Pl. Aleksandra Newskogo 2, Metro: Pl. Aleksandra Newskogo, Tel. +8 812 3332444, www. hotel-moscow.ru. **Typisches Reisegruppenhotel:** direkt gegenüber vom Newskij-Kloster, kein Augenschmaus, aber relativ

Nobel: das Hotel Astoria

günstig, sauber und gleich an der Metro. Zimmer wenig kreativ, aber funktional.

🏠**121** [H6] **Oktjabrskaja** €€, Ligowskij Pr. 10, Metro: Pl. Wosstanija, Tel. +7 812 6555004, www.oktober-hotel.ru. **Schlicht und recht günstig:** Der Petersburger Hotel-Klassiker ist aufgrund seiner Größe vor allem auf Reisegruppen spezialisiert – zur Hauptsaison ist mit dem üblichen Gewühle in der Lobby zu rechnen.

🏠**122** [E6] **Petro Palace Hotel** €€€€, Mal. Morskaja Ul. 14, Metro: Admiraltejskaja, Tel. +7 812 5713006, www.pet ropalacehotel.com. **Unschlagbar für diese Lage:** nur wenige Gehminuten vom Schlossplatz entfernt. Das Hotel residiert in einem prächtigen Altbau. Vor wenigen Jahren wurden alle Zimmer komplett renoviert: Sie sind groß, hell und auf internationalem Stand, teils barrierefrei.

Mini-Hotels

Die hier gelisteten **Mini-Hotels** sind alle in Altbauwohnungen untergebracht und teils im Grenzbereich zwischen Hostel und B&B zu verorten. Gäste sollten sich vorab darüber im Klaren sein, dass die Treppenhäuser mitunter einen etwas schäbigen Eindruck erwecken können und Fahrstühle meist inexistent sind. Dessen ungeachtet, bestechen die hier gelisteten Minis samt und sonders durch ihre Sauberkeit, den günstigen Preis, ihren freundlichen, familiären Service und ihre zentrale Lage. Wie der Name Mini-Hotel suggeriert, gibt es nur wenige Zimmer, daher gilt: früh buchen!

🏠**123** [H5] **33 Udowolstwija** €€, Ul. Wosstanija 36, Metro: Tschernyschewskaja, Tel. +7 812 2725408, www.comfort33.ru. **Klein, schnuckelig und familiär:** sieben Zimmer, teils charmant im „alten Petersburger Stil" eingerichtet. Küche für Selbstversorger. An der Tür weist lediglich eine

Preiskategorien

Preis für das günstigste Doppelzimmer
pro Nacht inkl. Frühstück. Die Katego-
risierung ist ein Richtwert, die Preise
können saisonal nach oben oder unten
ausschlagen.

€	bis 50 Euro
€€	50–100 Euro
€€€	100–150 Euro
€€€€	150–200 Euro
€€€€€	über 200 Euro

„33" auf den Eingang hin, der Türcode
lautet ebenfalls „33". Mittlerweile gibt es
ein Schwesterhotel, das Komfort:

🏨**124** [G6] **Komfort** €€, Ul. Tschechowa 2,
Metro: Majakowskaja, Pl. Wosstanija,
Tel. +7 812 2725408

🏨**125** [G5] **Art Hotel Mokhovaya** €€, Ul.
Mochowaja 27–29, Metro: Tschernyschewskaja, Tel. +7 812 7407585,
http://art-hotel.ru/moh. **Sympathische,
gepflegte Alternative im günstigeren
Preissektor:** 14 Zimmer. Super Service-
angebote. Eingang im Hof, zwischen den
Häusern Nr. 25 und 27.

🏨**126** [H5] **Art Hotel Radischev** €€, Ul.
Radischtschewa 26, Metro: Tschernyschewskaja, Tel. +7 812 7407585,
http://art-hotel.ru/rad. **Empfehlens-
wertes Schwesterhotel des Mokhovaya:**
verfügt nur über 6 Zimmer. Eingang: Die
Tür, die im Gebäudekomplex ganz rechts
lokalisiert ist (eigentlich eher Nr. 28).

☎**127** [E6] **Pension Griboedova 29** €€,
Nab. Kan. Griboedowa 29, Tel. +7 812
9139657, Metro: Newskij Pr., http://
petersburg-hotel.com. **Wunderbar und
in bester Lage:** Minihotel unter Schweizer Führung. Vier Zimmer in renovier-
ter Wohnung, Küche für Selbstversorger, jede Menge Serviceleistungen,
z. B. Transfer, deutschsprachige Stadtführungen und Exkursionen (Peterhof,
Katharinenpalast).

Buchungsportale

Neben Buchungsportalen für **Hotels**
(z. B. www.booking.com, www.hrs.de
oder www.trivago.de) bzw. für **Hostels**
(z. B. www.hostelworld.de oder www.
hostelbookers.de) gibt es auch
Anbieter, bei denen man **Privatun-
terkünfte** buchen kann. Portale wie
www.airbnb.de, www.wimdu.de oder
www.9flats.com vermitteln Wohnungen, Zimmer oder auch nur einen
Schlafplatz auf einer Couch. Diese oft
recht günstigen Übernachtungsmög-
lichkeiten sind nicht unumstritten,
weil manchmal normale Wohnungen gewerblich missbraucht werden.
Einige Städte greifen deshalb regu-
lierend ein.

Hostels

Viele Petersburger Hostels liegen mitten im Zentrum in geräumigen Wohnungen. Sie sind – im Gegensatz zu
vielen günstigeren Hotels – immer
sehr kreativ, liebevoll, mitunter gar
ausgesprochen stylish eingerichtet
und bieten jede Menge guten Service: Standard sind z. B. Schließfä-
cher, Gemeinschaftsraum, WLAN,
Frühstück (wenn auch mitunter sehr
bescheiden), Küche, Waschmaschi-
ne, kostenfreier Tee und Kaffee. Die
Mitarbeiter sind zudem jung, freundlich und sprechen gut Englisch. Wegen der geringen Kapazitäten für EZ
und DZ sollte man früh buchen. **Achtung:** DZ haben meist ein geteiltes
Bad, Website studieren! Die hier gelisteten Hostels zählen fraglos zu den
besten der Stadt, zahllose weitere Angebote finden sich auf der Seite www.
german.hostelworld.com, über die
auch gebucht werden kann.

128 [F6] **Baby Lemonade Hostel** €, Inschenernaja Ul. 7, Metro: Gostinyj Dwor, Tel. +7 965 0067561, http://epoquehostels.com. **Zimmer im Designer-Stil und super Lage:** am Russischen Museum/Michaelsschloss. Wegen des großen Erfolgs des Hostels haben die Betreiber mittlerweile eine Reihe weiterer guter Hostels im Angebot (s. Website), eine Alternative, sollte das Lemonade mal ausgebucht sein.

129 [G6] **Life Hostel** €, Newskij Pr. 47, Eingang: Wladimirskij Pr. 1, Metro: Majakowskaja, Tel. +7 812 2434666, http://hostel-life.ru. **Sehr ordentliches Hostel in toller Lage:** nicht ganz so konzeptionell durchgestylt, was aber nicht weiter ins Gewicht fällt. Guter Service (Internet, Ticketbuchung, Transfers, Stadtführungen usw.).

130 [E6] **Soul Kitchen Hostel** €€, Nab. Reki Mojki 62/2, Apt. 9, Metro: Admiraltejskaja, Tel. +7 965 8163470, www.soulkitchenhostel.com. **Mehrfach preisgekrönt – und das zu Recht!** Das Soul Kitchen ist, was Komfort, Freundlichkeit, Atmosphäre und Zimmerdesign anbelangt, eine Klasse für sich. Toplage, aber auch ein bisschen teurer als die Konkurrenz. Früh buchen!

Verhaltenstipps

Warum nicht mal so?

❯ **Sich das kyrillische Alphabet aneignen:** Das ist kein Hexenwerk und erleichtert die Orientierung ungemein. Es fühlt sich auch schlicht gut an, wenn aus Hyroglyphen plötzlich verständliche Wörter werden: Пицца bedeutet z. B. nichts anderes als „Pizza".

❯ **Auf angemessene Kleidung achten:** In Kirchen sollten Arme und Beine nicht entblößt sein, Frauen *müssen* das Haar mit einem Tüchlein/Schal bedecken.

Auch der Besuch von Museen, Friedhöfen und klassischen Konzerten in Shorts und Flip Flops dürfte zumindest Befremden hervorrufen.

❯ **Bei Einladungen eine Kleinigkeit schenken:** Blumen aber nicht in gerader Zahl kaufen – Sträuße mit gerader Zahl sind Beerdigungen vorbehalten. **Und nie sagen, dass man keinen Hunger hat!**

❯ In **Wohnungen Straßenschuhe ausziehen** und die Hausschuhe des Gastgebers überstreifen, auch wenn diese, nun ja, benutzt aussehen mögen. Auch in Hostels und manchen Hotels werden manchmal noch Straßenschuhe ausgezogen und Slipper übergestreift.

❯ **Einen Toast aussprechen:** Die Herzen der Gastgeber erobert man im Sturm, wenn man selbst einen der obligatorischen Toasts vor dem Wodkagenuss anbringt.

Die übliche Reihenfolge lautet: *Sa sdarowe! Sa druschbu! Sa ljubow! Sa tech, kto w more!* (Auf die Gesundheit, die Freundschaft, die Liebe, die Seeleute).

⌂ *Achtung, Eichhörnchen! Das Schild auf der Elagin-Insel hat tatsächlich seine Berechtigung.*

So besser nicht

> Die Größe der Stadt unterschätzen: Petersburg ist riesengroß, auch wenn einem der Stadtplan vielleicht anderes suggeriert. Allein der Newskij-Abschnitt vom Alexandergarten zum Litejnyj Pr. beträgt 2 km! Also: Gutes Schuhwerk einpacken und auch mal die Metro benutzen.

> Sich über die Verkehrsführung ärgern: Straßenquerungen gestalten sich an den großen Plätzen und Prospekten mitunter schwierig: Oft muss man 250 bis 300 (oder noch mehr) Meter laufen, bis eine Ampel kommt. Auf keinen Fall versuchen, die Straße auf eigene Faust zu queren. Das kann lebensgefährlich sein!

> Frauen stürmisch die Hände schütteln (und beim Date zahlen lassen): Das ist in Russland generell unüblich. Frauen reagieren pikiert auf eine entgegengestreckte Hand, ebenso wie auf die Rechnung.

> In der Metro stur sitzen bleiben, auch wenn alte Menschen oder Mütter mit Kindern einsteigen.

> Die Reinigungswagen aus den Augen verlieren: Sie spritzen die Bürgersteige ab, auch wenn dabei Passantenbeine nass werden ...

> Mit Russen um die Wette trinken: keine Chance! Wer bei Einladungen nicht trinken möchte, sollte auf seine Leber weisen und murmeln, dass der Arzt einem das Trinken leider untersagt habe – das wird allgemein als seriöser Grund anerkannt. Wer genug hat: das Gläschen halb voll lassen. Ein leeres Glas wird ein höflicher Gastgeber sofort wieder füllen ...

> Politische und historische Themen allzu offensiv besprechen: Russen haben oft eine eigene Sicht auf das Weltgeschehen, die sich deutlich von unserer unterscheidet. Das sollte man respektieren, auch in Bezug auf die sowjetische Vergangenheit des Landes.

Verkehrsmittel

Der **öffentliche Nahverkehr** ist in Petersburg **sehr gut ausgebaut,** günstig und lässt – bis auf die fehlende Behindertenfreundlichkeit und die vollen Abteile zur Stoßzeiten – wenig Wünsche offen. Als Tourist gelangt man schnell zu den gewünschten Sehenswürdigkeiten und erhascht als Bonus auch noch einen Einblick in die alltäglichen Lebenswelten der Stadtbewohner.

> **Achtung:** Ein **Nachtverkehr** ist wenig existent, auch wenn vor wenigen Jahren Nachtbusse eingeführt wurden. Nach Mitternacht verbleibt einem meist nur das Taxi oder der Fußmarsch nach Hause. In der Saison (meist von Ende April bis zur ersten Novemberhälfte) teilen nachts die für den Bootsverkehr **hochgeklappten Newa-Brücken** die Stadt quasi in zwei Hälften! Wer auf der Admiralitätsseite wohnt und sich nachts auf der Petersburger Seite vergnügt, sollte zusehen, bis etwa 1 Uhr wieder auf „seine" Seite zurückzukehren. Die Brücken werden von etwa 1.25 Uhr bis 5 Uhr morgens hochgeklappt und nur gegen 3 Uhr noch einmal für einen kurzen Moment hinuntergelassen. Mit dem Verkehrsplaner http://transport.orgp. spb.ru lassen sich bequem die besten Verbindungen von Punkt A nach Punkt B finden.

Metro

Schönstes Fortbewegungsmittel der Stadt ist zweifellos die Metro (www. metro.spb.ru). Die teils **architektonisch sehr aufwendigen Stationen** und die endlosen Rolltreppenfahrten – die Petersburger Metro ist die durchschnittlich am tiefsten gelegene der Welt – machen die Reise mit der Untergrundbahn zum Erlebnis. Besonders prunkvoll sind die Stationen der Linie 1, die als spektakuläre „Paläste des Sowjetvolkes" erbaut wurden. Diese Linie wurde 1955 eröffnet und führte zunächst von der Station Awtowo zum Platz des Aufstands **30**. Die Station Awtowo, die als prächtigste der Stadt gilt, erinnert an die Verteidiger Leningrads, die Station am Platz des Aufstands **30** wurde als Gedenkort der Oktoberrevolution konzipiert.

Heute gibt es fünf Linien, die Züge verfügen über WLAN und verkehren etwa zwischen 5.45 Uhr und 0 Uhr. Die Taktung ist hoch: Außer sehr früh morgens und später am Abend fahren Züge im Schnitt alle 2 bis 3 Min. Eine Fahrt kostet 45 Rub. Man kauft die münzartigen **Jetons** für die Fahrt an den Kassenhäuschen vor dem Durchlass – dieser öffnet sich nach Einwurf des Jetons oder lädt am Terminal eine dort erhältliche Karte auf (deutsche Menüführung). Hat man die Barriere passiert, kann man so weit fahren und so oft umsteigen wie man möchte.

Die Metro wurde **immer weiter ausgebaut.** Zuletzt wurden im Herbst 2019 drei Stationen auf der Linie 5 eröffnet, zuvor wurde die Linie 3 Richtung Norden erweitert und der Nordwesten der Stadt erhielt endlich einen besseren Anschluss an das Gesamtnetz. Eine komplett **neue Linie** soll im Jahr 2020 eröffnet werden. Ob der optimistische Zeitplan eingehalten werden kann, steht aber derzeit noch in den Sternen.

❯ Wer etwas öfter fährt, kann sich, ebenfalls an der Kasse, eine 10-Fahrten-Karte besorgen (355 Rub), die sieben Tage gültig ist und bei Bedarf wieder aufgeladen werden kann.

❯ Die **Metropläne** auf dem Bahnsteig und im Zug sind alle zweisprachig. Vom einfahrenden Zug aus sind die **Stationsschilder kaum je erkennbar,** wer die

Ansagen im Zug nicht versteht, sollte im Vorhinein die Stopps bis zur Zielstation ab- und während der Fahrt mitzählen (oder einen anderen Fahrgast fragen ...).

Bus/Trolleybus/Tram

Für den Nichteingeweihten deutlich schwerer zu durchschauen ist der **städtische Busverkehr.** Die Haltestellen sind mit einem „**A**" (für Awtobus) und „**T**" für **Trolleybus** markiert, die Pläne an den Haltestellen sind aber nur auf Kyrillisch. Die Nummer des Busses und dessen Fahrtrichtung sind vorne am Bus angegeben. Bezahlt wird im Bus beim *konduktor,* der zu den neu eingestiegenen Fahrgästen kommt und bar abkassiert (40 Rub). Um bei vollem Bus dem Schaffner (und sich selbst) das Leben leichter zu machen, empfiehlt es sich, vor der Fahrt das passende Kleingeld herauszukramen.

Es gibt in Petersburg auch ein extensives **Straßenbahnnetz,** das allerdings eher außerhalb des touristischen Zentrums operiert. Auch hier zahlt man sein Ticket (40 Rub) in der Tram bei einem Schaffner.

❯ Eine sehr hilfreiche, englischsprachige **Website** ist http://spb.rusavtobus.ru. Ihre Suchfunktion berechnet alle möglichen Verbindungen zwischen Stand- und Zielort und berücksichtigt dabei sämtliche städtischen Verkehrsmittel.

Marschrutka

Eine im ganzen post-sowjetischen Raum anzutreffende Kuriosität sind die privaten Minibusse, *marschrutki* genannt. Sie entstanden in den frühen 1990er-Jahren. Die Minibusse fahren entlang fester Routen, unterscheiden sich aber von den regulären Bussen in Größe und recht **extra-**

vaganter Handhabung des Ein- und **Ausstiegs:** Früher konnte man diese Gefährte einfach per Handzeichen stoppen, auch der Ausstieg wurde nach eigenen Wünschen durch Ansage beim Fahrer gestaltet. Mittlerweile dürfen die Minibusse ihre Fahrgäste nur noch an festen Haltestellen aufsammeln, der individuelle Ausstieg ist aber noch immer möglich. Wer aussteigen möchte, sollte dem Fahrer lauthals ein *Astanowitje Paschalsta* (Anhalten bitte!) zurufen, woraufhin der Fahrer schnellstmöglich stoppt.

Die Marschrutki sind (meist) durch ein **K** vor der Nummer des Busses gekennzeichnet, optisch aber ohnehin leicht von einem regulären Bus zu unterscheiden. Gleich nach dem Einstieg wird beim Fahrer bezahlt (40 Rub), bei vollem Bus (was die Regel ist) reichen hinten zusteigende Passagiere das Fahrgeld nach vorne durch. Auch **Wechselgeld und Ticket** wandern auf diese Weise zurück. Wer vorne steht, kann mitunter die ganze Fahrt über damit beschäftigt sein, Geld in Empfang zu nehmen und Fahrscheine durchzureichen, das System funktioniert aber erstaunlich gut.

Ausflugsboote

Fast an jeder Petersburger Brücke stehen Ausflugsboote für Kanal- und Flussrundfahrten bereit und eine Bootsrundfahrt ist sicher einer der schönsten Wege, die Stadt zu erkunden. Ein sehr schöner Ausgangspunkt ist die **Anitschkow-Brücke ⓳**. Die Preise für eine 75-minütige Rundfahrt liegen hier bei 700 Rub für eine russischsprachige Tour, englische Touren sind fast doppelt so teuer.

Taxi

Es gibt in Petersburg sowohl offizielle Taxiunternehmen als auch Horden privater Taxifahrer. Generell wird empfohlen, **nur lizenzierte Taxis zu nutzen** (s. u.). Achtung: Steht man am Straßenrand, wird dies oft als Zeichen aufgefasst, dass man ein nicht lizenziertes Taxi besteigen möchte. Wer auf Nummer sicher gehen möchte: Bei Fahrten vom Flughafen in die Stadt das offizielle Flughafentaxi nehmen, bei Hotelaufenthalten das Taxi zurück zum Flughafen durch das Hotel rufen lassen. Wer ein Taxi auf der Straße anhält, sollte vor der Fahrt immer den Preis bis zum Ziel erfragen *(skolko stojit dojechat do ...)*. Wenn einem dieser zu hoch erscheint oder der Fahrer nicht vertrauenswürdig wirkt – nicht einsteigen. Der Preis für eine Strecke von 5 km sollte um die 300 bis 400 Rub liegen. Wer ein offizielles Taxi per Telefon bestellt, bekommt stets den Preis angesagt. Bekannte Anbieter sind:

> **068 Taxi**, www.taxi068.ru,
  Tel. 812 324 77 77
> **Taxovichkof**, www.taxovichkof.ru,
  Tel. 812 333 00 02
> **777 Taxi**, www.777taxi.ru,
  Tel. 8127771777

Alle genannten Anbieter lassen sich auch online und in englischer Sprache buchen. Auch der Dienstleister **Uber**, der in Russland mit dem Internetgiganten Yandex kooperiert, ist vertreten, genau wie das israelische Unternehmen **Gett**. Man lädt zunächst eine App auf sein Smartphone und schon kann die Fahrt losgehen. Praktischerweise spielt die Sprachbarriere keine Rolle, da die Apps auch auf Englisch angeboten werden. Bezahlt wird bar oder mit Kreditkarte.

Wetter und Reisezeit

Das nördliche, maritime Petersburger Klima genießt hierzulande nicht den besten Ruf. Die **Winter** sind düster und lang, die **Sommer** kurz, mitunter verregnet und eher skandinavisch kühl. Der **maritime Einfluss** bewirkt, dass die üblicherweise mit dem russischen Kontinentalklima assoziierten Wetterextreme nicht zu erwarten sind. Im Winter wird es selten kälter als −10 °C, im Sommer werden 30 °C kaum überschritten. In jedem Fall sollten auch im Sommer eine regentaugliche Jacke und ein Pullover auf die Reise mitgenommen werden.

Reisende sollten sich bei der **Wahl der Reisezeit** nach ihren Plänen vor Ort richten und auch die über das Jahr stattfindenden Festivals in Betracht ziehen. *Die* beste Reisezeit gibt es nicht bzw. ist von den individuellen Interessen abhängig. So düster der Petersburger Winter sein mag: Ein verschneites Petersburg zu Neujahr hat einen unvergleichlichen Zauber. Generell erstreckt sich die **touristische Hauptsaison** von Mai bis Ende August. Sie beginnt in der ersten Maiwoche, wenn über die Maifeiertage und den Tag des Sieges (9.

Mai) Scharen russischer Touristen in die Stadt einfallen. In den **Weißen Nächten** (Ende Mai bis Mitte Juli) ist die Stadt so voll wie der Bauch der Gogolschen Romanfigur Tschitschikow nach ihrem Abendessen beim Gutsherren Pjetuch. So grandios dieses wundervolle Naturschauspiel sicher ist: Mit endlosen Warteschlangen, übervollen Hotels (früh buchen!) und Menschenmassen allenthalben ist zu rechnen. Wesentlich entspannter sieht es in der Nebensaison (September bis Ende April) aus. Auch die Hauptattraktionen (z. B. Eremitage ❷, Großer Palast in Peterhof, Katharinenpalast) lassen sich nun stressfrei besichtigen, mitunter hat man die Museumssäle gar ganz für sich selbst.

Petersburger lieben die **letzte Aprilwoche** und schwören Stein und Bein darauf, dass sie stets **niederschlagsfrei und warm** ist − Erfahrungen, die der Autor bestätigen kann. Zudem ist es bereits bis weit nach 21 Uhr hell. Dennoch bevorzugt der Autor als Reisezeit **Anfang September** − im April sind nämlich die Parks geschlossen und die Springbrunnen noch nicht angeschaltet!

Durchschnitt	**Wetter in St. Petersburg**											
Maximale Temperatur	−5°	−4°	1°	8°	16°	20°	22°	20°	15°	8°	2°	−2°
Minimale Temperatur	−11°	−10°	−5°	1°	7°	11°	14°	13°	8°	3°	−2°	−7°
Regentage	10	9	9	7	7	9	10	11	12	12	12	12
	Jan	Febr	März	Apr	Mai	Juni	Juli	Aug	Sept	Okt	Nov	Dez

ANHANG

053sp Abb.: sas

Kleine Sprachhilfe Russisch

Die Sprachhilfe wurde dem Kauderwelsch-Sprachführer „Russisch – Wort für Wort" von Elke Becker aus dem Reise Know-How Verlag entnommen. Um die Aussprache zu erleichtern, wurde (nur in vorliegendem Sprachführer, nicht im Rest des Buches) die folgende Lautumschrift verwendet. Die Betonung liegt jeweils auf dem unterstrichenen Buchstaben.

А, а	a		Р, р	r (gerollt)
Б, б	b		С, с	s (scharf)
В, в	w		Т, т	t
Г, г	g		У, у	u
Д, д	d		Ф, ф	f
Е, е	e, je		Х, х	ch (rau)
Ё, ё	jo		Ц, ц	ts
Ж, ж	sh (weich)		Ч, ч	tsch
З, з	z (weiches s)		Ш, ш	sch (scharf)
И, и	i		Щ, щ	schtsch
Й, й	j (meist stumm)		Ъ, ъ	(Härtezeichen, stumm)
К, к	k		Ы, ы	y
Л, л	l		Ь, ь	j (Weichheitszeichen,
М, м	m			nur nach t, d)
Н, н	n		Э, э	ä
О, о	o		Ю, ю	ju
П, п	p		Я, я	ja

Die wichtigsten Fragen

Есть ...?	Jestj ...?	Gibt es ...?
У вас есть ...?	U was jestj ...?	Haben Sie ...?
Я ищу ...	Ja ischtschu ...	Ich suche ...
Мне нужно ...	Mnje nushno ...	Ich brauche ...
Дайте мне, пожалуйста ...	Dajtje mnje poshalsta ...	Geben Sie mir bitte ...
Где можно купить ...?	Gdje moshno kupitj ...?	Wo kann man kaufen?
Сколько стоит ...?	Skolko stoit ...?	Wie viel kostet ...?
Где ...?	Gdje ...?	Wo ist ...?
Где находится ...?	Gdje nachoditsa ...?	Wo befindet sich ...?
Я хочу на ...	Ja chotschu na ...	Ich möchte nach ...
Как мне лучше пройти к ...?	Kak mnje lutsche projti k ...?	Wie komme ich am besten zu/nach ...?
Проводите меня, пожалуйста к ...	Prowoditje menja poshalsta k ...	Bringen Sie mich bitte zu/nach ...
Помогите мне, пожалуйста!	Pomogitje mnje poshalsta!	Helfen Sie mir bitte!
Счёт, пожалуйста!	Schtschot poshalsta!	Die Rechnung bitte!

+++ Die wichtigsten Wörter mit dem Bonus-Audiotrack des Kauderwelsch-

Die wichtigsten Floskeln und Redewendungen

Да	da	ja
Нет	njet	nein
Спосибо	spasibo	danke
Пожалуйста	poshalsta	bitte
Спосибо, вам тоже!	Spasibo, wam toshe!	Danke gleichfalls!
Здравствуйте!	Zdrastwujtje!	Guten Tag! (jede Tageszeit)
Добро пожаловать!	Dobro poshalowatj!	Herzlich willkommen!
Как поживаете?	Kak poshiwajetje?	Wie geht es Ihnen?
Спосибо, хорошо.	Spasibo, choroscho!	Danke gut.
К сожалению, плохо.	K-soshaleniju, plocho.	Leider schlecht.
До свидания!	Do-swidanja!	Auf Wiedersehen!
Привет!	Priwjet!	Hallo!
Пока!	Poka!	Tschüss!
Хорошо!	Choroscho!	In Ordnung!
Я не знаю.	Ja nje znaju.	Ich weiß nicht.
Приятного апетита!	Prijatnowo apetita!	Guten Appetit!
На здоровые!	Na-zdarowje!	Zum Wohl! Prost!
Извините!	Izwinitje!	Entschuldigung!
Мне очень жаль!	Mnje otschen shal!	Es tut mir sehr leid!

Wochentage

Понедельник	ponjedjeljnik	Montag
Вторник	wtornik	Dienstag
Среда	sreda	Mittwoch
Четверг	tschetwerg	Donnerstag
Пятница	pjatnitsa	Freitag
Суббота	subbota	Samstag
Воскресенье	woskresenje	Sonntag

Die wichtigsten Fragewörter

где	gdje	wo
откуда	otkuda	woher
куда	kuda	wohin
почему	potschemu	warum
как	kak	wie
кокой	kakoj	welcher
сколько	skolko	wie viel
когда	kogda	wann
с каких пор	s-kakich por	seit wann
у кого	u kowo	bei wem, wer hat

Die wichtigsten Richtungsangaben

справа	sprawa	rechts
напрaво	naprawo	nach rechts
слева	sljewa	links
налево	naljewo	nach links
прямо	prjamo	geradeaus
назад	nazad	zurück
напротив	naprotiv	gegenüber
всё дальше	vsjo dalsche	immer weiter
далеко	daleko	weit
недалеко	nedaleko	nah
перекрёсток	perekrjostok	Kreuzung
светофор	swetofor	Ampel
за городом	za gorodom	außerhalb der Stadt
в центре	v-tsentrje	im Zentrum
здесь	zdjes	hier
сразу здесь	srazu zdjes	gleich hier
там	tam	dort
за углом	za uglom	um die Ecke

Die Zahlen

0	nol	20	dwatsatj
1	odin m, odna w, odno s	30	tritsatj
2	dwa m+s, dwe w	40	sorok
3	tri	50	pjadesjat
4	tschetyre	60	schesdesjat
5	pjatj	70	sjemdesjat
6	schestj	80	wosemdesjat
7	sjem	90	dewjanosto
8	wosem	100	sto
9	djewjatj	200	dwesti
10	desjatj	300	trista
11	odinatsatj	400	tschetyresta
12	dwenatsatj	500	pjatsot
13	trinatsatj	1.000	tysjatscha
14	tschetyrnatsatj	10.000	djesjat tysjatsch
15	pjatnatsatj	100.000	sto tysjatsch
16	schestnatsatj	1.000.000	odin million
17	semnatsatj		
18	wosemnatsatj		
19	dewjatnatsatj		

Zahlen setzt man so zusammen: „Tausender, Hunderter, Zehner, Einer".

21	dwatsatj odin
22	dwatsatj dwa
2333	dwje tysjatschi trista tritsatj tri

Der Autor

Markus Bingel stammt aus Freiburg im Breisgau und betreute diesen Titel zunächst mehrere Jahre als Lektor. Er studierte Osteuropäische Geschichte und absolvierte ein mehrmonatiges Praktikum am Zentrum für Deutschland- und Europastudien an der Staatlichen Universität Sankt Petersburg. Während dieser Zeit verliebte sich der passionierte Sammler sowjetischer Uhren und Münzen in die Stadt, die Weißen Nächte und das reiche kulturelle und literarische Erbe der Newa-Metropole. Seit dieser Auflage ist er für den CityTrip verantwortlich.

Das Buch wurde ursprünglich von **Björn Jungius** verfasst, dem er aufgrund seiner langjährigen hervorragenden Recherchen zu tiefem Dank verpflichtet ist.

Weiterhin danke ich Alina, Katja, Regina und Jens für ihre vielen Tipps.

Schreiben Sie uns

Dieses Buch ist gespickt mit Adressen, Preisen, Tipps und Daten. Unsere Autoren recherchieren unentwegt und erstellen alle zwei Jahre eine komplette Aktualisierung, aber auf die Mithilfe von Reisenden können sie nicht verzichten. Darum: Teilen Sie uns bitte mit, was sich geändert hat oder was Sie neu entdeckt haben. Gut verwertbare Informationen belohnt der Verlag mit einem Sprachführer Ihrer Wahl aus der Reihe „Kauderwelsch".

Kommentare übermitteln Sie am einfachsten, indem Sie die Web-App zum Buch aufrufen (siehe Umschlag hinten) und die Kommentarfunktion bei den einzelnen auf der Karte angezeigten Örtlichkeiten oder den Link zu generellen Kommentaren nutzen. Wenn sich Ihre Informationen auf eine konkrete Stelle im Buch beziehen, würde die Seitenangabe uns die Arbeit sehr erleichtern. Unsere Kontaktdaten entnehmen Sie bitte dem Impressum.

Impressum

Markus Bingel, Björn Jungius

CityTrip St. Petersburg

© REISE KNOW-HOW Verlag
   Peter Rump GmbH 2015, 2017, 2018
4., neu bearbeitete und
   aktualisierte Auflage 2020

Alle Rechte vorbehalten.

ISBN 978-3-8317-3328-6

Printed in Germany

Druck und Bindung:
   mediaprint solutions GmbH, Paderborn

Herausgeber: Klaus Werner
Layout: amundo media GmbH (Umschlag, Inhalt),
   Peter Rump (Umschlag)
Lektorat: Markus Bingel
Karten: Ingenieurbüro B. Spachmüller,
   amundo media GmbH
Anzeigenvertrieb: KV Kommunalverlag GmbH &
   Co. KG, Alte Landstraße 23, 85521 Ottobrunn,
   Tel. 089 928096-0, info@kommunal-verlag.de
Kontakt: Osnabrücker Str. 79, 33649 Bielefeld,
   info@reise-know-how.de

Alle Angaben in diesem Buch sind gewissenhaft geprüft. Preise, Öffnungszeiten usw. können sich jedoch schnell ändern. Für eventuelle Fehler übernehmen Verlag wie Autor keine Haftung.

Register

Liste der Karteneinträge

❶ [E6] Schlossplatz
(Дворцовая площадь) S. 14

❷ [E5] Winterpalast/Eremitage
(Зимний дворец/Эрмитаж) S. 15

❸ [E6] Admiralität
(Адмиралтейство) S. 18

❹ [D6] Eherner Reiter
(Медный всадник) S. 18

❺ [E6] Isaakskathedrale
(Исаакиевский собор) S. 20

❻ [E6] Isaaksplatz
(Исаакиевская площадь) S. 22

❼ [E5] Puschkin-Museum (Музей-
квартира А. С. Пушкина) S. 23

❽ [F5] Marmorpalais
(Мраморный дворец) S. 23

❾ [F5] Marsfeld
(Марсово поле) S. 24

❿ [F5] Sommergarten
(Летний сад) S. 25

⓫ [F5] Tschischik-Pyschik
(Чижик-Пыжик) S. 26

⓬ [F5] Michaelsschloss
(Михайловский замок) S. 26

⓭ [F6] Petrikirche (Петрикирхе) S. 27

⓮ [F6] Singer-Haus
(Дом компании „Зингер") S. 28

⓯ [F5] Bluterlöserkirche
(Храм Спаса-на-крови) S. 29

⓰ [F6] Russisches Museum
(Русский музей) S.29

⓱ [F6] Jelissejew-Feinkostladen
(Елисеевский магазин) S. 32

⓲ [G6] Fabergé-Museum
(Музей Фаберже) S. 33

⓳ [G6] Anitschkow-Brücke
(Аничков мост) S. 34

⓴ [E6] Stroganow-Palais
(Строгановский дворец) S. 35

㉑ [F6] Kasaner Kathedrale
(Казанский кафедральный
собор) S. 35

㉒ [F6] Bankbrücke
(Банковский мост) S. 36

㉓ [F6] Gostinyj Dwor
(Гостиный двор) S. 37

㉔ [F6] Ostrowskij-Platz
(Площадь Островского) S. 38

㉕ [F7] Rossi-Straße
(Улица зодчего Росси) S. 38

㉖ [G7] Kusnetschnyj-Markt
(Кузнечный рынок) S. 39

㉗ [G7] Dostojewskij-Museum
(Музей Ф. М. Достоевского) S. 39

㉘ [G7] Arktis- und Antarktismuseum
(Музей Арктики и
Антарктики) S. 39

㉙ [H7] Künstlerhaus
Puschkinskaja 10 (Арт-центр
„Пушкинская–10") S. 40

㉚ [H7] Moskauer Bahnhof/Platz des
Aufstands (Московский вокзал/
Площадь Восстания) S. 40

㉛ [E4] Peter-Paul-Festung
(Петропавловская
крепость) S. 41

㉜ [E4] Große Moschee
(Соборная мечеть) S. 43

㉝ [E4] Villa Kschesinskaja
(Особняк Кшесинской) S. 44

㉞ [F4] Wohnhaus Peters I.
(Домик Петра I) S. 44

㉟ [E3] Kamennoostrowskij
Prospekt (Каменноостровский
проспект) S. 46

㊱ [E5] Strelka (Стрелка) S. 47

㊲ [D5] Kunstkammer
(Кунсткамера) S. 47

㊳ [D6] Menschikow-Palais
(Меншиковский дворец) S. 48

㊴ [D6] Sphinxen-Anleger
(Пристань со сфинксами) S. 49

㊵ [D7] Jusupow-Palais
(Дворец Юсуповых) S. 49

㊶ [D7] Mariinskij-Theater
(Мариинский театр) S. 50

㊷ [D8] Nikolaus-Marine-
Kathedrale (Никольский
морской собор) S. 51

㊸ [I7] Aleksandr-Newskij-Kloster
(Александро-
Невская лавра) S. 51

㊹ [H5] Taurischer Garten
(Таврический сад) S. 53

Hier nicht aufgeführte Nummern liegen außerhalb der abgebildeten Karten. Ihre Lage kann aber wie die von allen Ortsmarken im Buch mithilfe der Web-App angezeigt werden (siehe rechts).

Zeichenerklärung

❶	Sehenswürdigkeit
✚	Arzt, Apotheke, Krankenhaus
❶	Bar, Bistro, Klub, Treffpunkt
☕	Café
◐	Kneipe, Biergarten
🏛	Galerie
🛍	Geschäft, Kaufhaus, Markt
🏨	Hotel, Unterkunft
❶	Informationsstelle
🛏	Jugendherberge
⇨	Kirche
Ⓜ	Metrohaltestelle
🏛	Museum
◐	Musikszene, Disco
☎	Pension
✉	Post
❶	Restaurant
⛴	Schiff
★	Sehenwertes
•	Sonstiges
✡	Synagoge
◑ 🎭	Theater
❷	Vegetarisches Restaurant
▬	Stadtspaziergang (s. S. 8 und S. 11)
▭	Shoppingareale
▭	Gastro-/Nightlifeareal

St. Petersburg mit PC, Smartphone & Co.

QR-Code auf dem Umschlag scannen oder **www.reise-know-how.de/citytrip/ petersburg20** eingeben und die **kostenlose Web-App** aufrufen (Internetverbindung zur Nutzung nötig)!

★Anzeige der Lage und Satellitenansicht aller beschriebenen Sehenswürdigkeiten und weiterer Orte
★Routenführung vom aktuellen Standort zum gewünschten Ziel
★Exakter Verlauf der empfohlenen Stadtspaziergänge
★Audiotrainer der wichtigsten Wörter und Redewendungen
★Updates nach Redaktionsschluss

GPS-Daten zum Download
Die GPS-Daten aller Ortsmarken und Spaziergänge können hier geladen werden: www.reise-know-how.de, dann das Buch aufrufen und zur Rubrik „Datenservice" scrollen.

Die Web-App und der Zugriff auf diese über QR-Codes sind eine freiwillige, kostenlose Zusatzleistung des Verlages. Der Verlag behält sich vor, die Bereitstellung des Angebotes und die Möglichkeit der Nutzung zeitlich und inhaltlich zu beschränken. Der Verlag übernimmt keine Garantie für das Funktionieren der Seiten und keine Haftung für Schäden, die aus dem Gebrauch der Seiten resultieren. Es besteht ferner kein Anspruch auf eine unbefristete Bereitstellung der Seiten.

St. Petersburg, Ausschnitt Zentrum

Bolschoj Prosp.

Wwedenskaja

Ul. L. Tschalkinoj

Makina

Sytninskaja Pl. Kronwerskij Prospekt

Große Moschee

32

Gorkowskaja

Sjaschinskaja Ul.

Teatr Baltijskij Dom

Villa Kschesinskaja 33

Artillerijskij Musej Kronwerk

Alexandrowskij park

Wohnhs Peter

Swerinskaja Ul.

Ul. Blochina

69

Ul. Jablotschkowa

Soopark

Pr. Dobroljubowa

Mytninskaja

N Nab.

Kronwerskaja

Kronwerskij Prospekt

Kronwerskaja

Nab.

Kronwerskij Protok

Peter-Paul-Kathedrale

31

Peter-Paul-Festung

Monetnyj Dwor

Haseninsel

Troizkaja Pl.

Petrowskaja

Troizkij Most

Fahrt mit der „Meteor" nach Peterhof

Birschewoj Most

Nab. Makarowa

Strelka Wassiliewskowo ostrowa

Börsenplatz

36 Strelka

Patrelnyje Kolonny

Mendelejewskaja Linija

4

5

Musej Mendelejewa

Akademia Nauk

Universitet

17

37 Kunstkammer

Dworzowyj Most

Mepschikow-Palais

38

Universitetskaja Nab.

Zar-Plotnik Denkmal Nab.

Admiralität

3

Marmor-palais

8

Suworow Pl

Mars Po

Milionnaja Uliza

34

Dworzowaja Nab.

75

2

Eremitage

3

Winterpalast

Pewtsch. Most

7 Puschkin-Museum

Moika

Konjusche

15

Dworzowyj Pr-d

1

Schloss-splatz

Dworzowaja Pl.

Mojki

6

46 77

43 5

79

50

41

Maiskaja Ul.

Selanyj Most

Moiki

Nab.

94

B. Konjuschennaja

Petri-kirche

13

B. Konjuschennaja Uliza

Kanal Gribojed

76

Eherner Reiter

4

Synode

Pl. Dekabristow

Admiraltejskij Pr.

13 112

25 23

10

Admiraltejskaja

Newskij Prospekt

Stroganow-Palais

20

22 Singer-Haus

13

14

Kasaner Kathedrale

News Pros

32

Anglijskaja Nab.

Uliza

Potschtamtskaja

Kornogwardejskij Bulwar

Jakubowitscha

113

8

11

5

Isaaks-kathedrale

28

6

Isaaksplatz

122

33

21

118

119

96

M. Morskaja

B. Morskaja

Gorochowaja

Krasnyj Most

Kasanskaja Pl.

117

45

61

127

Kasanskaja Pl.

58

72

22

Bankbrücke

Nikolai I.-Denkmal

Sinij Most

130

Nab. Reki

Per. Grivzowa

Kanala Gribojedowa

51

62

Pl. Truda

Ul. Truda

Bolschaja Nab. Reki Mojki

Fonarnyj Most

39

107

Marinskij Schloss

Wosnesenskij Prospekt

Per. Pirogowa

Graschdanskaja Ul.

Kasanskaja

57

Griboedowa

Kanala Gribojedowa

114

Sadowaja Uliza

Apraksin Dwor

97

40

Jusupow-Palais

Ul. Dekabristow

Graschdanskaja Ul.

115

Sennaja Pl.

Sadowaja

Spasskaja Sennaja Pl.

Gorochowaja Ul.

Konserwatoria

41 Mari

Kanala Griboedowa

Griboedowa

Kanal Griboedowa

Ploschtschad

Sennaja

84

D

E

6

7